中国"海上丝绸之路"研究

年 鉴

（2013）

主编：纪云飞

ZHEJIANG UNIVERSITY PRESS
浙江大学出版社

目　　录

第一章　海上丝绸之路研究
与海洋强国建设

　　海上丝绸之路指的是 1840 年鸦片战争爆发之前中国通向世界其他地区的海上通道。它由两大干线组成：一是东海航线，由中国通往朝鲜半岛及日本列岛；二是南海航线，由中国通往东南亚、印度洋地区，以及更远的欧洲和美洲。海上丝绸之路把世界不同的文明连接起来，促进了中外文化的交流，增进了中外人民的友谊，丰富了中国文化的内涵，并对整个人类文明进程产生了深远的影响。海上丝绸之路涉及港口、造船、航海术、航线、货物贸易、外贸体制、人员往来、文化传播、民俗信仰等众多方面，是一个跨学科的综合性研究领域，长期受到国内外学者的重视。2013 年，在中国加快建设海洋强国的时代背景下，学术界对海上丝绸之路的研究取得了新的进展。

一、"21 世纪海上丝绸之路"与古代海上丝绸之路

　　中国东临太平洋，既是一个陆地大国，又是海洋大国，拥有 1.8 万公里的大陆海岸线，管辖着约 300 万平方公里的海域面积。在遥远的史前时代，中华民族的先民们就已经开始认识海洋、开发海洋、利用海洋、征服海洋。不过，在特定的地理环境和国际背景下，辽阔的海洋在古代中国一直没有受到足够的重视，甚至被视为累赘与罪恶之源。明清两朝的政府更是多次实行严厉的"海禁"政策，一再阻碍广大民众对海洋的开发与利用，严重摧残了中国与世界的海上交往。结果，当列强的舰队扬帆而来的时候，清政府不知所措，根本无力应对，最后被无情地打败。鸦片战争、甲午战争等一系列来自海洋的战争，使中华民族饱受屈辱与灾难。近代西方崛起的历史，实际上就是一部海洋扩张史；而近代中国的历史，则是一部海洋败落史、海洋耻辱史、海洋受难史。

1949年中华人民共和国成立后,各项海洋事业在曲折中艰难地发展起来。进入新世纪,全社会上下普遍认识到21世纪是海洋的世纪,对海洋的热情不断提高。2002年的党的十六大提出"实施海洋开发"。2010年的党的十七届五中全会作出了"发展海洋经济"的决定。2012年的党的十八大根据世界发展潮流与时代特征,提出要"提高海洋资源开发能力,发展海洋经济,保护海洋生态环境,坚决维护国家海洋权益,建设海洋强国"。这是中国共产党首次明确地将"建设海洋强国"确定为国家的战略目标,从而把海洋的重要性提到了前所未有的高度,并使学术界兴起了研究海洋的高潮。越来越多的人认识到,"海洋梦"不仅是"中国梦"的重要组成部分,而且还是托起"中国梦"的重要支柱。

2013年,党和国家领导人不仅高度重视海洋强国建设,而且还多次明确提出了构建"丝绸之路经济带"和"21世纪海上丝绸之路"的战略构想。

2013年7月30日,中共中央政治局就建设海洋强国研究进行第八次集体学习。中共中央总书记习近平主持了学习,并且发表了重要讲话。"他指出,21世纪,人类进入了大规模开发利用海洋的时期。海洋在国家经济发展格局和对外开放中的作用更加重要,在维护国家主权、安全、发展利益中的地位更加突出,在国家生态文明建设中的角色更加显著,在国际政治、经济、军事、科技竞争中的战略地位也明显上升";"我国既是陆地大国,也是海洋大国,拥有广泛的海洋战略利益。经过多年发展,我国海洋事业总体上进入了历史上最好的发展时期。这些成就为我们建设海洋强国打下了坚实基础。我们要着眼于中国特色社会主义事业发展全局,统筹国内国际两个大局,坚持陆海统筹,坚持走依海富国、以海强国、人海和谐、合作共赢的发展道路,通过和平、发展、合作、共赢方式,扎实推进海洋强国建设";"要维护国家海洋权益,着力推动海洋维权向统筹兼顾型转变。我们爱好和平,坚持走和平发展道路,但决不能放弃正当权益,更不能牺牲国家核心利益。要统筹维稳和维权两个大局,坚持维护国家主权、安全、发展利益相统一,维护海洋权益和提升综合国力相匹配。要坚持用和平方式、谈判方式解决争端,努力维护和平稳定。要做好应对各种复杂局面的准备,提高海洋维权能力,坚决维护我国海洋权益。要坚持'主权属我、搁置争议、共同开发'的方针,推进互利友好合作,寻求和扩大共同利益的汇合点"。习近平在会议上还强调,"要进一步关心海洋、认识海洋、经略海洋,推动我国海洋强国建设不断取得新成就"①。

---

① 《习近平:进一步关心海洋认识海洋经略海洋　推动海洋强国建设不断取得新成就》,新华网,2013年7月31日。

2013 年 9 月 3 日,国务院总理李克强在南宁参观中国—东盟博览会展馆时说:"中国和东盟是个大家庭,有着相通或相似的文化,有共同的发展愿望,双方的合作一定会前程似锦",并且提出要"铺就面向东盟的海上丝绸之路"。①

2013 年 9 月,国家主席习近平先后对土库曼斯坦、哈萨克斯坦、乌兹别克斯坦、吉尔吉斯斯坦进行了国事访问。9 月 7 日,习近平在哈萨克斯坦纳扎尔巴耶夫大学发表题为《弘扬人民友谊　共创美好未来》的重要演讲。习近平在演讲中高度评价了丝绸之路在东西文化交流史上的重要地位:"2100 多年前,中国汉代的张骞肩负和平友好使命,两次出使中亚,开启了中国同中亚各国友好交往的大门,开辟出一条横贯东西、连接欧亚的丝绸之路。"习近平在讲话中阐述了丝绸之路带给我们的历史启示:"千百年来,在这条古老的丝绸之路上,各国人民共同谱写出千古传诵的友好篇章。两千多年的交往历史证明,只要坚持团结互信、平等互利、包容互鉴、合作共赢,不同种族、不同信仰、不同文化背景的国家完全可以共享和平,共同发展。这是古丝绸之路留给我们的宝贵启示。"习近平指出:"20 多年来,随着中国同欧亚国家关系快速发展,古老的丝绸之路日益焕发出新的生机活力,以新的形式把中国同欧亚国家的互利合作不断推向新的历史高度。"习近平还提出了一个宏大的构想:"为了使我们欧亚各国经济联系更加紧密、相互合作更加深入、发展空间更加广阔,我们可以用创新的合作模式,共同建设'丝绸之路经济带'。这是一项造福沿途各国人民的大事业。"②

2013 年 10 月 3 日,习近平在印度尼西亚国会发表题为《携手建设中国—东盟命运共同体》的重要演讲时,对海上丝绸之路进行了热情洋溢的阐述。习近平说道:"早在 2000 多年前的中国汉代,两国人民就克服大海的阻隔,打开了往来的大门。15 世纪初,中国明代著名航海家郑和七次远洋航海,每次都到访印尼群岛,足迹遍及爪哇、苏门答腊、加里曼丹等地,留下了两国人民友好交往的历史佳话,许多都传诵至今。几百年来,遥远浩瀚的大海没有成为两国人民交往的阻碍,反而成为连接两国人民的友好纽带。满载着两国商品和旅客的船队往来其间,互通有无,传递情谊。中国古典名著《红楼梦》对来自爪哇的奇珍异宝有着形象描述,而印度尼西亚国家博物馆则陈列了大量中国古代瓷器,这是两国人民友好交往的生动例证,是对'海内存知己,天涯若比邻'的真实诠释。"立足历史,面对未来,习近平在演讲中提出:"东南亚地区自古以来就是'海上丝绸之路'的重要枢纽,中国愿

---

① 《李克强强调:铺就面向东盟的海上丝绸之路》,人民网,2013 年 9 月 4 日。
② 《习近平在纳扎尔巴耶夫大学的演讲》,新华网,2013 年 9 月 8 日。

同东盟国家加强海上合作,使用好中国政府设立的中国—东盟海上合作基金,发展好海洋合作伙伴关系,共同建设'21世纪海上丝绸之路'。中国愿通过扩大同东盟国家各领域务实合作,互通有无、优势互补,同东盟国家共享机遇、共迎挑战,实现共同发展、共同繁荣。"①

紧接着,李克强总理在10月初出访东盟国家时,继续阐述构建海上丝绸之路的战略。10月8日,李克强接受了东盟国家媒体联合采访。他在讲到中国与东盟国家的合作框架时,表示要"发展海上合作伙伴关系,推动海洋经济尤其是渔业、海上互联互通、海上环保和科研、海上搜救等领域务实合作,共同建设'21世纪海上丝绸之路'"②。10月9日下午,李克强在文莱首都斯里巴加湾市出席第16次中国—东盟(10+1)领导人会议时,提出了中国与东盟未来十年合作的"2+7合作框架",其中第六点就是"稳步推进海上合作。共同建设'21世纪海上丝绸之路',重点落实海洋经济、海上互联互通、环保、科研、搜救以及渔业合作"。外交部发言人表示:这一合作框架"是中国新一届政府对今后十年中国—东盟关系发展的政策宣示"③。

2013年10月24日至25日,习近平在周边外交工作座谈会上也讲到了建设丝绸之路经济带、"21世纪海上丝绸之路"的重要性。习近平强调:"做好新形势下周边外交工作,要从战略高度分析和处理问题,提高驾驭全局、统筹谋划、操作实施能力。要着力维护周边和平稳定大局,维护周边和平稳定是周边外交的重要目标。要着力深化互利共赢格局,积极参与区域经济合作,加快基础设施互联互通,建设好丝绸之路经济带、21世纪海上丝绸之路,构建区域经济一体化新格局。要坚持互信、互利、平等、协作的新安全观,推进同周边国家的安全合作。要着力加强对周边国家的宣传工作、公共外交、民间外交、人文交流,广交朋友,广结善缘,把中国梦同周边各国人民过上美好生活的愿望、同地区发展前景对接起来,让命运共同体意识在周边国家落地生根。"④

2013年11月9日至12日,中国共产党第十八届中央委员会第三次全体会议在北京举行。会议通过的《中共中央关于全面深化改革若干重大问题的决定》,同样提出要"推进丝绸之路经济带、海上丝绸之路建设,形成全方位开放新格局"⑤。

2013年12月10日至13日,中央经济工作会议在北京举行。习近平、李克强

---

① 《习近平在印尼国会发表演讲:携手建设中国—东盟命运共同体》,新华网,2013年10月3日。
② 《李克强接受东盟国家媒体联合采访》,新华网,2013年10月8日。
③ 《外交部回应今后十年中国—东盟关系发展方向》,人民网,2013年10月10日。
④ 《习近平在周边外交工作座谈会上发表重要讲话》,央视网,2013年10月25日。
⑤ 《中共中央关于全面深化改革若干重大问题的决定》,新华网,2013年11月15日。

都发表了重要讲话。这次会议在部署下一年的工作任务时,明确提出要"不断提高对外开放水平","推进丝绸之路经济带建设,抓紧制定战略规划,加强基础设施互联互通建设。建设 21 世纪海上丝绸之路,加强海上通道互联互通建设,拉紧相互利益纽带"。[1]

有评论写道:"《中共中央关于全面深化改革若干重大问题的决定》和中央经济工作会议都提及了两条丝绸之路建设,充分显示了中国推进两条丝路建设的战略考量、坚定决心和实施信心。"更有专家表示:"'丝绸之路经济带'和'21 世纪海上丝绸之路'的概念已经存在一段时间了,但由中国领导人在公开的国际场合正式提出,并且写入中共中央指导性文件,尚属首次。这表明,建设两条丝路的概念已由学术、局部和部门层次上升到了国家战略和外交战略的高度。"[2]

面对着复杂多变的国际形势,中国的党和国家领导人高屋建瓴,以宽阔的全球视野,提出了建设"丝绸之路经济带"和"21 世纪海上丝绸之路"的战略构想,从而赋予古老的海上丝绸之路以新的意义与生命,为更加全面、深入地研究海上丝绸之路提供了强劲的动力。事实上,古代海上丝绸之路与"21 世纪海上丝绸之路"之间存在着内在的联系,研究古代海上丝绸之路,对于建设海洋强国来说,具有十分重要的学术价值和现实意义。

国家海洋局党组书记、局长刘赐贵曾就建设海洋强国的内涵作过全面而扼要的论述。他说:"从我国的现实国情出发,中国特色海洋强国的内涵应该包括认知海洋、利用海洋、生态海洋、管控海洋、和谐海洋等 5 个方面。"[3]而无论是认知海洋、利用海洋、生态海洋,还是管控海洋、和谐海洋,都与海上丝绸之路的研究密切相关。例如,认知海洋的一个重要内容就是"要强化全民族的海洋意识","努力在全社会形成关注海洋、热爱海洋、保护海洋的浓厚氛围,不断为建设海洋强国注入精神动力"。而海上丝绸之路,正是宣传海洋及海洋文化的一个重要题材,可以通过发掘海上丝绸之路的丰富文化底蕴来促进社会更加关注海洋、热爱海洋、保护海洋,从而进一步激发全民族的海洋意识。再如,在海上丝绸之路的漫长发展过程中,积累了丰富的文献资料和遗迹遗物,其内容涉及港口地理、海岛岸线、潮汐风暴、航线航道、天文星象、海洋生物等,这些历史资料,为更好地利用海洋、更好地建设生态海洋提供了珍贵的历史依据。海洋强国建设的一个重要方面是管控海洋,维护我国的海洋权益,捍卫神圣的海洋领土。近年来,我国周边的日本等国

①　《中央经济工作会议在北京举行　提出明年经济工作六大任务》,新华网,2013 年 12 月 13 日。
②　《新丝绸之路:陆海并举　再铸辉煌》,新华网,2013 年 12 月 22 日。
③　刘赐贵:《关于建设海洋强国的若干思考》,《中国海洋报》2012 年 11 月 28 日。

一再兴风作浪,屡屡挑战中国的海洋权益,严重威胁着中国的国家安全。在此背景下,海上丝绸之路发展过程中所形成的各类文献,就为解决岛屿纠纷、维护海洋权益、捍卫领土完整提供了可靠的历史证据。根据刘赐贵的观点,和谐海洋的内容是"建设持久和平、共同繁荣的和谐世界","使海洋成为沿海国家的合作之海、友谊之海"。也可以说,和谐海洋的任务就是建设"21世纪海上丝绸之路"。下面,就古代海上丝绸之路与"21世纪海上丝绸之路"的关系问题稍作展开讨论,因为这个问题从来没有人专题讨论过。

古代海上丝绸之路指的是1840年之前中国与海外国家之间的政治、经济、文化交往,而"21世纪海上丝绸之路"则是指新世纪中国与东盟国家之间的合作,所以两者之间差异很大,不能完全等同起来。例如,就国际政治而言,古代中国是在朝贡体制下与海外国家发生联系的,中国被认为是世界文明的唯一中心,海外国家则被认为是落后的"蛮夷",向中国称臣纳贡;而现代中国与其他国家的关系,是建立在互相尊重领土主权、互不侵犯、互不干涉内政、平等互利、和平共处五项原则之上的平等关系。就技术而言,古代海上丝绸之路是木帆船时代中国与外国之间的海上交往;"21世纪海上丝绸之路"则是建立在先进的现代科技之上的,中国与外国的联系,不仅有发达的海上航运,而且还有航空运输,以及无形的电子通信。就合作领域而言,古代中国与外国之间的合作主要是官方外交、商品贸易、文化交流;而在今天,中国与东盟国家之间的合作领域大大扩展,除了政治外交、商品贸易、文化交流外,有许多领域是古代根本没有的,例如共同打击跨国犯罪、共同维护网络安全、共同防范金融风险、共同保护海洋环境,等等。所以,有人说,"21世纪海上丝绸之路"是借用了海上丝绸之路这个"富有诗意的名词"来描述中国与东盟国家之间的合作。[①] 但是,在另一方面,古代海上丝绸之路与"21世纪海上丝绸之路"之间又存在着非常密切的联系。例如,"21世纪海上丝绸之路"所连接的国家及地区,正是古代海上丝绸之路所途经的国家及地区,所以两者在地理范围上高度重合。再如,今天,虽然有发达的航空及现代通信,但海上航线依然是中国与这些国家之间相互往来的最主要通道,海上航运依然是中国与这些国家进行货物贸易的主要形式。更加重要的是,古代海上丝绸之路与"21世纪海上丝绸之路"在内在性质及精神层面上有着共通性。在2000多年的岁月中,中国与海外国家的交往一直是以和平的方式进行的,而不是借助于征服、杀戮之类的暴力方式,中国从来没有在海外国家进行过领土扩张和侵略活动。所以,中国与海外国

---

① 何必成:《2013:中国的周边外交》,《新民周刊》2013年10月28日。

家之间的古代海上丝绸之路,始终是和平之路、合作之路、友谊之路,完全不同于1500年之后欧洲人的海外扩张。地理大发现时代开始的欧洲海外扩张,一直是通过征服、霸占、殖民来实现的。今天,中国政府提出的"21世纪海上丝绸之路",同样是和平之路、合作之路、友谊之路。因此,古代海上丝绸之路与"21世纪海上丝绸之路"在内在性质及精神层面上有着共通性。也正因为如此,所以,当中国提出建设"21世纪海上丝绸之路"的倡议后,就迅速得到了东盟及其他国家的响应与好评。这样,研究古代海上丝绸之路,可进一步发掘中国与东盟及其他海外国家的历史联系,深化中国与这些国家之间的传统友谊,总结历史经验与教训,助力"21世纪海上丝绸之路"的建设,开启中国与东盟及其他海外国家合作的新纪元。有学者这样写道:"当前中国的决策层在落实习近平主席有关中国与东盟国家共同建构'21世纪海上丝绸之路'的设想时,确实有必要通过深入研究历史上中国与东南亚国家的关系史,从而进一步深入探索未来中国将要扮演的角色。"①

由于古代海上丝绸之路与"21世纪海上丝绸之路"之间存在着密切的联系,由于古代海上丝绸之路与今天的海洋强国建设存在着密切的联系,因此,深入研究古代海上丝绸之路,自然有助于推动"21世纪海上丝绸之路"的建设,有助于促进海洋强国的建设;甚至可以说,学术界对古代海上丝绸之路研究的繁荣,本身就是海洋强国建设的内容之一。事实上,2013年,正是在海洋强国建设步伐不断加快、"21世纪海上丝绸之路"明确提出的背景下,中国学术界对古代海上丝绸之路进行了深入而广泛的研究,并且取得了丰硕的成果。下面,我们先来总结一下2013年学术界在研究海上丝绸之路时,关于钓鱼岛问题及南海问题方面的成果,因为这些成果直接涉及海洋强国建设的核心问题:国家的海洋权益及领土完整。

二、钓鱼岛问题与南海问题

在近现代历史上,从来没有一个国家像日本那样给中华民族带来了如此深重的灾难。19世纪的甲午战争,20世纪的全面侵华战争,日本对中国犯下了罄竹难书的滔天罪行。进入21世纪,日本又在钓鱼岛问题上不断挑起事端,严重威胁中国的海洋权益与海上领土。由于钓鱼岛位于古代海上丝绸之路的航线之上,所以,学者们在研究海上丝绸之路时,根据中外文历史资料,从不同的角度对钓鱼岛问题进行了探讨,有力地证明了钓鱼岛自古以来就是中国的领土。

① 郑海麟:《关于共同建构"海上丝绸之路"的历史经验与战略思考》,人民网—国际频道,2013年11月4日。

在钓鱼岛问题的研究中,日本学者井上清(1913—2001)的《钓鱼岛的历史与主权》可以说是一部奠基之作。早在1972年,井上清就在日本的《历史学研究》(2月号)上发表了长篇文章《钓鱼岛等岛屿("尖阁列岛"等)的历史和归属问题》。在日本现代评论社于1972年出版的文集《钓鱼岛等岛屿("尖阁列岛")的历史之剖析》,又刊登了井上清的《钓鱼岛等岛屿的历史和领有权》一文。郑海麟在2007年出版的《钓鱼岛列屿之历史与法理研究(增订本)》中这样评价道:"在钓鱼台问题的研究著作中,具才、学、识,兼'考据'与'义理'之长者,到目前为止,笔者还是认为井上之书应居榜首。"[①]这样的评价是非常中肯。正因为如此,所以,井上清关于钓鱼岛问题的著作很快被译成中文。例如,1972年,香港四海出版社出版了《关于钓鱼列岛的历史和归属问题》;1973年,香港七十年代杂志社出版了《钓鱼列岛的历史和主权问题》;同年,台北海山印刷厂出版了《钓鱼列屿》。1990年,香港天地图书公司出版了《钓鱼列岛的历史和主权问题》。1973年,生活·读书·新知三联书店将井上清的《钓鱼岛等岛屿("尖阁列岛"等)的历史和归属问题》和《钓鱼岛等岛屿("尖阁列岛")的历史之剖析》这两篇文章合在一起,取名为《关于钓鱼岛等岛屿的历史和归属问题》,作为"内部资料"翻译出版。此后,1997年,中国社会科学出版社出版了贾俊琪和于伟的译本,题为《钓鱼岛:历史与主权》。2013年,贾俊琪和于伟的译本又以《钓鱼岛的历史与主权》为题再次出版,[②]从而使广大中国读者得以比较便利地阅读这部学术名作,同时也了解到部分日本学者的学术良知及求真精神。

刚刚跨进21世纪,井上清不幸仙逝,我们失去了一位久经考验的老朋友。但是,在日本,井上清所坚守的那种科学求真、公平正义的精神并没有消失。有一些日本学者继承了井上清的精神,秉持良知,以无畏的勇气顶住巨大的压力,从客观公正的立场出发研究钓鱼岛问题,村田忠禧就是其中的一位。早在2003年,这位正直的学者就在《尖阁列岛·钓鱼岛争议——对21世纪人们智慧的考验》的报告中明确指出:"作为历史事实,被日本称为尖阁列岛的岛屿本来是属于中国的,并不是属于琉球的岛屿。日本在1895年占有了这些地方,是借甲午战争胜利之际的趁火打劫,是窃取而不是堂堂正正的领有行为。"村田忠禧曾打算将此报告译成中文在中国大陆出版,但多家刊物"均以问题过于敏感"而将其拒绝,"以致中文译文的首发并不在中国大陆"。2012年,日本东京都知事石原慎太郎策划了钓鱼岛

① 郑海麟:《钓鱼岛列屿之历史与法理研究(增订本)》,中华书局2007年版,第257页。
② 井上清:《钓鱼岛的历史与主权》,贾俊琪、于伟译,新星出版社2013年版。

"购岛"闹剧,对中国的领土主权和海洋权益提出了严重的挑衅,"直到这时,许多媒体才不无遗憾地感叹:当年真应及时发表村田先生文章的译文"[①]。村田忠禧本人在原来报告的基础上,通过进一步补充史料,写出了《从历史档案看钓鱼岛问题》一书。此书于 2013 年 6 月在日本出版,并且产生了一定的影响。2013 年 10 月,《从历史档案看钓鱼岛问题》中译本在中国出版,[②]速度可谓惊人,这从一个侧面反映了中国学术界及社会上下对钓鱼岛问题的高度重视。

村田忠禧在《从历史档案看钓鱼岛问题》一书中,将钓鱼岛屿置于古代中国、日本、琉球三个国家的特定历史关系下进行考察,以丰富的史料证明钓鱼岛一直以来是中国台湾的附属岛屿,不属于琉球,更不属于日本。书中还研究了近代日本政府窃取钓鱼岛的过程。特别值得一提的是,书中利用了许多琉球文献史料以及古代地图,例如清代康熙时期琉球著名学者程则顺于 1708 年所著的《指南广义》、萨摩藩绘制的《琉球国绘图》等,不仅有助于中国学者更好地研究钓鱼岛问题,而且也有助于研究整个古代海上丝绸之路。

在 2013 年出版的关于钓鱼岛问题的著作中,有一部由中国学者撰写的力作也再次出版,这就是吴天颖的《甲午战前钓鱼列屿归属考》(增订版)[③]。此书作者是怀着一颗赤子之心开始研究钓鱼岛问题的,在"文化大革命"极其恶劣的环境中也未中断研究,历时 23 个春秋,于 1993 年终于完成书稿。这部著作,浓缩着中国知识分子的一片爱国之情。著名历史学家来新夏在为《甲午战前钓鱼列屿归属考》(增订版)所作的序言中,称赞说:"这部书可能不如某些昌言宏论之作那样辉煌一时,但它吐中华民族之正气,树中华学术之脊梁,传之后世,洵为不刊之作。"来新夏在高度评价吴天颖的爱国热情的同时,特别推崇他的求真精神。来新夏在序文中这样写道:"撰者在爬梳史料的工作中,也时刻不忘中华民族的严谨学风。一件流传于世非常有利于论证的资料即《慈禧赐盛宣怀谕》,其中记有'原料药材采自台湾海外钓鱼台小岛,……即将该钓鱼台、黄尾屿、赤屿三小岛,赏给盛宣怀为产业。……'这是多么直接的论据! 但是,撰者经过缜密的考证,认为难以置信而科学地予以存疑,并严正宣称:'中国学者有勇气排除虽有利于己论但却经不住推敲的个别资料,有信心认定此举丝毫无损于钓鱼列屿之为中国领土的结论。'气势磅礴,大义凛然。学术研究之价值与贡献也于此可见。所以邓广铭教授在读此书后感慨地说:'从事人文科学之研究者,近年以来,每被社会所轻视,以为与国家

① 参见步平为村田忠禧所著《从历史档案看钓鱼岛问题》所写的序言。
② 村田忠禧:《从历史档案看钓鱼岛问题》,韦平和等译,社会科学文献出版社 2013 年版。
③ 吴天颖:《甲午战前钓鱼列屿归属考》(增订版),中国民主法制出版社 2013 年版。

之建设、民族之命运,全无可以效力之处,若使得读此一新著,也必将大大改变此种观点了。'"可以说,来新夏的这篇序言,本身就是一篇佳作。

吴天颖这部"呕心沥血的杰作"原名《甲午战前钓鱼列屿归属考——兼质日本奥原敏雄诸教授》,初版于 1994 年。[①] 1997 年,在香港出版了简易版。1998 年,出版了日文版。吴天颖说,在 2013 年的增订版中,"吸取了近二十年来海内外学术界的新成果,同时就朋友们对个别关键性史料所作论断陈述了管见,均在脚注中逐一注明。除对第一至第四章进行补充、订正外,全面改写了第五章,着重剖析 1895 年'1·14 内阁决议'作为'尖阁列岛'系日本'固有领土'的'法理依据'之非法无效;钓鱼列屿是作为中国台湾'附属岛屿'一并被割让给日本,与'1·14 内阁决议'无关"[②]。全书最后附有梁志建写的《德语区史地学家及以凯尔森为代表的法学家与钓鱼岛研究之关联考》,原文发表在《德国研究》2012 年第 3 期上。这篇文章介绍了德语区法学家的观点,并且指出"德语区地图学家早在 18 世纪就认为中国依据当时的国际法取得了钓鱼岛主权"[③]。此文为国内学者了解德语区学术界的相关成果提供了便利。

2013 年,还出版了由北京中日新闻事业促进会主持编纂的《钓鱼岛主权归属》(主编孙东民,人民日报出版社 2013 年版)。此书汇编了有关钓鱼岛问题的历史文献、学术论文、媒体评论等,截止的时间是 2012 年。与此书相类似的读物有张百新主编的《钓鱼岛是中国的》(新华出版社 2013 年版),福建师范大学闽台区域研究中心编写的《钓鱼岛:历史与主权》(海洋出版社 2013 年版)。除此之外,还有李理的《近代日本对钓鱼岛的非法调查及窃取》(社会科学文献出版社 2013 年版)。李理的这部著作主要研究 1885—1895 年间日本密谋窃取钓鱼岛的问题,虽然在时间上已超出古代海上丝绸之路的范畴,但正如李国强在为本书撰写的序文中所说的那样,"1885—1895 年是日本密谋'窃取'我钓鱼岛的重要时期,厘清此一时期日本与钓鱼岛的关系,以及日本图谋窃取的历史过程,对于进一步正本清源,还原钓鱼岛归属的历史真相,揭示钓鱼岛主权的历史事实,有着十分重要的意义"[④]。因此,这部著作很值得关注。

此外,2013 年在香港出版了余艳撰写的《钓鱼岛:我们的历史教科书》[⑤]。本书作者利用自己在香港的便利条件,广泛吸收国内外学术界的成果,充分利用中外

① 吴天颖:《甲午战前钓鱼列屿归属考——兼质日本奥原敏雄诸教授》,社会科学文献出版社 1994 年版。
② 《甲午战前钓鱼岛列屿归属考——兼质日本奥原敏雄诸教授》,第 11 页。
③ 《甲午战前钓鱼岛列屿归属考——兼质日本奥原敏雄诸教授》,第 213 页。
④ 李理:《近代日本对钓鱼岛的非法调查及窃取》,社会科学文献出版社 2013 年版,第 1 页。
⑤ 余艳:《钓鱼岛:我们的历史教科书》,香港天地图书有限公司 2013 年版。

媒体的丰富报道,以广阔的国际视野,对钓鱼岛问题进行了非常全面的介绍,从古代一直讲到 2013 年。全书共分 7 章,分别是:"钓鱼岛的历史"、"日本窃取钓鱼岛始末"、"中日政府的态度"、"钓鱼岛问题:中日学者间的对话"、"岛主的故事"、"风起云涌的保钓运动"和"钓鱼岛未来:战争的可能性"。作者以通俗而生动的文字讲述了钓鱼岛的自然环境,中外关于钓鱼岛问题的各种文献资料(包括地图),钓鱼岛问题的由来,学术界对于钓鱼岛问题的研究过程及现状,海内外保钓运动的由来及现状,并对钓鱼岛问题的未来作了一些预测。这是一部基于全球视野、立足学术、面向大众、雅俗共赏的佳作。

2013 年学术界在研究海上丝绸之路时,涉及钓鱼岛问题的主要文章有(按作者姓名汉语拼音顺序排列):陈平平《史实与法理:中国对钓鱼列岛拥有主权毋庸置疑》(《东南亚之窗》2013 年第 2 期);陈硕炫《〈指南广义〉中有关钓鱼岛资料考述》(《太平洋学报》2013 年第 7 期);丁清华《明初行人杨载身世考辨》(《海交史研究》2013 年第 2 期);东南风《论钓鱼岛主权属于中国》(《东南学术》2013 年第 4 期);冯学智、王力《钓鱼岛主权属于中国的史地考证》(《山东农业管理干部学院学报》2013 年第 1 期);高洁《汪启淑家藏〈使琉球录〉的文献价值》(《沧桑》2013 年第 2 期);韩昭庆《从甲午战争前欧洲人所绘中国地图看钓鱼岛列岛的历史》[《复旦学报》(社会科学版)2013 年第 1 期];胡毓华《抗倭名将胡宗宪与钓鱼岛》(《寻根》2013 年第 5 期);黄颖、谢必震《论古代琉球人对钓鱼岛认知的来源》(《海交史研究》2013 年第 1 期);姜鹏、罗时进《清嘉庆赵文楷钓鱼岛诗歌写作考述——以赵朴初先生二通书札为中心的讨论》[《苏州大学学报》(哲学社会科学版)2013 年第 4 期];金成花《从岛名考证钓鱼岛主权》(《兰台世界》2013 年第 28 期);雷玉虹"尖阁诸岛是日本固有领土"——一个虚构的谎言》(《世界知识》2013 年第 9 期);廖大珂《关于中琉关系中钓鱼岛的若干问题》(《南洋问题研究》2013 年第 1 期);廖大珂《日本最早记载钓鱼岛的文献——〈琉球国图〉》(《南洋问题研究》2013 年第 3 期);彭令《钓鱼岛 290 年前即属中国管辖的历史证据——漫谈清乾隆元年初刻本黄叔璥〈台海使槎录〉》(《文史知识》2013 年第 3 期);孙建红、汤祺、徐永智《琉球群岛范围解析》(《国际研究参考》2013 年第 4 期);万明《从明清文献看钓鱼岛的归属》(《人民日报》2013 年 5 月 16 日);万明《明人笔下的钓鱼岛:东海海上疆域形成的历史轨迹》[《北京联合大学学报》(人文社会科学版)2013 年第 2 期];王炜《钓鱼岛问题的历史由来与国际法分析》(《人民论坛》2013 年第 20 期);谢必震《从中琉历史文献看钓鱼岛的主权归属》(《太平洋学报》2013 年第 7 期);徐斌《〈中山传信录〉中有关钓鱼岛史料考述》(《海交史研究》2013 年第 1 期);徐斌《论福建人航海实践兼及钓鱼岛主权归属》(《太平洋学报》2013 年第 7 期);徐崇温《日本对中国钓鱼岛的侵占窃取与日本政治的右倾化》(《中国延安干部学院学报》2013 年第 3 期);徐永智《从地图等历史文献看日本对钓鱼岛主权主张的荒谬性》(《国际研究参考》2013 年第 8 期);张崇根《也谈〈两种海道针经〉的编成年代及索引补遗》(《国家航海》第 4 辑,上海古籍出版社 2013 年版);张磊《关于中日对钓鱼岛"有效管辖"主张探微》(《中国边疆史地研究》2013 年第 4 期);郑海麟《鞠德源著〈钓鱼岛正名〉举正》(《海交史研究》2013 年第 1 期)。

上述这些论文,从不同的层面与角度,对钓鱼岛问题进行了研究。其中,比较重要的一个问题,就是中文著述中关于钓鱼岛的最早记载。

目前学术界普遍认为,最早记载钓鱼岛的中文著作是明朝的《顺风相送》。郑海麟对此有比较概括的叙述:"现存最早记载钓鱼岛列屿名称的史籍,当推珍藏于英国牛津大学波德林图书馆(Bodleian Library)的《顺风相送》一书。……据考《顺风相送》成书之年,最早不可能超过明永乐元年(1403)。因为根据该书'序'之末节云:'永乐元年,奉差前往西洋等国开诏,累次校正针路,牵星图样,海屿水势山形图画一本山为微簿。'知该书所记始于永乐元年,又因封底有 1639 年劳德的赠书题记,知最晚不能迟于明崇祯十二年(1639)。"[①]中华人民共和国国务院新闻办公室于 2012 年 9 月 25 日发表的《钓鱼岛是中国的固有领土》白皮书,也采纳了这一说法:"目前所见最早记载钓鱼岛、赤尾屿等地名的史籍,是成书于 1403 年(明永乐元年)的《顺风相送》。这表明,早在 14、15 世纪中国就已经发现并命名了钓鱼岛。"在 2013 年出版的关于钓鱼岛的一些论著中,也有许多持此观点,例如吴天颖的《甲午战前钓鱼列屿归属考》(增订版)(第 26 页),余艳的《钓鱼岛:我们的历史教科书》(第 18 页),福建师范大学闽台区域研究中心编写的《钓鱼岛:历史与主权》(第 12 页),孙东民主编的《钓鱼岛主权归属》(第 358、397 页),以及其他一些论文等。需要指出的是,一些论著说《顺风相送》"出版"于 1403 年(例如张百新所编《钓鱼岛是中国的》,第 29 页),这是不对的。因为《顺风相送》只是一本在民间流传的手抄本,从来没有"出版"过。

前面所引论著,基本上将《顺风相送》一书的年代定在明朝永乐元年,即公元 1403 年。实际上,除此之外,学术界对于这本书的年代还有其他许多说法,例如

---

① 《钓鱼岛列屿之历史与法理研究》(增订本),第 3—4 页。

1430 年左右、1537 年、1571 年、1567—1619 年，等等。陈佳荣对此有比较详细的介绍。①

2011 年年底，陈佳荣在研究过程中突然发现，《顺风相送》中反映其成书年代的关键词"永乐元年"可能是"永乐十九年"之误。他写道："在反复比对之下，笔者萌生一种念头：按汉文竖写规律，'元'字或应为'十九'行草连写之讹。换言之，这些事情都发生在永乐十九年（1421）第六次奉使下西洋后。"②巧合的是，就在此时，周运中也提出类似的观点。他在 2013 年出版的著作《郑和下西洋新考》中这样写道："其实《顺风》因是历代手抄，所以其中必有错误，永乐元年时郑和下西洋还没有开始，所以不可能产生如此大规模的针路汇编，永乐元年的元字很可能是十九两个字竖排书写后的误字，九字与元字的下半截很像。"③那么，《顺风相送》是什么时候完成的呢？陈佳荣在《〈顺风相关〉作者及完成年代新考》一文中推断："《顺风相送》的完成年代，应在明万历二十一年（1593）或其前。"在 2013 年出版的《渡海方程辑注》中，陈佳荣重申了这一观点。④

由于《顺风相送》的年代，直接涉及中国文献最早何时记载钓鱼岛的重要问题，所以，2013 年，学术界对此继续进行了探讨。越来越多的学者认为，《顺风相送》并不是永乐元年（1403）成书的。张崇根在《也谈〈两种海道针经〉的编成年代及索引补遗》一文中指出，在《顺风相送》的"日清"中有三处提到"佛郎"或"佛郎番"，而"佛郎"或"佛郎番"则是指 16 世纪之后来到东方的葡萄牙人和西班牙人。因此，"《顺风相送》的成书时间，不可能在永乐元年。因为那时的葡萄牙、西班牙、荷兰等西方国家，还没有来到东方"。特别是，《顺风相送》的"《松浦往吕宋》"条说，吕宋港'南边是佳逸，抛佛郎船，取铳城，妙矣'。'佳逸'，又写作'加溢'，今之 Cavite。'佛郎'指西班牙人。Cavite 今译作'甲米地'，在马尼拉市西南。西班牙人于1565 年侵入菲律宾群岛南部。1571 年 5 月 19 日又侵占马尼拉，并在那里建城池、设总督府"。张崇根的观点是，"《顺风相送》的编成年代的下限可以确定在 16 世纪90 年代，其上限不超过 1571 年"。

廖大珂在《关于中琉关系中钓鱼岛的若干问题》一文中，同样以"佛郎"或"佛郎番"为依据，否定了《顺风相送》成于 1403 年的说法。此外，廖大珂还增补了其他

①　陈佳荣：《〈顺风相关〉作者及完成年代新考》，林立群主编：《跨越海洋——"海上丝绸之路与世界文明进程国际"学术论坛文选（2011·中国·宁波）》，浙江大学出版社 2012 年版，网络版可见"南溟网"（http://www.world10k.com/blog/? p=2379）。

②　《〈顺风相关〉作者及完成年代新考》。

③　周运中：《郑和下西洋新考》，中国社会科学出版社 2013 年版，第 142 页。

④　陈佳荣、朱鉴秋：《渡海方程辑注》，中西书局 2013 年版，第 380 页。

几条史料,进一步论述了这一观点。例如,《顺风相送》有"太武放洋"的记载,太武指的是今天的金门岛,因为岛上有太武山。金门岛在明朝前期"是重兵驻守的海防要地,在这种情况下,民间海船根本不可能在'太武放洋'。只是到了明中叶以后,海防逐渐废弛,嘉靖年间,也就是 16 世纪 40 年代之后,金门才成为海盗的据点。……至于金门成为海船放洋的启航港口,更是在隆庆元年(1567)开放漳州月港、'准贩东西二洋'之后,金门成为月港的外港才出现的,此时距永乐元年已经是160 多年"。此外,《顺风相送》还提到日本的长崎和爪哇的万丹,而长崎是在 1571年才开港贸易的,"万丹成为东南亚的重要贸易港口是在 1568 年之后"。因此,廖大珂认为,"仅从其对长崎和佛郎的记载来看,就可以确定,《顺风相送》的成书年代不可能早于 1571 年,要晚于成书于 1534 年陈侃的《使琉球录》,所谓的 1403 年之说实乃无稽之谈,不可采信"。

谢必震在《从中琉历史文献看钓鱼岛的主权归属》一文中,认为《顺风相送》编成时间应在明朝万历时期。不过,谢必震同时写道:"虽然今天我们能看到的《顺风相送》钞本是 16 世纪成书的,但它是基于明永乐年间就有的古本编成而来,因此就出现'顺风相送'成书永乐元年'的诸种说法。而明永乐年间传抄的本子,又是依据之前的'年深破坏'的古本而来,这在现存的《顺风相送》钞本上记载得清清楚楚。可见,《顺风相送》最早的钞本应当早于明朝初年,极有可能是元朝时就流传并应用于航海的福建籍船员手中。因此,中国人发现命名钓鱼岛的时间,应该在明代以前。"署名为"东南风"的论文《论钓鱼岛主权属于中国》也接受了谢必震的观点,认为"福建通琉球的航路在明代以前就形成了,中国人在这条航路上发现了钓鱼岛、命名了钓鱼岛的客观历史远在明代以前"。

越来越多的学者认为,《顺风相送》的成书时间并不是像此前所普遍认为的那样是在永乐元年(1403),而是在 16 世纪后半期。那么,这会不会影响"中国人最早发现并命名了钓鱼岛"这一结论呢?答案是否定的。因为学者们发现了另一条史料,说明在《顺风相送》之前,中文文献中就已经出现了关于钓鱼岛的记载。而且,这条史料来自琉球学者程顺则所写的《指南广义》。

对于这个程顺则,一般读者不太清楚,甚至还有些不正确的说法。陈佳荣等在《渡海方程辑注》中有比较全面而概括的介绍:"《指南广义》作者为琉球国中山王府进贡正议大夫程顺则(1663—1734)。他出生于琉球国久米村,是程泰祚之子,中山王国摄政程复之孙,属来自中土的移民后裔。据其颂德碑文,他全名作'程顺则,名护亲方宠文',程顺则是唐名,宠文为字,名护是地名,亲方乃封爵。另有童名思武太、号念庵,书斋称雪堂(主人)。程顺则是琉球国官员、学者。其先祖早于明洪武年代东渡琉球,程顺则受其父亲影响,自幼对中华文化产生浓厚兴趣,对琉球的儒学发挥了相当重要的推动作用。作为通事或贡使,程顺则曾多次往返于琉球及清国之间,四入闽及三抵京师,并获封舟掌舵者所遗针本及图画,遂悉为参考改正,编写《指南广义》,以作渡海津梁。"①

清朝康熙四十七年(1708)三月,程顺则跟随琉球朝贡使团完成了朝贡使命,从北京返回福州,六月,从福州返抵琉球。在福州逗留期间,程顺则撰写了《指南广义》,并出资在福州刊刻。对于《指南广义》的版本及收藏情况,很少有人讨论过。陈硕炫在《〈指南广义〉中有关钓鱼岛资料考述》一文中作了比较详细的介绍。陈硕炫在文章中说,程顺则在福州将《指南广义》刊刻后,并未将书版带回,而是将其留在福州城中专门接待琉球使节的琉球馆中。道光二年(1822),琉球官员毛树德被任命为赴华朝贡的贡使后,又让人在福州重刻了《指南广义》。"但是,无论是程顺则的原刻本或是毛树德的重刻本,其原本目前在日本均未被发现。现在日本本土以及冲绳相关研究机构所藏的《指南广义》皆为钞本。版本主要有四:仲原善忠文库本、东恩纳宽惇文库本、嘉手纳宗德手抄本和东京大学图书馆藏本。仲原文库本和嘉手纳手抄本为程顺则原刻本的钞本,东恩纳文库本为程顺则原刻本钞本的影印本,东大图书馆藏本则是毛树德重刻本的抄本。"不过,这几部抄本的来源、流传过程并不太清楚。根据陈硕炫《〈指南广义〉中有关钓鱼岛资料考述》一文的脚注,仲原善忠文库本应当收藏在琉球大学附属图书馆中。而村田忠禧在《从历史档案看钓鱼岛问题》一书中介绍说,琉球大学附属图书馆的主页上就有程顺则的《指南广义》,网址是:http://manwe. lib. u-ryukyu. ac. jp/library/digia/tenji/tenji2006/06. html。更加可喜的是,陈佳荣"以琉球大学图书馆藏版为底本,以台湾大学图书馆藏版作为参考",对《指南广义》全文作了点校,并且公布在"南溟网"上,题为"(清)琉球程顺则《指南广义》点校本网上公布",网址是:http://www.world10k. com/blog/? p=1618,从而为广大读者提供了极大的方便。

程顺则在《指南广义》中,抄录了《三十六姓所传针本》中的十条航海针路(可见"南溟网"上的"(清)琉球程顺则《指南广义》点校本网上公布"),其中有四条明确讲到钓鱼岛(钓鱼台)。第一条为从琉球前往福州的航海针路之一,文字为:"又,三月,古米山开船,(用辛酉针)十五更,(又用单西)二十更,(见)钓鱼台。(又单西针)七更(取)彭家山。(又用辛酉针取)官塘。"其他三条都是从福州回琉球的针路,分别为:"梅花及东沙开船,若正南风(用乙辰针)十更,(取)小琉球头,便是

---

① 陈佳荣、朱鉴秋:《渡海方程辑注》,中西书局 2013 年版,第 392—393 页。

鸡笼山圆尖。(又用乙辰)五更,花瓶屿(并)彭家山,(又用单乙)七更(取)钓鱼台。(离开流水甚紧,北过,用乙卯并单卯针)四更,乌屿,(前面)黄毛屿,(北过,用单卯针)十更(取)赤屿。(北过,用卯卯针)十五更(取)古米山。(北过,用单卯针)三更(取)马齿山,(用甲卯并甲寅)三更,收入那霸港大吉";"又,东涌山开船,北风(甲卯针取)彭家山,若南风(用甲卯并乙卯针取)钓鱼台,北风(用甲卯并乙辰针取)太平山(即宫古岛)";"又,钓鱼台开船,北风(辰巽针取)北木山尾、小琉球头,①(又用乙辰针取)沙洲门,(又用乙卯针取)太平山。太平山开船,(用艮寅针直取)那霸港口大吉"。

那么,程顺则所抄录的那本《三十六姓所传针本》是一本什么样的书籍呢?对此,程顺则在《指南广义》的"传授航海针法本末考"一节中有明确记载:"洪武二十五年,遣闽人三十六姓至中山。内有善操舟者,其所传针本,缘年代久远,多残阙失次。今仅采其一二,以示不忘本之意。"也就是说,这本《三十六姓所传针本》是明朝洪武二十五年(1392)由福建移民带到琉球的。所谓的"遣闽人三十六姓至中山",是指朱元璋为了便于琉球前来朝贡,特地将36个福建航海世家赐给琉球,因为当时琉球的航海水平比较落后。《明会典》对此有明确的记载:"二十五年,中山王遣侄入国家。以其国往来朝贡,赐闽人三十六姓善操舟者。"当然,实际移居到琉球的福建人远远不止36姓。② 既然洪武二十五年福建36姓移民带到琉球去的《三十六姓所传针本》中出现了"钓鱼台",这就证明至少在明朝初年中国人就已经发现并且命名了钓鱼岛。2012年,陈佳荣在香港的《国学新视野》(夏季号)上发表了文章,率先分析了程顺则所引《三十六姓所传针本》中关于钓鱼岛的史料,并且第一次指出早在明朝初年中国文献就已经记载了钓鱼岛之名。陈佳荣在文章最后写道:"由洪武间东渡移民后裔程顺则引用的《三十六姓所传针本》,可见早在明初福建船工已在'航海针经'一类抄本中,明确载明'钓鱼台'等地。如连地名都不清楚,又不见文字记载,又怎谈得上领土之拥有呢?相信琉球人程顺则在三百年前,一定料不到其祖国琉球会在一百七十年后为日本所占,也不会料到又过一百多年,中日会因钓鱼台而起争端。因此,程顺则所述福建船工最早发现并在针本记录'钓鱼台'等地,应该是客观而可信的。"③因此,即使《顺风相送》并非像人们普

---

① 陈佳荣和朱鉴秋所编的《渡海方程辑注》第27页将此条的"小琉球头"误作"琉球头",脱一"小"字。

② 谢必震:《明赐琉球闽人三十六姓考述》,《华侨华人历史研究》1991年第1期。

③ 陈佳荣:《最早记及钓鱼岛的是谁?》,南溟网(http://www.world10k.com/blog/? p=2108)。在2013年出版的《渡海方程辑注》中,陈佳荣在"由洪武间东渡移民后裔程顺则引用的《三十六姓所传针本》,可见早在明初福建船工已在'航海针经'一类抄本中,明确载明'钓鱼台'等地"后面,又补了一句"这是世界上最早出现'钓鱼岛'地名的载籍"(第361页)。

遍所说的那样成书于 1403 年,也动摇不了"中国人最早发现并命名了钓鱼岛"这一结论,因为在 1392 年之前形成的《三十六姓所传针本》中就已经出现了钓鱼岛的地名。

进入 2013 年,多位学者沿着陈佳荣的思路,对《三十六姓所传针本》进行了探讨。万明在《明人笔下的钓鱼岛:东海海上疆域形成的历史轨迹》一文中说:陈佳荣所披露的《三十六姓所传针本》,"首先是开始自琉球到福州的针路,随后是由中国返程的针路。值得注意的,一是称今天的钓鱼岛为'钓鱼台'。二是其中一则'钓鱼台开船'。由此可见,钓鱼岛在当时海上针路中是一个航海的重要标识,也是一个中国人航海活动的重要场所。此一发现,将原本认为明代文献最早记载钓鱼岛于永乐元年(1403)的时间,推前到洪武年间"。万明进一步写道:"《三十六姓所传针本》发现的最大意义就在于,强调了此类源于航海实践的传本在时间上的源远流长。赐闽人三十六姓给琉球,是由明朝派遣的大规模移民海外的国家行为。重要的是,三十六姓为善于航海操舟的世家,他们的航海经验必定是祖上传承下来。所传的针本,年代也必定久远,是世代传承使用的传统海上针路。据此推测,中国人对于钓鱼岛的命名使用,很可能更早于洪武年间,也就是在明代以前就已经形成钓鱼台之命名了。洪武年间可以说是《三十六姓所传针本》的下限,那么,三十六姓传抄的针本,可以上推至什么时间呢? 也即上限在哪里?"万明本人的观点是:"'钓鱼屿'(或钓鱼台)之名是中国古代航海人创造的海岛名称,很可能在明代以前,成为海上的标识,世代相传。……这是中国人最早发现并命名使用钓鱼岛的重要历史依据,也是钓鱼岛自明代以来就是中国固有领土的有力的历史证据。根据目前所见,可以界定时间下限在明代洪武初年,即 14 世纪 70 年代左右,而上限甚至最早可上推至 11—12 世纪开始已经发现、命名使用了。"万明在《人民日报》上所发表的《从明清文献看钓鱼岛的归属》一文中,再次申述了这一观点:"可以认为中国航海人最先发现并作为海上航行标志予以命名和利用钓鱼岛的历史,最早或可上推至北宋初年发明指南针用于航海、出现针路的 11—12 世纪;而结合下面述及的明朝洪武初年派遣使臣出使琉球和明朝水军出巡'琉球大洋'的文献记述,最迟可上推至 14 世纪 70 年代。"此外,廖大珂在《关于中琉关系中钓鱼岛的若干问题》中也指出:"笔者认为《闽人三十六姓针本》是迄今为止现存的对钓鱼岛的最早记载,福建人对钓鱼岛最早的命名应是'钓鱼台'。"

收录在琉球学者程顺则著作中的《三十六姓所传针本》表明中国人最早发现并命名了钓鱼岛。此外,谢必震等人还转换立场,另辟蹊径,通过考察古代琉球人关于钓鱼岛知识的来源问题,从一个非常独特的角度论证了钓鱼岛自古以来就是属于中国的。例如,黄颖、谢必震在《论古代琉球人对钓鱼岛认知的来源》一文中写道:"琉球人对钓鱼岛的认知主要来自中国使者册封琉球后编写的使事记录,这些使事记录中关于钓鱼岛的论述,主要也是基于长期以来福建人的航海实践活动","我们可以断言,琉球国人关于中琉航海的事,关于钓鱼岛的认知,只能来自福建人的航海实践经验,琉球人对钓鱼岛的认知就是在与福建人打交道的过程中获取的"。谢必震在《从中琉历史文献看钓鱼岛的主权归属》一文中也表达了同样的观点。

徐斌的《论福建人航海实践兼及钓鱼岛主权归属》一文中,则从正面讨论了"福建人航海实践"问题,可以说印证了谢必震等人在考察古代琉球人钓鱼岛知识来源时所提出的观点。徐斌在《论福建人航海实践兼及钓鱼岛主权归属》中这样写道:"本文通过'福建人习于航海'、'福建人善于造船'和'福建人长于指南'三个方面,对福建人的航海实践历史作了详细的梳理与分析,指出福建人在不断总结航海实践经验和提高造船、航海技术的过程中,发现并命名了钓鱼岛及其附属岛屿,钓鱼岛及其附属岛屿并非如日本政府和日本某些学者所歪曲的是无人宣示、无人管辖的'无主地',它的'原始权利'属于中国人而不是历史上的琉球人,更不是日本人。"廖大珂在《关于中琉关系中钓鱼岛的若干问题》一文中也有类似的说法:"福建人自明清以来就在钓鱼岛从事捕鱼活动,迄今已有几百年的历史,钓鱼岛及附近海域是传统的福建渔民的捕鱼范围。古代福建人民长期以来在钓鱼岛从事渔业生产等活动,是中国对这些岛屿在发现以后实际占有的表现。"

在2013年关于钓鱼岛问题论文中,有几篇是根据古地图来进行讨论的。其中较为重要的有两篇。一篇是廖大珂的《日本最早记载钓鱼岛的文献——〈琉球国图〉》,另一篇是韩昭庆的《从甲午战争前欧洲人所绘中国地图看钓鱼岛列岛的历史》。

日本江户时代的学者林子平(1738—1793)于1785年出版的《三国通览图说》中,附有一幅《琉球三省并三十六岛之图》,这是研究钓鱼岛问题的重要历史文献之一,受到中日两国政府及学者的高度重视。该图将钓鱼岛列岛与中国大陆都用淡红色表示,而琉球、日本分别用浅灰色和灰绿色表示。① 地图上将钓鱼岛与中国大陆一样都涂成淡红色,形象地说明了钓鱼岛属于中国。林子平的《琉球三省并三十六岛之图》,被认为是最早记载钓鱼岛的日本文献。中华人民共和国国务院

---

① 井上清:《钓鱼岛的历史与主权》,贾俊琪、于伟译,新星出版社2013年版,第54页。《琉球三省并三十六岛之图》的彩图可见郑海麟的《钓鱼岛列屿之历史与法理研究》(增订本)图版九、十,以及吴天颖的《甲午战前钓鱼列屿归属考》图版五。

新闻办公室于 2012 年 9 月发表的白皮书《钓鱼岛是中国的固有领土》采纳了这一说法,指出:"日本最早记载钓鱼岛的文献为 1785 年林子平所著《三国通览图说》的附图'琉球三省并三十六岛之图',该图将钓鱼岛列在琉球三十六岛之外,并与中国大陆绘成同色,意指钓鱼岛为中国领土的一部分。"不过,日本方面却一再狡辩说,林子平的《琉球三省并三十六岛之图》是"没有价值"的,因为此图是根据清朝出使琉球的册封使徐葆光的《中山传信录》绘制而成的,言下之意是:不能根据这幅地图而认为当时的日本人也认为钓鱼岛属于中国。日本学者井上清在其传世力作《钓鱼岛的历史与主权》中对这种狡辩进行了批驳,指出林子平除了依据徐葆光的《中山传信录》外,还研究了"当时日本人研究琉球的权威著作——新井白石所作的《琉球国事略》等,同时加上了自己的见解,才写出《图说》并绘制了地图"①。遗憾的是,井上清并没有找到更多的史料来论证自己的观点。

不久前,廖大珂通过网上搜索,找到了一幅"前所未知的"纸本手绘地图,即绘制于 1781 年的《琉球国图》,从而为井上清的观点提供了有力的证据。廖大珂在 2013 年发表的《日本最早记载钓鱼岛的文献——〈琉球国图〉》文章中指出,《琉球国图》"绘制于 1781 年,要早于 1785 年的《琉球三省并三十六岛之图》,是迄今为止我们所知日本最早记载钓鱼岛的文献","该图为江户后期日本人所绘制"。《琉球国图》发现的主要意义在于,第一,再一次证明钓鱼岛属于中国领土。廖大珂在文章中这样说道:"《琉球国图》图中所绘从福州到琉球本岛针路,由西向东相继标出'花瓶山、彭佳山、钓鱼台、黄尾山、赤尾山',这些岛屿皆涂以和中国本土(广东、福建、浙江、南京、山东省)相同的深黄色,而琉球群岛皆涂以墨绿色。无疑是意指钓鱼岛为中国领土的一部分,而不属于琉球三十六岛。这不仅与中方的记载相一致,而且也与当时日本和琉球方面的记载相吻合。"第二,有力地证明了林子平的《琉球三省并三十六岛之图》并非完全来自徐葆光的《中山传信录》。廖大珂指出:"《琉球国图》的绘制在前,《琉球三省并三十六岛之图》的印制在后,而两图的视图又如此雷同,足证后者不过是前者的临摹图,并在此基础上作了修订,并非是依据《中山传信录》而作。"相信随着《琉球国图》的发现,必将推动相关研究的更加深入。此外,廖大珂在文章中还介绍了西方记载钓鱼岛的古地图及其他文献。

韩昭庆在《从甲午战争前欧洲人所绘中国地图看钓鱼岛列岛的历史》一文中,专门研究了从 1752 年至 1842 年欧洲人绘制的 8 幅地图,并对图上的钓鱼岛及其附属岛屿进行了研究,指出"以上地图或以着色或以图名的方式,显示钓鱼岛列岛

---

① 《钓鱼岛的历史与主权》,第 56 页。

海域属于中国管辖范围",而图上用罗马字母标注的地名,则早已出现于中国古文献中。文章最后写道:"基于制图史的历史背景分析可知,以上主要由英、法绘制的中国及邻近地区的地图代表着当时先进的水平,具有较强的科学性,他们以第三者的身份绘制的他们比较熟悉的中国沿海边界也是较为客观的。而这些地图都显示,1895年前的钓鱼岛列岛早已进入我国管辖范围。"

2001年,首都师范大学出版社出版了鞠德源的《日本国窃土源流——钓鱼列屿主权辩》。有人评价说:此书"堪称史学界研究钓鱼岛问题的巨著"[1]。在此基础上,鞠德源于2006年又出版了《钓鱼岛正名:钓鱼岛列屿的历史主权及国际法渊源》(北京:昆仑出版社),在海内外产生了很大的影响。2013年,郑海麟公开发表了《鞠德源著〈钓鱼岛正名〉举正》,严肃地指出了鞠德源《钓鱼岛正名》一书中存在的问题。郑海麟写道:"笔者发现鞠著有两个较明显的特征,该书的观念来源和基本构思主要受了如下几部书的影响:(一)史料可靠、解读正确、考证严密,有利于支持中国拥有钓鱼岛列屿主权部分的文字,基本上来源于井上清、吴天颖等前人著述,其中杂撮改写自郑海麟《钓鱼台列屿之历史与法理研究》(香港明报出版社,1998年版)一书尤夥,但鞠著却只字未提。(二)引据不当、解读欠妥、考证粗疏、穿凿附会,且无助于中国拥有钓鱼岛列屿主权的文字,则大致上以梁嘉彬《琉球及东南诸海岛与中国》一书为底本,再加上鞠氏的主观想象、大胆假设和任意发挥而成。而鞠著引梁嘉彬书,部分有注明出处,部分则没有注明出处。"郑海麟非常正确地写道:"鞠著引用《山海经》所记来证明中国人早在春秋战国时代便发现钓鱼岛列屿,以此作为中国'拥有无可争议和不容置疑的专属发现权'的证据,这非但无助于证明中国拥有钓鱼岛列屿主权,反而会产生负面的效果。因为这种以传闻性的地理书为依据再加主观想象、大胆假设且毫无佐证的论据,是完全不适合国际法的;非但国际法庭不可能接受,即使稍具史地常识的学者也无法认同,反会徒增纷扰,节外生枝。"郑海麟在该文的摘要中还写道:"尊重前人学术成果,引述他人著作必须注明出处,这是起码的学术规范;以杂撮他人著述为能事,自欺欺人,最终必然害己误人,学术界应引以为戒。"在学术泡沫炫目夺眼的今天,郑海麟的这一提示是非常有意义的。

钓鱼岛问题不仅涉及1840年前的古代历史,更涉及1840年之后的近代历史和当代历史。因此,这里顺便列举几篇2013年发表的关于近现代钓鱼岛问题的论文(按作者姓名汉语拼音顺序排列),以便更加深入、全面地认识钓鱼岛问题:褚

---

[1] 余艳:《钓鱼岛:我们的历史教科书》,香港天地图书有限公司2013年版,第220页。

静涛《知识精英与收复琉球、钓鱼岛》(《江海学刊》2013 年第 4 期);金永明《批驳日本针对钓鱼岛列岛问题"三个真实"论据之错误性》(《太平洋学报》2013 年第 7 期);邱静《钓鱼岛问题与日本政治中的若干问题》(《外交评论》2013 年第 3 期);沈海涛《关于中日钓鱼岛主权的历史争端与战略思考》(《日本侵华史研究》2013 年第 1 卷);苏智良、李云波《开罗会议与钓鱼岛问题探微——纪念〈开罗宣言〉发表 70 周年》(《历史教学问题》2013 年第 4 期);王玉国《1968—1970 年间台湾当局对钓鱼岛主权维护的因应》(《台湾研究集刊》2013 年第 3 期)。

近年来,围绕着钓鱼岛问题,日本在东海不断制造事端,挑起纠纷。与此同时,菲律宾也在南海频频挑战中国海上领土主权,并且竭力寻找历史与法理的依据。有学者对此作过精辟的叙述:"菲律宾政府自 20 世纪 30 年代以来一直图谋霸占中国南海诸岛的部分岛屿。20 世纪 70 年代以后,菲律宾先后侵占了马欢岛、中业岛等多个属于中国领土的岛礁。为了达到长期占据这些岛屿的目的,菲律宾政府不断抛出一些所谓的'理论依据',强调这些岛礁在历史上、法理上属于菲律宾。"[①]因此,为了维护神圣的海洋领土,不仅要在外交、军事等方面采取坚决的行动,而且还要在历史研究和法理研究中以坚实的学术成果来驳斥菲律宾政府的所谓的"理论依据"。而在古代海上丝绸之路的研究中,许多内容就涉及南海主权问题。我国老一辈学者在这方面做出了杰出的贡献。特别是韩振华,在此领域进行了许多开拓性的研究,其成果主要体现在以下著作中:《南海诸岛史地考证论集》(中华书局 1981 年版)、《我国南海诸岛史料汇编》(东方出版社 1988 年版)、《南海诸岛史地研究》(社会科学文献出版社 1996 年版)、《南海诸岛史地论证》(香港大学亚洲研究中心,2003 年)等。其他重要的著作主要有(按出版年代排序):厦门大学南洋研究所编写的《我国南海诸岛史料汇编》(厦门大学南洋研究所,1975 年)和《我国南海诸岛史料汇编·续编》(厦门大学南洋研究所,1977 年)、陈史坚主编的《南海诸岛地名资料汇编》(广东省地图出版社 1987 年版)、吕一燃的《南海诸岛(地理·历史·主权)》(黑龙江教育出版社 1992 年版)、刘南威的《中国南海诸岛地名论稿》(科学出版社 1996 年版)、李金明的《中国南海疆域研究》(福建人民出版社 1999 年版)等。这些著作,从不同的角度论证了中国在南海的权益。

2013 年,李金明在《中菲南海争议的由来与现状》中指出:"中国对黄岩岛的主权可追溯到元初。至元十六年(1279),元世祖敕令天文学家郭守敬在中国疆域内

① 侯毅:《论菲律宾在南海诸岛主权问题上的"历史依据"》,《云南师范大学学报》(哲学社会科学版)2013 年第 4 期。

进行的'四海测验',其最南的南海测点就在今西沙群岛一带或中沙群岛附近的黄岩岛,也就是说,当时西沙群岛与黄岩岛都是在中国的疆域之内,元朝政府已对之行使了主权和管辖权。"[1]侯毅在《论菲律宾在南海诸岛主权问题上的"历史依据"》一文中也写道:"'四海测验'的最南端的实测点即在今黄岩岛。"该文还进一步指出:"到了明代,我国沿海渔民前往南海诸岛进行捕捞和其他渔业生产的人数日益增多。渔民在从事捕捞生产的同时,还在许多岛上种植树木、开垦荒地,南海诸岛不少岛礁遗存有房屋、庙宇、水井等。明代,海军往来南海诸岛更加频繁。明正德年间,明政府在海南的万州设立水师营,巡视南海诸岛。明代绘制的很多地图也清楚地标绘出南海诸岛属中国版图。"

在中国古代文献中,南海有千里长沙、万里长沙、万里石塘、南澳气等地名。周运中在《南澳气、万里长沙和万里石塘新考》中,对这几个地名的历史演变进行了专门的研究。周运中认为,南澳气的原名应为"南澳崎","'崎'是闽南常见地名,意为山角、海岬","南澳崎的意思是南澳岛最东南的崎头,后来讹为南澳气";在古代文献中,"南澳气既包括东沙群岛,又包括台湾浅滩","古人把台湾浅滩与东沙群岛合称为南澳气"。周运中还指出,在1203—1208年间所撰的《琼管志》中出现了"千里长沙",最初是指中沙群岛和西沙群岛,"还不包括台湾浅滩与东沙群岛";宋元之际,由于"开辟了从福建到台湾、菲律宾的航路,于是大陆人对台湾浅滩、东沙群岛更加熟悉,并把二者与原来就很熟悉的西沙群岛、中沙群岛联系起来,所以千里长沙扩展成了万里长沙";南澳气因此而被认为是"万里长沙之首"。周运中说,千里长沙出现于南宋时期,万里石塘出现的时间则更早,在北宋时期已经出现了,指的是现在的南沙群岛;"元代或者更早","万里石塘一名从南沙群岛扩展到西沙群岛"。[2] 周运中的这些探讨,对于深入论证中国在南海的主权问题具有基础性的意义。

除了上述这些论文外,在2013年发表的关于南海问题的论文中,还有几篇也值得一提(按作者姓名汉语拼音顺序排列),尽管它们所讨论的内容已经超出了古代海上丝绸之路的范畴:孙炳辉《从历史和法理看菲律宾提起南海争端强制仲裁的非法性与非理性》(《当代世界》2013年第8期);王静、郭渊《中法西沙争议及西沙气象台的筹设》(《中国边疆史地研究》2013年第4期);王晓鹏《国内学术界南海问题研究:回顾与思考》[《云南师范大学学报》(哲学社会科学版)2013年第1期];

---

① 李金明:《中菲南海争议的由来与现状》,《海交史研究》2013年第1期。

② 周运中:《南澳气、万里长沙和万里石塘新考》,《海交史研究》2013年第1期。

徐志良、李立新等《中国历史地图上南海"九段线"的国界意义——兼论"九段线"内岛礁和海域的管辖权利》(《太平洋学报》2013 年第 2 期)。

三、关于《雪尔登中国地图》的研究

牛津大学是世界上最著名的高等学府之一,鲍德林图书馆(Bodleian Library)则是牛津大学引以为傲的学术机构。该图书馆于 1602 年开馆,是欧洲最古老的图书馆之一,也是英国第二大图书馆,规模仅次于大英图书馆。鲍德林图书馆除了收藏大量的欧洲文献外,还收藏了希伯来文、阿拉伯文、亚美尼亚文等文献。早在 1603 年,鲍德林图书馆就开始收藏中文文献。两部著名的中国古代航海文献《顺风相送》和《指南正法》,就是由向达先生于 20 世纪 30 年代从鲍德林图书馆抄回的。[①]

2008 年,美国佐治亚南方大学(Georgia Southern University)历史系副教授巴契勒(Robert Batchelor)博士为了研究 17 世纪英国贸易扩张问题而来到鲍德林图书馆,结果发现了一幅中文地图(编号为 MS Selden Supra 105)。巴契勒这样写道:"当鲍德林图书馆中文部主任大卫·赫里维尔(David Helliwell)和我一起打开这幅地图时,图上那些奇特的航海路线引起了我的注意。"[②]原来这是一幅古代中国航海地图。由于该地图已经破损,所以,从 2008 年到 2011 年,由明特(Robert Minte)领导的一个小组对其进行了修复。[③]"大英图书馆和大英博物馆各派出一名修复专家帮忙,波德林图书馆的两名修复员与他们一起,先用纯净的蒸馏水喷湿地图,将上个世纪不当贴上背面的棉布与地图纸张分开,再将剥落的彩色碎片一片片细致拼凑补回,而后用日本红海带提取的粘剂将地图敷上新的纸背。"[④]

根据鲍德林图书馆的收藏记录,这幅地图原为雪尔登(John Selden,1584—1654 年,中文通常译写成"塞尔登")的私人藏品。雪尔登是"英国法律文物学家、东方学家和政治家"[⑤],他"博识多闻,号称十七世纪英国最大的学者,'活图书

[①] 佚名:《两种海道针经》,向达校注,中华书局 1961 年版,第 3—4 页。

[②] Robert Batchelor. The Selden Map Rediscovered: A Chinese Map of East Asian Shipping Routes, c. 1619. Imago Mundi, 2013,65(1), note 3.

[③] Stephen Davies. The Construction of the Selden Map: Some Conjectures. Imago Mundi, 65∶1, 2013.

[④] 汤锦台:《闽南海上帝国——闽南人与南海文明的兴起》,台北如果出版事业股份有限公司 2013 年版,第 213 页。

[⑤] 《简明不列颠百科全书》第六卷,中国大百科全书出版社 1986 年版,第 871 页。

馆'"①。雪尔登在 1653 年 6 月 11 日所立的遗嘱附件中,特地提到了他所收藏的一幅中国地图及一只中国罗盘:"一幅在那里制作的中国地图,制作精美,彩色;还有一只由中国人制作的航海罗盘,上面有刻度;那幅地图和那只航海罗盘都是由一位英国船长(comander)获得的;由于这位英国船长不想放弃这幅地图,所以在非常艰难的情况下为此支付了一大笔赎金。"②雪尔登去世后,包括那幅中国地图在内的一大批遗物于 1659 年被捐献给鲍德林图书馆。1687 年,来自南京的中国天主教徒沈福宗应牛津大学阿拉伯语和希伯来语教授、鲍德林图书馆馆员海德(Thomas Hyde)的邀请,到鲍德林图书馆为中文藏书编目。③ 沈福宗在鲍德林图书馆见到了雪尔登原藏的那幅中文航海地图,并向海德介绍了图上的内容。海德根据沈福宗的讲述,用拉丁文在地图上作了一些记注,例如在右上角的太阳图中写上 Sol(太阳)。在大英博物馆中,至今还保存着海德与沈福宗之间的谈话记录(编号:MS Sloane 853),其中有些内容就是关于这幅中文航海图的。据说,18 世纪,这幅中文航海图(或者其复制件)有时还在鲍德林图书馆中展出。不过,由于人们认为该地图很不准确,错误很多,所以对其并不重视。1721 年,鲍德林图书馆的藏书记录中写道:"一幅颇为奇特的中国地图,非常大,来自雪尔登先生的藏品。"这幅地图在 20 世纪初经过一次比较粗糙的修复后,就逐渐被人遗忘了,直到 2008 年才重见天日。由于这幅中国古代航海图原为雪尔登藏品,所以国外学者将其称为《雪尔登地图》(The Selden Map)或《雪尔登中国地图》(The Selden Map of China)。④ 目前,在鲍德林图书馆建有关于《雪尔登中国地图》的专门网页(http://seldenmap. bodleian. ox. ac. uk/)。雪尔登藏品中与这幅地图一起的那只中国罗盘,目前收藏在牛津科技史博物馆(Oxford Museum for the History of

---

① 杨周翰:《十七世纪英国文学》,北京大学出版社 1985 年版,第 222 页。此书有"约翰·塞尔登的《燕谈录》"一节,专门讨论他的文学成就。

② Robert Batchelor. The Selden Map Rediscovered:A Chinese Map of East Asian Shipping Routes, c. 1619. 雪尔登在遗嘱中明确说,这幅地图最初是由一位英国海军指挥官获得的。但钱江在《一幅新近发现的明朝中叶彩绘航海图》(《海交史研究》2011 年第 1 期)中说:"英国的学者们认为,这幅地图很有可能是 16 世纪末至 17 世纪初英国东印度公司驻万丹商馆人员从前来市易的福建商人手中购取的";周运中在《牛津大学藏明末万老高闽商航海图研究》(澳门《文化杂志》2013 年第 87 期)一文中也介绍了类似的观点。林梅村在《〈郑芝龙航海图〉考——牛津大学德利图书馆藏〈雪尔登中国地图〉名实辨》(《文物》2013 年第 9 期)中则说得更加详细:"这幅航海图是从一位在万丹从事贸易的福建商人手中购得。当初用来做包装纸,连同中国货物一起卖给了万丹商馆的英国人。"这些说法可能是误传。

③ 韩琦:《中国科学技术的西传及其影响》,河北人民出版社 1999 年版,第 47—48 页。

④ 正如许多学者所指出的那样,将此地图命名为《雪尔登中国地图》无疑是不妥当的,但鉴于目前该图尚无被学术界普遍接受的中文名称,所以本书为了方便起见,依然称其为《雪尔登中国地图》。

Science)中。①

《雪尔登中国地图》是一幅大型地图,纵 158 厘米,横 96 厘米,纸质,手工彩绘。全图上北下南,反映了以中国为中心的东亚地区。地图北起西伯利亚,南抵印度尼西亚,东侧为日本、菲律宾群岛,西侧有中亚地区及印度洋东岸。在中国大陆部分,标出了明朝两京(北京、南京)十三省,以及对应的星宿分野。北京、南京以及各省名称都写在用红色粗线画成的大圆圈里,二十八宿的星座名称写在红色小圆圈内,州府的名称则写在褐色小圆圈内。有些地方还出现了写在方框内的注文,例如"马湖府,西至黄河三千里","昆仑山,一名雪山"等。地图上除了画出众多山川、树木、花草外,还有一些建筑物,例如中国北部的长城,西北的"玉门关"、"陕西行都司"和"总戳城"等。

与现存的其他中国古地图相比,《雪尔登中国地图》有几个非常引人注目的地方。第一是地图上方的罗盘、比例尺和空白方框。这只罗盘正中写有"罗经"两字,用十二地支(子、丑、寅、卯、辰、巳、午、未、申、酉、戌、亥)、八个天干(甲、乙、丙、丁、庚、辛、壬、癸)以及八卦中的四卦(乾、坤、巽、艮)标出 24 个方位,罗盘最外围写有"正北"、"东北"、"正东"、"东南"、"正南"、"西南"、"正西"和"西北"8 个方向。比例尺位于罗盘的下方,分为十个等份(我们姑且称其为"寸"),每个等份("寸")又分为十个刻度(我们姑且称其为"分")。罗盘的右侧、比例尺的上方则有一个长方形方框,画有两条边框线,中间空白。需要指出的是,在地图的背面,还画着两根类似的比例尺,以及一个不太大的方框。此外,地图背面还画有表示航线的线条。② 国内学者在已发表的论文中,都没有提到过地图背面的这些图案。第二是画出了中国通往其他国家的海上航线,包括中国通往日本、菲律宾等地的东洋航线,以及中国通往泰国、马六甲等地的西洋航线。每一条航线上,都以甲子名称注出了罗盘针经的航向。而且,这些航线的起点都在福建的漳州、泉州一带,形象地说明了漳泉地区在海外贸易中的重要地位。虽然地图的最西侧(左侧)仅仅画出了马来半岛的西海岸,而没有画出更远的印度洋地区,但图上有文字说明,讲述了从印度西南岸港口古里(即现在的卡里卡特)前往波斯湾地区及阿拉伯半岛的航线,例如"古里往阿丹国","古里往忽鲁谟斯"。阿丹,即现在也门的亚丁(Aden),忽鲁谟斯一般认为是今霍尔木兹海峡的格什姆岛。第三是高度重视东海、南海及

① Robert Batchelor. The Selden Map Rediscovered:A Chinese Map of East Asian Shipping Routes,c. 1619.

② Robert Batchelor. The Selden Map Rediscovered:A Chinese Map of East Asian Shipping Routes,c. 1619.

海外地区。在明朝中国人绘制的地图上,中国大陆占据了绝大部分篇幅,东海、南海及海外地区所占篇幅很少,往往局促一隅,严重缩小。而在《雪尔登中国地图》上,中国大陆虽然还是整幅地图的中心,但所占篇幅不到一半,东海、南海及海外地区则被完整地展现出来。在中国东部海洋中,写明是"东海",还有其他一些文字说明,例如"野故门,水流东甚紧"。在南海上,有"万里长沙,似船帆样"等注文。特别值得重视的是,在这幅地图上,马六甲海峡、菲律宾等地的形状画得非常准确。

《雪尔登中国地图》于 2008 年被发现后,曾请加拿大明史学者卜正民(Timothy Brook)、中国国家图书馆张志清观看过,他们都认为这是一幅非常罕见的中国古代地图。2008 年 5 月,卜正民在牛津大学演讲时专门讨论了这幅地图。此外,巴契勒等人还陆续举办了几次小型研讨会,例如 2011 年 3 月,在美国亚特兰大的佐治亚州立大学(Georgia State University)举办了"雪尔登地图的再发现"(The Rediscovery of the Selden Map)研讨会;同年 9 月,在牛津大学鲍德林图书馆举办了"雪尔登中国地图研讨会"(Discovering the Selden Map of China Colloquium)。

那些学者发现《雪尔登中国地图》后,虽然没有马上将其公之于世,但在这个高度发达的信息化时代,中国学者还是很快获知了相关消息。特别是借助于先进的互联网与数码技术,《雪尔登中国地图》的高清电子版在越来越多的学者中间流传。例如,林梅村写道:"2009 年 8 月,我们赴银川出席中国社会科学院考古研究所主办的丝绸之路国际学术研讨会,与爱尔兰某大学一位教授不期而遇。她在会上展示了《雪尔登中国地图》的高清晰照片。"①再如,香港大学的钱江在《一幅新近发现的明朝中叶彩绘航海图》一文中这样写道:"在海外研究中国古代史和航海史的少数学者中,最近悄悄地流传着一个惊人的喜讯:世界著名的英国牛津大学鲍德林图书馆(Bodleian Library)近来突然发现了一幅被人们忽略了长达 350 余年之久的、绘制于中国明朝中叶的彩色航海地图。今年年初,笔者辗转获得了这幅明代航海图的电子版本,仔细观察、研究之后,喜出望外,因为这是中国历史上现存的第一幅手工绘制的彩色航海图,而且或许是一幅出自明朝福建海商之手的地图,弥足珍贵。"②

钱江的《一幅新近发现的明朝中叶彩绘航海图》是国际上第一篇研究《雪尔登中国地图》的中文论文,也是第一篇正式向中国学术界介绍该地图的文章。此文

---

① 林梅村:《〈郑芝龙航海图〉考——牛津大学博德利图书馆藏〈雪尔登中国地图〉名实辨》,《文物》2013 年第 9 期。

② 钱江:《一幅新近发现的明朝中叶彩绘航海图》,《海交史研究》2011 年第 1 期。

共分五部分:航海图的由来、航海图简介、航海图上绘制的东西洋航路、航海图的作者与创作时期、结语。钱江在这篇开创性的文章中指出,《雪尔登中国地图》有以下这些主要特点:"这是一幅完整的航海图",而且"显然是一幅庞大的挂在墙上或铺陈在大桌子上使用的航海地图";"是手工绘制的,而且绘制得相当精细";地图上有比例尺和航海罗盘;绘图者采用了中国传统的绘画技法,而且,"绘图者在马来半岛上绘制了一棵巨大的棕榈树和一些热带雨林,这说明当时这幅地图的绘制者已相当了解东南亚的风物和特产情况"。钱江不仅列出了该地图上"共绘制了中国帆船经常使用的 6 条东洋航路和 12 条西洋航路",而且还发现"无论是东洋航路,还是西洋航路,其自中国沿海出发的起点都是福建东南沿海的泉州或漳州港","由于地图上泉州和漳州二地画得很近,所以很难确认绘图者究竟想将东西洋航路的起点置于泉州还是放在漳州。但是,从福建沿海港埠的兴衰沿革历史来看,明朝中叶时期的泉州港早已经走向衰微,代之而起的是民间海外贸易兴盛之漳州海澄月港。所以,笔者以为,当时中国民间海外贸易商人川走海外的东西洋航路之起点应该是画在漳州。……不过,不排除当时仍有相当数量的中国商船是从泉州港启碇下海的,所以笔者在胪列东西洋航路时采用了'漳泉'这一名称"。钱江还对这幅航海图的作者进行了推测:"既然这幅航海地图是以明朝中叶福建海商在海外的活动范围和主要港埠为基础而绘制的,反映的是以闽南漳泉地区为中心的中国民间海外贸易网络,那么,所有看到这幅航海地图的人很自然地便会推断出该地图的绘制者应该就是闽南人。而且,该绘制者肯定经常接触经营海外贸易的民间商人,熟悉闽南商人在海外市易、寓居的情况,以及东南亚和日本等地的风土人情和物产。笔者甚至大胆推测,认为该海图的作者本人或许就是一位常年附随商舶在海外各贸易港埠奔波经商的乡间秀才或民间画工,也可能是一位转而经商的早年落第举子,因为一般的民间中小商贾没有什么文化,不太可能具有如此精湛的绘画技巧。"此外,钱江还介绍了其他学者的主要观点,例如,"英国学者判断,该图的作者或许是一位定居在泉州的早已汉化了的阿拉伯人",而加拿大学者卜正民则"坚持认为,这幅航海图的作者一定是当时定居在印尼巴达维亚(今雅加达)的福建商人"。在这篇文章中,钱江推测,此航海图"应当绘制于 16 世纪末至 17 世纪初",他因此提出:"至于该地图的名称,尽管西方学术界现已按照惯例以捐赠者的名字来命名,称之为《雪尔登地图》,笔者却觉得十分不妥,建议中国学术界还地图的本来面目,让其落叶归根,改称为《明中叶福建航海图》"。因此,钱江这篇论文的贡献在于:首次向中国学术界介绍了《雪尔登中国地图》,是国际上第一篇研究这幅航海图的中文论文。作者不仅介绍了其他学者的相关观点,还对该地图绘制者及绘制年代进行了开拓性的探讨。这一期的《海交史研究》还特地配上了《雪尔登中国地图》的彩色缩图，尽管图上的许多文字无法辨认，但可以使广大读者一睹其全貌。

此后，《雪尔登中国地图》不断受到中国学者的重视，相关研究迅速开展。例如，2011年9月底，在中国海洋大学（山东青岛）召开的"海洋文化哲学论坛"上，刘义杰不仅展示了此地图，而且还作了专题报告。2011年11月3日，在"第五届深圳海洋文化论坛"上，钱江等专家对《雪尔登中国地图》进行了讨论。葛剑雄认为，这幅地图"改写了中国地图史，填补多项空白"。梁二平进一步指出，这是"中国第一幅标有罗盘与比率尺的古代航海图、第一幅实测式的实用的远洋航海图、第一幅准确表现中国与东亚地区地理关系的海图以及第一幅明确绘出澎台与南海四岛准确位置的海图"。孙光圻从航海学角度提出，这是一幅"总图性质的航海图"，其"历史地位的不同凡响，值得学者挖掘其中的深刻历史文化内涵"。刘义杰根据地图上的台湾地名推断，其"绘制时间应该在明嘉靖末年万历年间，就是1566—1602年间"。钱江就该地图的作者阐述了自己的观点，认为"这幅海图很有可能是漳泉二州的闽南人绘制的"。不过，也有人提出，"可能是西方航海人或者商人雇佣闽南人绘制了此图"，甚至"或许是当时对海域非常熟悉的闽南籍的海盗以及西方探险家共同所为"。对于这幅航海图的名称，学者们比较一致的观点是，应当命名为《明代东西洋航海图》。在"第五届深圳海洋文化论坛"上，还展出了《雪尔登中国地图》复制件。由于这次会议得到了媒体的详细报道，①所以产生了很大的影响。如果说钱江的《一幅新近发现的明朝中叶彩绘航海图》使学术界得以了解《雪尔登中国地图》的话，那么，"第五届深圳海洋文化论坛"则使社会公众开始知道这幅航海图。

在2011年12月15日出版的《海交史研究》第2期上，发表了两篇关于《雪尔登中国地图》的研究文章。一篇是陈佳荣的《〈明末疆里及漳泉航海通交图〉编绘时间、特色及海外交通地名略析》，另一篇是郭育生和刘义杰共同署名的《〈东西洋航海图〉成图时间初探》。

陈佳荣《〈明末疆里及漳泉航海通交图〉编绘时间、特色及海外交通地名略析》一文的主要贡献，是将《雪尔登中国地图》上的主要文字（包括明朝地名和域外地

---

① 可见赖良青：《〈明代东西洋航海图〉改写中国地图史，填补多项"空白"》（晶报网）；王光明等：《明代航海图漂洋350年》、《明代古航海图如何传到牛津？》（均见《深圳商报》2011年11月4日C1版）。

名)全部辑录出来,并且对所有海外地名进行了初步的注解与考证,为其他学者继续研究这幅地图打下了很好的基础。陈佳荣采用了层层推进的办法,"缕析"了这幅地图的绘制时间。陈佳荣注意到,"本图上所有府名均见于《明史·地理志》及《明会要》,无一例外",而"根据《明史·地理志》及《明会要》,其户口统计资料多系于万历六年",因此这幅地图应当绘于万历六年(1578)之后。陈佳荣接着指出,"读者只要约略浏览本图,即可一眼望到东南亚等地的图形,绝非中国传统地图所可比拟,显然受欧洲传教士输入的最新绘图成就所影响,首先即刊布于 1602 年的利玛窦《坤舆万国全图》",所以这幅地图应当绘制于 1602 年之后。陈佳荣继续指出,"本图所载今台湾岛上的地名极少,只有'北港'和'加里林'两处";在中文文献中,"北港一词出现较早,应在 16 世纪末期",而"加里林"一词则是 1603 年之后才出现的,所以该地图的"绘制年代应在 17 世纪初期,甚至可能在 1618 年后"。陈佳荣进一步分析说:"本图所载东北地名应在 1616 年后金建立后","本图注文应在1621 年荷兰人占据马鲁古后"。最后,陈佳荣写道:"荷兰人在入据台南后不久,立即令人测量该处地形,并由雅各·诺得洛斯于 1625 年刊出了《北港图》(Packan O I Formoso),该图首次将台湾南北绘成一薯形的完整岛屿,而非像此前中外各界把台湾画成三个小岛。而本图恰恰仍将台南、台北分裂成两岛,至于地名所载亦少得可怜",因此这幅地图大约绘制于 1624 年(天启四年)。陈佳荣的这种分析,犹如抽丝剥茧,层层递进,不仅很有说服力,而且也给读者带来了阅读上的享受。当然,在这个分析过程中,也存在着一些史料上有不足。例如,文中说:此图"显然受欧洲传教士输入的最新绘图成就所影响,首先即刊布于 1602 年的利玛窦《坤舆万国全图》"。其实,《坤舆万国全图》并非利玛窦绘制的第一幅中文世界地图,更不是唯一的世界地图。早在 1584 年,利玛窦就在肇庆绘制出了中文世界地图。后来,利玛窦在南昌(1595 年之后)、南京(1600 年)也绘制过世界地图。[①] 因此,《雪尔登中国地图》的作者完全有可能见到利玛窦于 1602 年之前绘制的世界地图。这就意味着,不能根据利玛窦世界地图来推断这幅航海图绘制于 1602 年之后。再如,《雪尔登中国地图》上"万老高"岛上有"红毛住"、"化人住"的注文。《〈明末疆里及漳泉航海通交图〉编绘时间、特色及海外交通地名略析》一文认为,"红毛"就是指荷兰人,这是正确的。但文中说"'化人'应指佛郎机人,此处即葡萄牙人",就缺乏依据了。

　　对于《雪尔登中国地图》的作者,陈佳荣同样以层层推进的方式进行论证。他

---

①　参见黄时鉴、龚缨晏:《利玛窦世界地图研究》,上海古籍出版社 2006 年版。

在《〈明末疆里及漳泉航海通交图〉编绘时间、特色及海外交通地名略析》中先分析了《雪尔登中国地图》的如下特点：图上的域外地名，"除个别地方为同名异写外，大致不出《顺风相送》、《东西洋考》诸书所载范畴"；地图的重点并不在明朝内陆地区，而是"首次突出了东洋、西洋地区，反映了明末海外交通的主要范围"；地图上出现的航海罗盘，"这在中国地图史上应属首例"；"本图另一重要特点及创意，即首先引用民间船工的航海针经，绘入正式地图之上"，而且，"无论东洋、西洋海道，均由漳泉启航"。根据这些特点，陈佳荣认为，这幅航海图的作者应当符合以下条件："国内文人与船工或华侨结合"，"认识万历政区及明代地图者"，"了解东亚、东南亚地理情况"，"熟悉《顺风相送》海道针经"，"精于日本、吕宋等东洋航线"，"掌握《东西洋考》的泉州人"。陈佳荣最后得出的结论是："本图作者可能参与过《东西洋考》的编辑工作。当然，不会是张燮，由其书所附《东西南海夷诸国总图》仍然转用罗洪先的《广舆图》资料可知。尽管如此，不排除本图作者也许是参与张书编辑的作者班子成员之一，或至少是熟读《东西洋考》并深然其说。"

陈佳荣建议将《雪尔登中国地图》命名为《明末疆里及漳泉航海通交图》，郭育生和刘义杰在《〈东西洋航海图〉成图时间初探》中则认为，根据"这幅航海图所描绘的海域和明代对这片海域的传统命名方法"，应将其称为《东西洋航海图》，而且这一名称还反映了"强烈的时代特征"。郭育生等人注意到，在那幅被简称为《郑和航海图》的明朝海图上，其全名"自宝船厂开船从龙江关出水直抵外国诸番图"就写在卷首的一个方框中，据此推断，《雪尔登中国地图》上方的那个空白方框，本来应该是用来题写图名的，但不知何故最后未能写上图名。他们还作了一些猜测，例如："或许这是一幅通用航海图，由各条航路上的火长根据航行需要从这幅母图上复制自己需要的海图，然后自行加以命名？"郭育生等人指出，这幅明代航海图的最大特点是"各条航线都用实描的形式来展示，不仅直观且实用性更强"，而此前中国航海图基本上只有两种画法："其一是《郑和航海图》为代表的虚线标法；其二是《渡海方程》为代表的岛礁标注法。"他们还观察到这样的特点：与明朝中叶之前的文献相比较，《雪尔登中国地图》上关于"东洋"部分的文字记注大大增加，而关于"西洋"部分的记注则明显减少，这说明"当时从福建起航的海船较多地是驶往东洋的吕宋、文莱一带"，相比之下，中国海船"已经极少驶出马六甲海峡或绕航苏门答腊岛进入印度洋海域了"。对于这幅地图的绘制时代，郭育生等人和陈佳荣一样，也将标注在台湾岛的"北港"和"加里林"视为"破解这幅航海图成图年代的关键"。所不同的是，郭育生等人得出的结论是，《雪尔登中国地图》的"绘制年代，应当晚于林道乾遁迹台湾的时间，即不会早于嘉靖四十五年（1566）"。郭育生等人在《〈东西洋航海图〉成图时间初探》中继续写道,在中国古代地图中,将台湾岛标注为"小琉球",将"面积远小于台湾岛的琉球标注为'大琉球'",只是在利玛窦于1602年绘制的《坤舆万国全图》上,才"开始将台湾岛标绘为'大琉球',原'大琉球'处标注为'小琉球'",因此,《雪尔登中国地图》绘制时间下限"应该在利玛窦绘制《坤舆万国全图》之前,也就是明万历三十年(1602)以前"。如前所述,利玛窦在1602年之前就在中国绘制过世界地图,因此,根据利玛窦《坤舆万国全图》来推断《雪尔登中国地图》的绘制时间,这是不可靠的。此外,对于《雪尔登中国地图》的作者,《〈东西洋航海图〉成图时间初探》一文并没有进行探讨。

2011年12月,中国社会科学院和宁波市人民政府在宁波联合举办了"海上丝绸之路与世界文明进程国际"学术论坛(承办者为浙江省文物局、中国社会科学院历史研究所和宁波博物馆),共有来自世界各地的40多位专家参加了学术讨论。会上,有3篇文章专门讨论了《雪尔登中国地图》,分别是朱鉴秋的《略论〈明代东西洋航海图〉》,孙光圻和苏作靖的《明代〈雪尔登中国地图〉图类定位及其在海上丝绸之路研究中的学术价值》,龚缨晏的《试论国外新发现的一幅明代航海图》。[1]

朱鉴秋在《略论〈明代东西洋航海图〉》中写道,如果按照现代海图的分类,那么,著名的《郑和航海图》应当属于"航行图",而《雪尔登中国地图》则应属于"海区总图",并且是"一幅中国最早的'总图'性质的航海图";该航海图上的"万里长沙"、"万里石塘"指的是西沙群岛、中沙群岛和南沙群岛,而"南澳气"则指东沙群岛,这幅地图同时也是"我国最早以'南澳气'表示东沙群岛的古地图";航海图上出现的罗盘和比例尺,"很可能是借鉴了西方航海图的表示形式",不过,由于比例尺上"没有注记,不能量算针路的航程或距离,所以它们在图上主要是装饰"。[2]

孙光圻和苏作靖在《明代〈雪尔登中国地图〉图类定位及其在海上丝绸之路研究中的学术价值》一文中也认为,《雪尔登中国地图》属于"航海总图"。通过考察中国航海图发展历史,该文进一步指出,《雪尔登中国地图》是"第一幅流传至今的古代航海总图"。这篇文章还深入分析了《雪尔登中国地图》对于研究古代海上丝绸之路的重要价值:(1)补充明代海上丝绸之路研究文献之不足;(2)展现明代海

① 这3篇文章均收入林立群主编《跨越海洋——"海上丝绸之路与世界文明进程国际"学术论坛文选(2011·中国·宁波,浙江大学出版社2012年版。其中,孙光圻和苏作靖的《明代〈雪尔登中国地图〉图类定位及其在海上丝绸之路研究中的学术价值》的以《明代〈雪尔登中国地图〉之图类定位及其在海上丝绸之路研究中的学术价值》为题发表于《水运管理》2012年第8期上,龚缨晏的《试论国外新发现的一幅明代航海图》以《国外新近发现的一幅明代航海图》为题发表于《历史研究》2012年第3期上。

② 朱鉴秋的《略论〈明代东西洋航海图〉》及其他一些文章说,《雪尔登中国地图》是"绢质古地图",这是不对的,《雪尔登中国地图》其实是画在纸上的。

上东西洋的航线网络;(3)助推古代航海地名的考释;(4)提供研究明代航海自然地理的宝贵资料;(5)弥补对中国航海制图学史中"比例尺"研究的空白。孙光圻等人还列举了不少例子来说明《雪尔登中国地图》的学术价值。例如,这幅航海图上的"香港"、"福堂"等地名在其他中国古代航海文献中并没有出现过;有的地名虽然在其他文献中出现过(例如"唵汶"),但其地理位置与学术界公认的观点并不符合,这就意味着该航海图上的地名"或为未见之新名,或为原考有误"。此外,在这幅航海图上,"居然破天荒地画上一把长 36.5 厘米、分为 10 个等份的标尺",而"明代造船习用之尺度,主要有两种,一为工部尺,长约 31.1 厘米;另一为淮尺,长约 34.5 厘米",均与航海图上的比例尺不符,所以孙光圻等人在文章中间道:"这把尺绘在航海图上的动因到底是什么? 是这幅图的画者受当时西方航海图惯例比例尺的影响,但尚未弄懂比例尺的真正内涵而信手作为装饰品画上去的呢,还是当时确是将之作为比例尺画上去而漏缺了相应的比例尺数据?"孙光圻等人的看法是:"这把比例尺作为航海图'比例尺'的可能性甚大,或可暂时称之为'疑似比例尺',其技术制式和航海内涵非常值得研究,这或许可以在中国古代航海图'比例尺'的课题研究中取得开创性的学术成果。"

龚缨晏在《试论国外新发现的一幅明代航海图》一文中,主要通过考证地图上的几个注文来探讨其绘制年代。该文写道:《雪尔登中国地图》中部最右侧的一个岛屿上面有三行汉字注文,分别为"万老高"、"红毛住"和"化人住";"红毛"是明末清初中国人对荷兰人的称呼;"化人"则是指西班牙人,曾于 18 世纪末在菲律宾群岛侨居过的福建漳州人黄可垂在《吕宋纪略》对此有明确的叙述;"万老高",学术界公认就是现在印度尼西亚的马鲁古群岛,其中最主要的岛屿是特尔纳特岛(Ternate)。通过查考西文文献,可以知道,西班牙人于 1606 年终于攻占了特尔纳特岛上的一座要塞;1607 年,荷兰人也在特尔纳特岛上建立了一座要塞;由此可知,《雪尔登中国地图》上的"万老高"实际上就是特尔纳特岛,因为只有在这个岛屿上才同时出现过西班牙人与荷兰人的据点。这就说明,该航海图一定绘于 1607 年荷兰人在特尔纳特岛建立要塞之后。与陈佳荣等人一样,龚缨晏认为可以根据《雪尔登中国地图》上关于台湾岛的内容而将其绘制时间的下限定在 1624 年荷兰人入侵我国台湾之前。更加具体地说,"这幅地图很可能绘制于 1610—1620 年之间"。有鉴于此,龚缨晏建议将《雪尔登中国地图》命名为《明末彩绘东西洋航海图》。对于这幅航海图的作者,龚缨晏写道:"《明末彩绘东西洋航海图》的作者有可能多次往返于福建、菲律宾之间,甚至有可能叶落归根,最后老死于福建故乡。那么,这幅地图的最后完成地点是在漳泉一带,还是在菲律宾? 由于资料缺乏,这个问题目前难以回答。就地图本身而言,后一种可能性较大。例如,这幅地图的重点是比较完整地表现了海外地区,相反,对于中国大陆却有不少较低级的错误(例如把宁波标在杭州、绍兴的北面)。这说明地图作者对中国大陆并不了解,资料来源也有限。由此推测,他很可能生活在海外。"此外,陈佳荣在《〈明末疆里及漳泉航海通交图〉编绘时间、特色及海外交通地名略析》中提出,"本图作者可能参与过《东西洋考》的编辑工作。当然,不会是张燮,由其书所附《东西南海夷诸国总图》仍然转用罗洪先的《广舆图》资料可知。尽管如此,不排除本图作者也许是参与张书编辑的作者班子成员之一,或至少是熟读《东西洋考》并深然其说"。龚缨晏并不同意这一说法,因为张燮的《东西洋考》以大量的文字讲述了葡萄牙人("佛郎机")在东方的活动,更没有把葡萄牙人和西班牙人区别开来,而是将他们都称为"佛郎机",甚至认为菲律宾群岛的统治者就是"佛郎机"。而《雪尔登中国地图》却对当时中国人已经非常熟悉的"佛郎机"只字未提,反而把占据菲律宾群岛的西班牙人称为"化人"。地图准确地画出了马六甲,但没有讲到已经统治马六甲的葡萄牙人,甚至没有讲到葡萄牙所占据的我国澳门。这些迹象表明,该地图的作者不可能是《东西洋考》的"作者班子成员之一",也不可能是"熟读《东西洋考》并深然其说"的人。地图的注文表明,其作者对西班牙人及荷兰人在菲律宾群岛一带的活动非常熟悉,而对葡萄牙人在东方的活动了解不多,由此推测,地图作者很可能就是生活在菲律宾的漳泉籍华人。

2012年,学术界继续关注《雪尔登中国地图》。孙光圻和苏作靖在《中国航海》第2期上发表了《中国古代航海总图首例——牛津大学藏〈雪尔登中国地图〉研究之一》,再次表达了他们在《明代〈雪尔登中国地图〉图类定位及其在海上丝绸之路研究中的学术价值》一文中的观点。龚缨晏除了在《历史研究》第3期上发表《国外新近发现的一幅明代航海图》一文外,还在《地图》(第1期)上撰写了通俗性的文章《一幅明末航海图的未解之谜》。林立群主编的《跨越海洋——"海上丝绸之路与世界文明进程国际"学术论坛文选(2011·中国·宁波)》一书,也在2012年由浙江大学出版社正式出版。

在前两年的基础上,2013年国内外学术界对《雪尔登中国地图》的研究有了新的进展。最主要的中文文章有两篇,一篇是林梅村的《〈郑芝龙航海图〉考——牛津大学博德利图书馆藏〈雪尔登中国地图〉名实辨》(《文物》2013年第9期),另一篇是周运中的《牛津大学藏明末万老高闽商航海图研究》(澳门《文化杂志》2013年第87期)。

林梅村在《〈郑芝龙航海图〉考——牛津大学博德利图书馆藏〈雪尔登中国地

图〉名实辨》一文中，叙述了《雪尔登中国地图》的收藏及发现过程，并且介绍了学术界的研究现状。林梅村注意到《雪尔登中国地图》上长城之北的"北挞在此"和"（食）人番或在此处"两条汉文记注，认为"北挞"即"北鞑"，是"明人对塞外蒙古人的称谓"，"'食人番'当即明人对女真人后裔满族人的蔑称"，因此，这幅地图一定绘制于1644年清军入关之前。林梅村把这幅地图上出现的"化人"一词作为考定该图时代上限的重要依据，他写道："万历四十五年（1617年）张燮编《东西洋考》不见'化人'，《雪尔登中国地图》又不晚于1644年清军入关，那么，此图当绘于1617—1644年之间。"林梅村这篇文章的最大特点是，将《雪尔登中国地图》与郑芝龙联系起来。文章写道："《雪尔登中国地图》绘制年代（1617—1644年），正值郑芝龙海上帝国兴起之际"，其"势力范围与《雪尔登中国地图》所标泉州至东西洋航线完全相符"；1633年，郑芝龙打败荷兰人，取得了料罗湾大捷，缴获了包括"罗经、海图"在内的一批战利品，而且，郑芝龙手下还有一批荷兰战俘，这样，郑芝龙就完全有可能利用西方海图来绘制地图，"此图的绘制，显然借鉴了料罗湾大捷缴获的西方海图"。林梅村在文章中说："《雪尔登中国地图》集明末东西洋航线之大成，而掌控这些航线的正是郑芝龙的海上帝国。崇祯元年（1628）就抚后，郑芝龙成为明王朝海疆的封疆大吏，所以这幅海图绘有明王朝两京十三省，并以郑芝龙在台湾的据点北港（或称"笨港"）为中心。因此，我们认为，此图实乃《郑芝龙航海图》。"林梅村进一步认为，这幅航海图"原来的图名可能是《大明东洋西洋海道图》。为什么不在图上写标题呢？我们推测，此图完成之际，明王朝大势已去。郑芝龙虽有意降清，一时又下不了决心，因此只在此图正中顶部画了一个标题框，留待日后局势明朗后，再根据实际情况填写图名。不知什么原因，郑芝龙未将此图呈献给清顺治皇帝，最终流失海外"。林梅村在文章中还探讨了《雪尔登中国地图》（即林梅村所说的《郑芝龙航海图》）与现存几幅清初地图之间的关系。中国第一历史档案馆藏有两幅非常珍贵的地图，一幅是《东洋南洋海道图》，是施琅之子施世骠在于康熙五十一年至六十年（1712—1721年）出任福建水师提督时期绘制的；另一幅是康熙五十二年至五十三年（1713—1714年）闽浙总督觉罗满保进呈的《西南洋各番针路方向图》。林梅村提出，《郑芝龙航海图》（即《雪尔登中国地图》）的"另一模本在郑芝龙旧部施琅之子施世骠手中"，后来施世骠交其"改头换面"献给了康熙皇帝。此外，由于"觉罗满保是施世骠的顶头上司"，所以，满保进献给康熙皇帝的《西南洋各番针路方向图》"可能亦源于施世骠海图"。也就是说，林梅村认为，现藏中国第一历史档案馆的《东洋南洋海道图》及《西南洋各番针路方向图》，与鲍德林图书馆发现的《雪尔登中国地图》属于同一个系统，有着共同的来源。

林梅村将《雪尔登中国地图》与郑芝龙联系起来进行考察,这是其他学者未曾注意到的。不过,他的《〈郑芝龙航海图〉考——牛津大学博德利图书馆藏〈雪尔登中国地图〉名实辨》一文主要是通过推测来论证《雪尔登中国地图》"实乃《郑芝龙航海图》"这一核心观点,而没有找到直接的史料证据。此外,林梅村的这篇文章还面临着不少难以回答的问题,例如,如果这幅地图是郑芝龙借鉴了西方海图而绘制的,这幅海图是以"郑芝龙在台湾的据点北港(或称"笨港")为中心"的,那么,为什么地图上台湾的地名很少?更加重要的是,为什么台湾被错误地画成两个岛屿?难道以台湾为根据地的郑芝龙对东南亚地区更加清楚,反而对台湾更不了解?此外,这幅地图的绘制者显然文化水平不高,难道郑芝龙他们的文化水平如此低下吗?

　　周运中在《牛津大学藏明末万老高闽商航海图研究》一文中,先从正反两方面来说明这幅地图的作者"不可能是什么人"和"可能是什么人"。文章步步深入地写道:"此图作者一定是个平民,因为图上多用俗字、别字或谐音字,比如浙江的衢州写作渠州";"此图作者是闽南人,所以图上到处都是花果和大树,黄河源头的青藏高原居然也画了南方才有的竹林和热带才有的棕榈树。作者可能长期在南洋活动,或者因为没有读过太多书,否则一个饱读诗书或到过北方的福建人不可能不明白中国北部的环境和岭外大相径庭";此图作者不仅"对中国边疆多不熟悉",而且也不熟悉"江浙地理","更不要说北方了";"此图作者似乎不熟悉南海西部,所以图上居然把广西的廉州标注在海南岛,把海南岛东部的七洲、独猪都标在海南岛,把海南岛的琼州、儋州(图上写为擔州)标在大陆";此外,这幅航海图的作者"不熟悉泰国湾","图上爪哇岛地理也错了","到池汶的针路其实也是错的",等等,"这说明作者对今印度尼西亚的大部分地区也不熟悉","作者对日本不熟悉,所以图上居然把日本的九州岛和本州岛画成一个岛"。周运中进一步指出,"作者熟悉的是东洋航路",其中"最熟悉的还是万老高地名,旁边还标注:红毛住、化人住。万老高即今印度尼西亚的马鲁古地区,化人即西班牙人,红毛就是荷兰人。图上到荷兰人住地和西班牙人住地还分出两条航路,到万高老之前的一段航路还有曲折,极为精确。这是图上唯一标出的外国岛屿分区,作者对此最为熟悉,所以很可能是在此处经商"。当然,这幅航海图的作者也参考了西方地图,"用西方和中国地图作为底图,配上中国针路簿的文字","因为是以西方地图为主,所以图上的地名框都是圆形,而中国传统地图的地名框一般都是方形。也有可能是显示中国和域外有别,所以使用不同符号"。《雪尔登中国地图》上有关于"化人"的注文,周运中对"化人"一词的解释也富于启发性,他写道:"人在闽南话的白读为 lang,

闽南话 r 读 l，所以化人即佛郎机(Frank)异译，明代指葡萄牙人和西班牙人，此处指西班牙人。"周运中还重点考察了《雪尔登中国地图》与《顺风相送》及《指南正法》之间的关系，认为这幅航海图和《指南正法》"的关系更密切"，因为它们都"详于东洋针路"，例如，《顺风相送》中"暹罗往马军针路"等航行路线在《雪尔登中国地图》就没有被画出来；《顺风相送》印度洋以西部分在图上也简化为文字"；《指南正法》中有万老高，而《顺风相送》中则没有。周运中同样根据荷兰人及西班牙人在马鲁古群岛中特纳特岛上的活动来推断《雪尔登中国地图》的绘制时间，认为："从图上万老高同时有红毛(荷兰人)和化人(西班牙人)居住来看，这张图的绘制时间在 1610—1644 年间，和《东西洋考》、《指南正法》的成书时间接近，最迟不到 1633 年之后。"周运中《牛津大学藏明末万老高闽商航海图研究》一文的结论是："这幅图的作者很可能是一个活跃于中国、香料群岛和日本之间的闽南商人。他熟悉特尔纳特岛的西班牙人和荷兰人分区，知道马尼拉大帆船从美洲来到吕宋东部，能够把中国的针路簿和西方地图完美地结合，绘出了这幅珍贵的古地图。"同时，周运中建议将此地图命名为《明末万老高闽商航海图》，因为这个名称"点明了该图的绘制时间、地点和作者，所以更加简明"。

在台湾地区，汤锦台在《闽南海上帝国——闽南人与南海文明的兴起》中增加了"一幅展现了明代闽南人海洋视野的地图"一节作为附录，专门探讨《雪尔登中国地图》，并且附上该地图的彩色缩印本。汤锦台将《雪尔登中国地图》称之为"令人震撼不已、无法相信是由中国人绘出的一幅彩色海图"，并且对其作了高度的评价："它的珍贵之处不仅在于它承袭了明初彩色地图的绘制特点和呈现了类似十七世纪初欧洲地图的写实风格，更在于它显示出当时中国的航海家们所积累的丰富地理知识，已经达到了欧洲的航海家们和地图制作公司的同等级别，而这种知识是当时中国朝野所极度缺乏也极度需要的"，"而且这是一幅颠覆中国传统地图的东西长、南北宽布局，不再把中国陆地当成世界中心的南北走向东亚—东南亚完整海域图，……因此，可以推断，该图既融合了中国航海家们丰富的海洋知识，也采纳了欧洲地图的布局概念，将地图范畴从传统的中国陆地扩大到整个东亚与南海区域，从而把明初郑和船队的踪影消失在海平线上后中国人逐渐淡化的海洋视野，再度展现在世人的目前"。汤锦台还指出了《雪尔登中国地图》对于研究台湾历史的意义，认为这幅地图"是十七世纪初期荷兰人占据台湾之前，中国大陆沿海之民对台湾印象的体现。图中以北部的'北港'和南部的'加里林'(可能是今天台南佳里)两个地名代表台湾全岛，两者之间被东西向的大山隔离，北部另标上代表'鸡笼山'的小山；'澎湖'则注为'彭湖'"，"这是至今所发现最早画出台湾相对于泉州、琉球和菲律宾的地理位置和山川走向的中国彩色地图,也明确标出了从福州前往琉球的航线沿途所经的台湾北部外海多个岛屿,这些岛屿应为今天人们所熟知的钓鱼台群岛"。[①]

　　汤锦台在《闽南海上帝国——闽南人与南海文明的兴起》一书中,根据"咬留吧"一词推断《雪尔登中国地图》绘制时间上限。他在书中写道:"做出这样判断的依据是荷兰联合东印度公司总督科恩(Jan Pieterszoon Coen),在一六一九年将亚洲治理总部从摩鹿加群岛(又称马鲁古群岛或香料群岛)的安汶(Ambon)迁至爪哇岛西北部马来语称为 SundaKelap、梵语称为雅加达的港口(Sunda 为爪哇与苏门答腊之间海峡的称呼,华人称'巽他'或'顺塔',Kelapa 为马来语的椰子)。这里原是万丹苏丹的治地,邻近的万丹港为主要商业港埠(在该地图上标为'顺塔')。一六二一年,科恩按荷兰人德国祖先部落的称呼将其改称为巴达维雅(Batavia),并为了与万丹港竞争,强迫住在万丹的华商与华人搬迁到此,以利开展亚洲贸易。当地华人习惯上以 Kelapa 的闽南语发音称之为'咬留吧'或'葛喇吧',意即'椰城'。从此'咬留吧'或'葛喇吧'取代了'万丹'(即'顺塔',成为爪哇岛最重要的港口城市"。也就是说,《雪尔登中国地图》绘制的时间,一定是在 1619 年之后。[②]

　　至于《雪尔登中国地图》绘制时间的下限,汤锦台主张"最迟不会迟于荷兰人占领台湾南部的一六二四年","因为从该地图来看,当时的台湾仍未被荷兰人占领,不像已在一六○六年和一六○七年分别为西班牙人和荷兰人占领的特内特岛(Ternate Island,位于北摩鹿加群岛,在明代航海图中被称为'万老高'),被标示为'化人住'('化人'是指西班牙人)和'红毛住'('红毛'指荷兰人)。"这样,汤锦台和陈佳荣、龚缨晏等人一样,都认为《雪尔登中国地图》应当绘制于 1624 年荷兰人入侵台湾之前。[②]

　　对于《雪尔登中国地图》的绘制者,汤锦台认为:"由泉州家族集团制作是可能是,但由郑芝龙家族或阿拉伯人后裔制作的可能性则不高,原因是郑芝龙集团的实力是在荷兰人入占台湾以后才节节上升;阿拉伯人的势力则是在明朝开国以后为明太祖全面下令打压,很快加速汉化,明末是否仍然有其海商势力的存在,值得商榷。"汤锦台进一步推论:"如果是泉州海商家族或海商势力所制作,反而是当时居住长崎、平户以李旦为代表的泉州人海商势力,更有可能是这幅地图的制作

　　①②　均参见汤锦台:《闽南海上帝国——闽南人与南海文明的兴起》,台北如果出版事业股份有限公司 2013 年版,第 210—223 页。

　　②②　均参见汤锦台:《闽南海上帝国——闽南人与南海文明的兴起》,台北如果出版事业股份有限公司 2013 年版,第 210—223 页。

者"，因为当时李旦"势力的辐射面涵盖了北起日本、南抵南海诸岛的广大地域，这正是这幅地图涵盖的全域，而不只局限于中国周边或南海范畴，仅由这点来推断，地图为李旦集团所制作，似乎顺理成章"；"明代中国因为缺乏类似欧洲的地图制作公司，收藏地理资料的专门机构也不存在，因此画出航海地图所需的资料，只能向具有航海经验的海商或船只取得。对于像李旦集团这一类有船只航行各处的海商集团来说，这并不是一件难事"。汤锦台还分析道：在这幅航海图上，从泉州到日本的航线终点站为五岛列岛，"李旦立足长崎、平户后，这里也是他的船只往返台湾或越南等地的必经之地。他的弟弟欧阳华宇在一六二〇年病逝前，李旦就曾到这里的华人庙宇为弟弟上香祈福"，因此，该地图把日本航线的"终点画到五岛列岛，是有其道理的"。此外，汤锦台认为《雪尔登中国地图》很可能参考了《古今形胜之图》，"因为一五五五年福建金沙书院翻刻该图出售，闽南海商应熟知此图"②。

在《闽南海上帝国——闽南人与南海文明的兴起》一书中，汤锦台通过考证"咬留吧"一词来推断《雪尔登中国地图》绘制于1619年之后，不仅富于见地，而且很有说服力。更加重要的是，可以根据这个思路来进一步探讨这幅航海图上的其他地名，从而推断出比较准确的绘制年代。不过，汤锦台提出《雪尔登中国地图》为李旦海商集团所绘，可能还需要更多的史料证据。正如汤锦台所说的那样，"李旦立足长崎、平户"，"返台湾地区或越南等地"，如果这幅地图真是出自李旦等人之手，图上的台湾地区、日本部分为什么会出现这么多的错误？

在欧美，2013年，国际上最著名的地图学史杂志 Imago Mundi 在同一期（第65卷第1期）上发表了两篇讨论《雪尔登中国地图》的文章，一篇是该地图最初发现者巴契勒所写的《雪尔登地图的重新发现》，另一篇是香港海事博物馆的戴伟思（Stephen Davies）的《雪尔登地图的绘制》。

巴契勒的《雪尔登地图的重新发现》一文，原为2011年9月在牛津大学鲍德林图书馆举办的"雪尔登中国地图研讨会"的会议论文。巴契勒在这篇文章中对《雪尔登中国地图》进行了全面而深入的考察，特别是重点讨论了两个问题。

第一个问题是《雪尔登中国地图》与《二十八宿分野皇明各省地舆总图》之间的关系。

1607年，福建建阳刊刻出版了一部题为《便用学海群玉》的民间日用百科全书。后有中国人将其带到东南亚地区。17世纪20年代后期，荷兰传教士 Justus Heurnius 在巴达维雅（今印度尼西亚的雅加达）获得此书。现在，这部《便用学海群玉》收藏在荷兰莱登大学（编号 Acad. 226），巴契勒说这也是目前所知"唯一存世的刊本"。在《便用学海群玉》的"地舆"卷上，有一幅插图，名为《二十八宿分野皇明各省地舆总图》(为了方便起见，以下简称《地舆总图》)。巴契勒发现，《地舆总图》与《雪尔登中国地图》在陆地部分有许多共同之处，例如，在陕西及周边地区，两幅地图上至少有 8 处注文"差不多是完全相同的"，分别是：(1)"玉门关"，(2)"陕西行都司"，(3)"昆仑山，一名雪山"，(4)"河州"，(5)"马湖府西至黄河三千里"，(6)"丽河，西北至黄河一千五百里"(《地舆总图》的注文为"丽河，西北至河一千五百里")，(7)"黄河水源"(《地舆总图》的注文为"黄河源")，(8)"星宿海"。因此，巴契勒认为，"《雪尔登中国地图》的绘制者采用了《地舆总图》来标注明朝帝国内的地名，以及长城以北及长城以西的一些文字说明"，或者说，《地舆总图》就是《雪尔登中国地图》的主要资料来源。巴契勒还注意到一些细微而有颇有意义的差别，例如，在《地舆总图》上，"星宿海"三个汉字外面包围着象征天上星宿的图案，而在《雪尔登中国地图》，这些图案则转变为密布在大海中的岛屿。

　　巴契勒在《雪尔登地图的重新发现》一文中重点讨论的第二个问题是《雪尔登中国地图》的绘制者。与其他学者不同的是，巴契勒并不是孤立地考察这幅航海图的绘制者，而是将该问题与这幅航海图如何传入英国结合起来进行研究。

　　概括地说，巴契勒推测，《雪尔登中国地图》是由李旦海商集团绘制的。他注意到，在《雪尔登中国地图》的"鱼鳞岛"(即日本平户)上方，画着两朵鲜艳的红菊花，"这在整幅地图上十分独特"。而平户正是李旦在日本的据点。巴契勒进一步写道，如果《雪尔登中国地图》是李旦请人绘制的，或者说，"如果这幅地图确实是为李旦绘制的，那么，这两朵红菊花可能是表示 1614 年李旦与一位日本女子结婚"；当然，也有可能是，这两朵红菊花是为了庆贺 1618 年李旦的一个女儿与一个中国富商在长崎订婚。不过，巴契勒认为，"几乎可以肯定，《雪尔登中国地图》并不是在日本制作的。因为图上只表现了日本的南部地区，而且，与吕宋及越南沿海地区相比，此图关于日本的细节非常贫乏"。巴契勒提出，这幅航海图很可能是在福建或马尼拉绘制的，因为"无论在马尼拉还是在福建，都可以非常容易地绘制出《雪尔登中国地图》"，而且，"如果这幅地图是在马尼拉绘制的话，那么，李旦是不可能见到此图的，因为李旦在这一时期一直待在日本"。但巴契勒无法肯定此图的绘制地点到底是福建还是马尼拉。

　　那么，《雪尔登中国地图》是如何传入英国的呢？巴契勒根据西方历史记载，勾勒出了一个颇为复杂的历史过程，简述如下：

　　16 世纪末，葡萄牙人、西班牙人率先进入东南亚及东亚海域。进入 17 世纪，荷兰人和英国人的船只也来到东方，并且与葡萄牙及西班牙人展开激烈的竞争，甚至发生武装冲突。1620 年夏，一艘中国商船（也有可能是日本"朱印船"）从西班牙人统治下的马尼拉出发，前往日本长崎，船长是日本人平山常陈。船上装载大量的丝绸、棉布、白银等货物，其中有些货物是李旦的。《雪尔登中国地图》也在船上，准备献给李旦。此外，船上还有一位葡萄牙领航员，两个化装成商人的西班牙传教士。当这艘船途经台湾岛的一个港口补充给养时，恰好一艘名为"伊丽莎白号"（Elizabeth）的英国船也在这里。"伊丽莎白号"上的英国人劫掠了平山常陈的船只，将上面的货物装入自己的船中，包括《雪尔登中国地图》及航海罗盘。后来，"伊丽莎白号"上的货物又在平户被日本当局没收，因为日本当局认为，这些货物本来就是属于日本人及中国人（其中包括李旦）的。但《雪尔登中国地图》和那只航海罗盘被英国人事先藏了起来，所以没有被收走。随后，"伊丽莎白号"上的英国人与日本当局进行了艰难的谈判，李旦也被牵涉其中。起初，日本当局所关注是的"伊丽莎白号"上的英国人是否进行了"海盗劫掠"，但当他们发现平山常陈的船上有两名西班牙传教士后，性质发生了变化，因为当时统治日本的江户幕府严格禁止西方传教士前来传教。[①] 这一事件最后导致了日本当局对天主教徒的镇压。平山常陈、两个西班牙传教士以及一大批日本天主教徒被处死。这就是所谓的"元和大殉教"。1623 年，英国人解散了在平户的商馆。商馆中幸存的档案文件及物品（包括《雪尔登中国地图》和那只航海罗盘）被运回伦敦后，又陆续散失了，流入不同的地方。不知什么时候，雪尔登购得了其中的航海图和航海罗盘。这就是《雪尔登中国地图》传入英国的过程。

　　巴契勒的《雪尔登地图的重新发现》一文发表后，很快得到了香港学者陈佳荣的回应。陈佳荣在《海交史研究》2013 年第 2 期上发表的《〈东西洋航海图〉绘画年代上限新证——〈二十八宿分野皇明各省地舆总图〉可定"The Selden Map of China（〈东西洋航海图〉）绘画年代的上限》一文中，不仅高度评价了巴契勒，而且赞同其关于《二十八宿分野皇明各省地舆总图》就是《雪尔登中国地图》主要来源的观点。陈佳荣在文章中写道："Robert Batchelor 教授是'The Selden Map of China'的重要发现者，贡献不少；其专文中引用的'二十八宿星野图'等资料也值得重视，可为《东西洋航海图》绘画年代的上限作一了断"，"《二十八宿分野皇明各省地舆总图》（载于《学海群玉》'地舆'二卷）既为《东西洋航海图》明境地名标记的几乎唯一源泉，而《学海群玉》肯定刊刻于万历三十五年，则《东西洋航海图》绘画于 1607 年之后可以肯定。至若该书之刻印于福建地区，更为该图绘制人的判断，增加一

① 戚印平：《日本早期耶稣会史研究》，商务印书馆 2003 年版，第 123 页。

分管窥蠡测的可能性"。陈佳荣同时指出,《雪尔登中国地图》的域外部分,则不可能来自《二十八宿分野皇明各省地舆总图》,而且"《学海群玉》卷 10'诸夷'不仅无域外地图,也未涉《顺风相送》等明末航海成就,完全是中国古籍老派的'四夷志'"。陈佳荣在这篇文章中,介绍了《学海群玉》的海外藏本及国内可以找到的版本,并且复原了巴契勒《雪尔登地图的重新发现》一文中的中文书名、地名和人名。例如,巴契勒在文章中介绍说,《便用学海群玉》上有意为 revised by Wu Weizi 的中文。陈佳荣指出,其中文原文其实为"武纬子补订"。陈佳荣的这篇文章,为今后深入研究《学海群玉》提供了重要线索。

　　巴契勒在《雪尔登地图的重新发现》一文中重点探讨的上述两个问题,对于最终解开《雪尔登中国地图》之谜具有深刻的意义。文中提到的许多资料,为进一步研究这幅航海图提供了宝贵的信息。可以说,《雪尔登地图的重新发现》是研究该航海图的必读之作。不过,巴契勒在这篇文章中提出的一些重要观点并不是定论,依然需要更多的史料证据。例如,巴契勒认为,《雪尔登中国地图》上"明朝帝国内的地名,以及长城以北及长城以西的一些文字说明",所依据的是《便用学海群玉》中的《二十八宿分野皇明各省地舆总图》。其实,这个观点是值得商榷的。因为在明代,类似于《便用学海群玉》的民间日用百科全书很多,我们只要翻翻中国社会科学院历史研究所文化室编的《明代通俗日用类书集刊》(西南师范大学出版社、东方出版社,2011 年)就可以知道了。根据巴契勒的文章,可以知道,《便用学海群玉》上清楚地写着"武纬子补订"的中文。也就是说,荷兰莱登大学所藏的《便用学海群玉》1607 年刊本是由一个名叫武纬子的人根据以前的版本补订而成的,在此之前应当还有更早的版本。这样,如果《雪尔登中国地图》的绘制者确实参考了《便用学海群玉》的话,那么,他也完全有可能参考 1607 年之前的版本。而巴契勒恰恰没有论证为什么《雪尔登中国地图》的绘制者只参考了 1607 年的版本,而不是其他版本。更加重要的是,如果将《雪尔登中国地图》与《地舆总图》进行仔细对比的话,可以发现,两者之间有不少差异。《地舆总图》上的有些地名,在《雪尔登中国地图》被简写了(例如浙江的"嘉兴"和"衢州"、云南的"鹤庆"被分别简写成"加兴"、"渠州"、"合庆");《地舆总图》上的有些地名在《雪尔登中国地图》上没有出现,例如山东的"济南"和"曹州"。这两类例子,当然都无法证明《雪尔登中国地图》不是依据《地舆总图》。《雪尔登中国地图》的有些注文,在《地舆总图》上是没有的,例如"钱唐江"、"鄱湖"和"洞廷湖"。对此,我们也许可以说,《雪尔登中国地图》的作者根据其他资料补充了这些内容。不过,《雪尔登中国地图》西北角有个很大的方形城市名为"總戢城",不仅画出了四座城楼,而且在城内还画有一座高楼和两面旗帜。而在《地舆总图》上，这里只有"统戢方"三个字被标在一个方框内，根本没有城楼建筑及旗帜。对于两幅地图上的这一差异，我们很难用讹误或根据其他资料补充来进行解释。"统戢方"与"總戢城"在字形上区别明显，不可能是由于误抄而使前者变成后者。至于《雪尔登中国地图》上的城楼及其他建筑，在《地舆总图》上根本就不存在，因此很难说前者是依据后者而绘制的。这样，《雪尔登中国地图》完全有可能是依据其他明代地图绘制的，在那幅地图上，不仅有类似于"總戢城"的文字，而且还画有城墙及建筑物。

戴伟思的《雪尔登地图的绘制》一文，重点探讨了《雪尔登中国地图》上的航海罗盘、比例尺和那个长方形的空白方框。他注意到，长方形空白方框的四条边，与整幅《雪尔登中国地图》的四条边是平行的。相反，那条比例尺是左低右高倾斜的，它与《雪尔登中国地图》上下两条边并不是平行的，与空白方框的底部边框也不是平行的，而是构成了一个锐角。如果更加仔细地观察，还可以发现，航海罗盘上由"正南"、"正北"垂直下来的直线，正好穿过比例尺的正中心；更加重要的是，虽然这只航海罗盘位于《雪尔登中国地图》的中央，可是，穿越航海罗盘"正南"、"正北"、比例尺中心点的直线，并不是整幅地图的中心线。这就意味着《雪尔登中国地图》有两个"正北"，一个是地图本身的"正北"（也是那个空白边框的"正北"），以体现上北下南的位置。另一个是航海罗盘上的"正北"，即指南针所指的"正北"，它实际上略向地图的西北倾斜。地图"正北"与指南针"正北"之间的差异，正是古代中国人所发现的磁偏差。这样，地图上的空白方框并不是用来书写文字的，而是用来确定地图的方向的。

戴伟思不仅认为航海罗盘与比例尺"是密切相关的"，而且通过计算发现，这两者之间存在着数学上的对应关系，例如，如果从航海罗盘的中心沿着"午"（即"正南"）画一条垂直线至比例尺，那么，这条垂直线正好把比例尺分为两个等份，而且，这条垂直线的长度，正好是航海罗盘半径长度的两倍，同时也正好等于比例尺长度的 1/5。或者说，如果这根比例尺分为 10 寸的话，那么，航海罗盘半径的长度，正好相当于比例尺上的 1 寸；整条比例尺的长度，等于航海罗盘半径的 10 倍。戴伟思继续分析说，航海罗盘上的 24 个方位，实际上代表一昼夜的时间（即现在所说的 24 小时）；同时，古代中国海员用"更"来表示航行距离，并把一昼夜的航行距离分为 10 更，而这根比例尺所表示的正是 10 更；比例尺上的 1 个等份（寸），代表 1 更，等于 2.4 个小时；这样，航行距离就被转化为航行时间，反过来，人们可以通过航行时间来推算航行距离，具体地说，人们可以借助于那根比例尺来计算《雪尔登中国地图》上每条航线的距离。[①] 所以,戴伟思指出,《雪尔登中国地图》上的航海罗盘、比例尺并不是"装饰用的",也不仅仅具有"社会文化意义",更加重要的是,它们具有非常实用的价值。

戴伟思还发现,《雪尔登中国地图》的南北中心线(我们可以称其为"中央经线")不仅穿越明朝的首都北京,而且穿越了南海上的一座岛屿,它的下方有注文曰"万里石塘"。对照现代地图,该岛屿就是西沙群岛南端的中建岛。非常引人注目的是,"在《雪尔登中国地图》的所有海域中,只有这个岛屿被绘成红色"。更加重要的是,横贯《雪尔登中国地图》的中心线(我们可以称其为"中央纬线"),也穿越了这座岛屿。所以,这个红色岛屿就是《雪尔登中国地图》中央经线和中央纬线的交汇点,是整幅地图的中央基点。此外,在实际地理中,中建岛西面大海中有几座作为航行标志和给养补充基地的重要岛屿,但"这些在对于实际航行来说至关重要"的岛屿在《雪尔登中国地图》上根本没有出现,这说明,此地图并不是为了航海的实际需要而制作的。戴伟思对《雪尔登中国地图》作了高度的评价,认为它"显示了一种精湛的、最为独特的地图绘制技术,这种技术在西方是找不到的"。

在航海活动中,必然会遇到许多数学问题,例如测量航速和航程。在绘制地图时,同样会遇到数学问题,例如计算比例和方位。无论在航海活动中还是在绘制地图时,都是以一定的数学计算为基础的。不过,学术界对于古代中国航海及制图的数学基础问题,一直缺乏足够的研究。戴伟思在《雪尔登地图的绘制》一文中所做的开拓性探讨,不仅有助于解开《雪尔登中国地图》之谜,而且还将有助于我们更加深刻地认识中国古代航海及制图的数学基础。

2013年即将结束的时候,卜正民推出了自己的新作《雪尔登先生的中国地图:一位无名制图学家的秘密》。在这部著作中,卜正民提出了许多富有见地的观点。例如,他受已故中国学者向达的启发,认为《雪尔登中国地图》的"绘制者就是根据该图上的那根比例尺来绘制图上的航线的"[②]。他还认为,雪尔登在遗嘱中提到的那位"英国船长"应是英国东印度公司的沙里斯(John Saris)。卜正民推测:"完全有可能,沙里斯是在万丹从一位中国商人手中获得此图的","至于此图是否在万丹绘制的,那只能由人猜测了。我倾向于认为它是在万丹绘制的。我觉得,这幅地图是一位中国富商出大价钱请人绘制的,这位中国富商的生意远远超出万丹

① 我国学者早已对"更"下过以下定义:"更:是计算航海里程的单位"(章巽:《章巽文集》,海洋出版社1986年版,第129页)。"对于一更的里程,有一更合百里、六十里、五十里、四十里等多种说法,一般认为一更约合六十里"(朱鉴秋:《"方位不易指南篇"——从编著〈渡海方程辑注〉谈古代海道针经》,《海交史研究》2013年第2期)。

② Mr. Selden's Map of China: Decoding the Secrets of a Vanished Cartographer. New York: Bloomsbury Press, 2013, p. 163.

港,他想绘出这样的地图挂在墙上,以便观赏他的商业帝国"[1]。至于地图绘制的时间,卜正民认为约在 1608 年[2]。

2014 年,《雪尔登中国地图》的发现者巴契勒也出版一本书,题为《伦敦:雪尔登地图及全球化城市的形成,1549—1689》。巴契勒更加深入地阐述了自己在《雪尔登地图的绘制》一文中提出的观点,并且不同意卜正民关于《雪尔登中国地图》绘制于万丹的观点,而坚持认为这幅地图"可能是在马尼拉绘制的,或者,其绘制者至少非常熟悉马尼拉一带的航行情况",绘制地时间在 17 世纪头十年的后期。[3]

限于篇幅,这里无法对卜正民的《雪尔登先生的中国地图:一位无名制图学家的秘密》和巴契勒的《伦敦:雪尔登地图及全球化城市的形成,1549—1689》这两本新作进行更多的评述,但相信随着这两本书的推出,国内外对于《雪尔登中国地图》的研究将更加深入。

四、关于其他古地图的研究

2013 年,学术界对与海上丝绸之路相关的许多古地图进行了比较广泛的研究。除了上述《雪尔登中国地图》外,还有这样几幅古地图也受到学术界的重视。下面根据这些地图的年代顺序,对相关研究作一介绍。

(一)西班牙藏《古今形之图》

在西班牙塞维利亚市(Sevilla)的印度总档案馆(Archivo General de Indias)中,珍藏着一幅题为《古今形胜之图》的明代古地图,一般认为其作者为明代都御史喻时。该地图由福建金沙书院在嘉靖三十四年(1555)重刻,全图纵 115 厘米,横 100 厘米,木刻墨印着色。地图右下方的注文说,此地图的目的是为了"便于学者览史,易知天下形、古今要害之地"。这幅地图本身非常珍贵,有学者这样评价说:"喻时的《古今形胜之图》是我国现存较早的一幅木板印刷的全国大型地图,它继承了我国历史沿革地图的传统,并加以发展,形成了我国的形势地图,和《广舆图》并存达一百多年之久。它是明代我国各种类型地图中的重要一支,并在教学和宣

① Mr. Selden's Map of China: Decoding the Secrets of a Vanished Cartographer. New York: Bloomsbury Press, 2013, pp. 171—172.

② Mr. Selden's Map of China: Decoding the Secrets of a Vanished Cartographer. New York: Bloomsbury Press, 2013, p. 173.

③ The Selden Map and the Making of a Global City, 1549—1689. Chicago and London, 2014, pp. 139—140.

传历史、地理知识方面起过一定的作用。"①更加重要的是,它是最早通过海上丝绸之路传入欧洲的中国古代地图,是 16 世纪全球化初期东西方交流的产物。大陆学者对此地图早有所知,并作过一定的研究,②但许多细节并不清楚。特别是,在国内所能找到的《古今形胜之图》照片上,③只能见到地图的概貌,众多地名及注文都难以看清,这就使研究工作很难进一步开展。

2006 年,台北"清华大学"李毓中来到塞维利亚市的印度总档案馆,开始对《古今形胜之图》进行全面的研究。2013 年 2 月 28 日,"罗明坚《中国地图集》学术研讨会"在澳门召开。李毓中在会上作了题为《"建构"东亚:1574 年西班牙取得〈古今形胜之图〉历史背景及其理解过程》的报告。在这篇文章中,李毓中重点介绍了《古今形胜之图》是如何流入西班牙的,并对将该图部分内容翻译成西班牙文的中国译者进行了考证。文章写道,1521 年,麦哲伦奉西班牙国王之命,率领船队绕过南美洲到达菲律宾,揭开了西班牙人在菲律宾进行殖民统治的序幕。此后,西班牙人络绎不绝地来到菲律宾,并于 1571 年在马尼拉建立殖民据点。西班牙人来到菲律宾后,通过各种渠道千方百计地想获取关于中国的信息,其中包括向那些抵达菲律宾进行贸易的中国商人打听消息。"或许是由于西班牙人对于中国资讯的渴求,让这些华人觉得如果将一张中国的地图带至马尼拉,将会是一个有利可图的'买卖',于是在 1574 年一艘前往马尼拉贸易的中国商船,为西班牙人带去了这张《古今形胜之图》。"1574 年 7 月 30 日,西班牙驻菲律宾总督贵多·德·拉维萨理斯(Guido de Lavezaris)在写给西班牙国王的信件中明确说,他将中国人带来的这幅《古今形胜之图》呈献给西班牙国王。贵多·德·拉维萨理斯在信中还写道,他在"一名粗浅理解中文的奥古斯丁会传教士"和"一些华人翻译"的帮助下,将《古今形胜之图》部分内容翻译成西班牙文。李毓中通过中西文献的比较,认为协助将《古今形胜之图》中部分内容翻译成西班牙文的华人,一位是林必秀(西文为 Sinsay),另一位名叫陈辉然。

长期以来,学者们苦于难以看到《古今形胜之图》的清晰全图。不过,这一局面在 2013 年得到了彻底的改变。2013 年,西班牙教育、文化暨体育部和台北"清华大学"人文社会研究中心于联合出版了《古今形胜之图》高清数字复制件,其制作者就是李毓中。2013 年 12 月 23 日,台北"清华大学"人文社会学院院长黄一农

　　① 任金城:《西班牙藏明刻〈古今形之图〉》,《文献》1983 年第 3 期。任金城的其他文章还有《流失在国外的一些中国明代地图》(《中国科技史料》1987 年第 1 期),《国外珍藏的一些中国明代地图》(《文献》1987 年第 3 期)。

　　② 除了上述任金城的几篇文章外,还有曹婉如等:《中国与欧洲地图交流的开始》,《自然科学史研究》1984 年第 4 期。

　　③ 《古今形胜之图》的照片可见曹婉如等编:《中国古代地图集(明代)》,文物出版社 1994 年版,图版 139。

还向中国国家图书馆捐赠了《古今形胜之图》的高仿复制件。据报道,"国家图书馆副馆长张志清代表国家图书馆接受捐赠,并颁发捐赠证书。台北'清华大学'助理教授李毓中代表黄一农先生出席了捐赠仪式,来自中国社会科学院、北京大学、北京外国语大学的有关专家参加了捐赠仪式"①。《古今形胜之图》高仿复制件入藏中国国家图书馆,不仅为深入研究中国古地图创造了良好的条件,而且还必将有力地推动对海上丝绸之路的研究。

(二)罗明坚的《中国地图集》

意大利天主教传教士罗明坚(Michele Ruggieri,1543—1607)是中西文化交流史上的重要人物。他于1578年从葡萄牙的里斯本上船,到达印度的果阿。1579年,罗明坚来到澳门,开始学习中文。1583年,罗明坚、利玛窦获准在广东肇庆居住。1588年,罗明坚从澳门启程返回欧洲,1589年抵达里斯本。当时,罗马教廷无暇处理中国事务,欧洲的几个大国也对中国缺乏足够的兴趣,所以罗明坚在欧洲的遭遇并不好。1607年,罗明坚在意大利去世。罗明坚是第一个学习汉语的传教士,是第一个撰写出中文古体格律诗及中文著作的欧洲人,是最早将儒家经典译成欧洲文字的人。此外,他还参与编纂了第一部汉语西文字典《葡汉辞典》,②不过国内外学者们一直不知道罗明坚在地图学上的贡献。1987年,罗马国家图书馆发现了一批罗明坚所绘的中国地图资料。这可以说是20世纪地图学史研究中的一件大事,同时也是中西文化交流史研究中的一件大事。罗明坚的另一个重要贡献也随之被人所知:他是最早绘制出中国地图集的欧洲人。

1993年,罗萨多(Eugenio Lo Sardo)将这批地图资料整理出版,取名为《耶稣会士罗明坚的〈中国地图集〉》(*AtlantedellaCina di Michele Ruggieri,S. I.*)。③罗明坚的原作是用拉丁文及意大利文撰写的,罗萨多整理出版的《耶稣会士罗明坚的〈中国地图集〉》又是用意大利文和拉丁文出版的,而世界上能够熟练使用意大利文及拉丁文进行研究的学者并不多,所以,至今为止,国内外学术界关于罗明坚《中国地图集》的研究也比较少。④ 2013年,这一局面开始发生了变化。

① 参见中国国家图书馆网站(http://www.nlc.gov.cn/),台北"清华大学"人文社会研究中心网站(rchss.nthu.edu.tw),以及金国平的文章《世间孤本〈古今形胜之图〉"回家"》(《澳门日报》2013年12月28日 E07版,http://www.macaodaily.com/html/2013—12/28/content_865649.htm)。

② 张西平:《西方治学的奠基人——罗明坚》,原刊《历史研究》2001年第3期,收入其所著《传教士汉学研究》,大象出版社2005年版。

③ Ruggieri, Michele. *AtlantedellaCina di Michele Ruggieri,S. I.*, a cura di Eugenio Lo Sardo. Roma: Istitutopoligrafico e ZeccadelloStato, 1993.

④ 在大陆,主要的介绍文章是张西平的《西方治学的奠基人——罗明坚》。

2013 年 2 月 28 日，澳门特别行政区政府文化局、澳门大学联合举办了"罗明坚《中国地图集》学术研讨会"，来自中国内地、澳门、香港、台湾，以及欧洲的 10 多位学者相聚澳门博物馆演讲厅，共同探讨罗明坚及其《中国地图集》。在澳门博物馆演讲厅的楼上，还举办了一个题为"海国天涯——罗明坚与来华耶稣会士"的展览，展出了罗明坚的《中国地图集》原稿及其他一些珍贵文物。

在"罗明坚《中国地图集》学术研讨会"上，直接探讨罗明坚的《中国地图集》论文主要有金国平的《关于罗明坚〈中华图志〉的底本》、陈宗仁的《略论罗明坚地图集的资料来源》、汪前进的《罗明坚〈中国地图集〉主要取材于〈大明一统文武诸司衙门官制〉》、龚缨晏的《罗明坚〈中国地图集〉中的"辽东边图"与象山县地图》。自从罗明坚的《中国地图集》重见天日后，学者们普遍认为罗明坚的《中国地图集》主要依据明代罗洪先(1504—1564)绘制的著名地图集《广舆图》。[①] 但在"罗明坚《中国地图集》学术研讨会"上，来自不同地区的学者不约而同地发现，罗明坚《中国地图集》所依据的底本，并不是《广舆图》，而是一本在当时中国流传甚广的做官手册《大明官制》(其全称为《大明一统文武诸司衙门官制》之类的)。有学者生动地总结说，本次会议的最大成果有两项：一是复活了罗明坚，二是复活了《大明官制》。复活了罗明坚，使我们对这位东西方文化交流的先驱更加尊敬；复活了《大明官制》，使我们对中国文化的奥秘有更深的了解。据悉，这次研讨会的论文集将于 2014 年正式出版。

2013 年，汪前进还在《北京行政学院学报》第 3 期上发表了自己的研究成果《罗明坚编绘〈中国地图集〉所依据中文原始资料新探》。汪前进写道，在罗明坚的《中国地图集》遗稿中，有一幅中文版刻单页地图，版心上面本来有四个字，但只有最后一个字"制"残存下来；由于只残留下一个字，所以难以判定这是书名还是章节名；"后来笔者读到《王泮题识舆地图朝鲜摹绘增补本》(法国藏)上的题记文中称曾参考《大明官制》一书"，因而联想到罗明坚《中国地图集》遗稿那幅中文版刻单页地图版心上的文字很可能就是《大明官制》；"据此继续查找，后来在《四库全书存目丛书》中找到明万历十四年刻名为《大明一统文武诸司衙门官制》的书，最后一个字为'制'，怀疑就是这本书，可能简称为《大明官制》。一翻书，果然其中有一幅'辽东边图'，其内容与形式与稿本中的基本一样，而且图的左下角也空出一四方块未画内容"。通过查找不同版本的《大明官制》，汪前进断定，"罗明坚《中国地图集》遗稿中的'辽东边图'就是取自于《大明一统文武诸司衙门官制》一书"。

_____

① 洛佩斯：《罗明坚的〈中国地图集〉》，《文化杂志》1998 年第 34 期。

汪前进在《罗明坚编绘〈中国地图集〉所依据中文原始资料新探》一文中考察了《大明官制》上的文字,指出:"罗明坚《中国地图集》中的绝大部分文字取材于《大明官制》,即使有一些不相同的地方也是因为罗明坚的误解误记;只有极少数内容取自他书。"汪前进还将罗明坚《中国地图集》与罗洪先的《广舆图》进行了对比,发现"《中国地图集》中绝大部分内容是《广舆图》中所没有的","《中国地图集》中部分内容与《广舆图》中的是不同的","《中国地图集》中有一些内容与《广舆图》相同。《中国地图集》和《广舆图》中各府下均列有实物税收,而且数据基本相同。但这些数据在《大明一统文武诸司衙门官制》上都有,罗明坚编撰《中国地图集》时可以直接从该书中获取,不需要再从《广舆图》中引用"。因此,汪前进的最后结论是:"罗明坚编纂《中国地图集》时基本上没有从《广舆图》中引用资料。"这一结论完全推翻了学术界流行的观点。

在《北京行政学院学报》2013年第3期上,还发表了宋黎明的《中国地图:罗明坚和利玛窦》一文。该文考证了意大利文 descrittione 或 descrizione 的涵义,认为它在利玛窦时代意为"地图"、"地图集"或"图志",并且认为此词"对于研究近代地图史以及早期耶稣会士绘制的中国地图"来说"是一个关键词(a keyword),甚至就是一把钥匙(a key)"。宋黎明通过比较罗明坚的手稿,"发现罗明坚在不同时期绘制了多种中国地图集,最早的为1583年绘制,最迟的为1606年绘制"。宋黎明还认为,"利玛窦曾自称在1583年绘制过中国地图集并寄给范礼安,而笔者怀疑利玛窦可能将罗明坚的作品视为己有"。不过,宋黎明对于罗明坚《中国地图集》的资料来源问题,还是沿用旧说,甚至将那幅"辽东边图"视为主要证据,他这样写道:"在这些手稿中,一幅题为'辽东边图'(T79)的中文地图是罗明坚利用《广舆图》的直接证据。"而根据同一期《北京行政学院学报》上汪前进的文章《罗明坚编绘〈中国地图集〉所依据中文原始资料新探》,这一说法无疑是错误的。

(三)耶鲁大学藏《清代东南洋航海图》等地图

1841年,正当鸦片战争的战火不断蔓延之际,英国侵略军的战舰"英国皇家先驱者号"(H. M. S. Herald)在中国沿海劫掠了一艘中国帆船,并将船上的物品占为己有,其中包括一本航海图。这册航海图几经辗转,最后收藏在美国耶鲁大学的斯德林纪念图书馆(Sterling Memorial Library of Yale University)中,但一直不被世人所知。1974年,台湾地区学者李弘祺发现了这幅珍贵的航海图,并将其命名为《中国古航海图》。《中国史研究动态》1997年第8期刊发了李弘祺的《美国耶鲁大学图书馆珍藏的古中国航海图》。后来,另一位台湾地区学者陈国栋将其命名为《东亚海岸山形水势图》。2011年,丁一在《历史地理》第25辑上发表了《耶鲁藏清代航海图北洋部分考释及其航线研究》一文,认为耶鲁大学所藏清代航海图与章巽收藏的清代航海图"有一定的同源内容",地图上的地名具有闽南方言的特点。这篇文章还指出,在中国古代航海地图中,实际上存在着两大系统:一种是学者们已熟知的"针路水程单"系统,另一种是以耶鲁大学所藏航海图等为代表的"山形水势图说"系统。[1] 不过,由于多数学者无法获见这本图册,所以对其进行研究的也不多。

2013年,香港学者钱江和陈佳荣在《海交史研究》第2期上发表了《牛津藏〈明代东西洋航海图〉姐妹作——耶鲁藏〈清代东南洋航海图〉推介》。他们将耶鲁大学斯德林纪念图书馆所藏的中国古代航海图册称为《清代东南洋航海图》,同时随文刊登了该航海图册的全部图片,共计123幅(其中一页为英文说明),从而弥补了学界的一大遗憾。

在《牛津藏〈明代东西洋航海图〉姐妹作——耶鲁藏〈清代东南洋航海图〉推介》一文中,钱江和陈佳荣在讨论《清代东南洋航海图》时指出,"由每幅内容在地名图旁注记各地山形水势、海路针经来看,本图册可谓是一本图文并茂的针经或针路簿,亦即舟子船工的航海指南";122幅航海图所涉及的地理范围"除中国东、南海岸外,海外地区包括了东洋的日本、朝鲜以至菲律宾,及原属西洋而在清代已称南洋的越南、柬埔寨和暹罗";这些航海图所描述的航线,大体上可以分为南北两线,北线为南澳、太武、东涌往来双口、高丽、五岛,南线为太武、南澳往来新州、柬埔寨、暹罗湾;"可以毫不夸张地说,本图实可谓清代前期暹罗湾—中国东南海—长崎的一张弥足珍贵的专用航海图"。

钱江和陈佳荣为了考订《清代东南洋航海图》的年代,专门将此图与章巽于1956年发现的清代《古航海图》(简称"章图")进行了比较,因为两幅地图"竟然何其相似乃尔"!他们的结论是:"本文所论的《清代东南洋航海图》,与章巽考释的清代《古航海图》应属同一体系,一方面国内部分内容雷同、文字承袭、地名相若,另一方面无论在篇幅、地域及航线上均大有发展","本图约创作于18、19世纪之交。其上限在康熙之后;至于下限,自然肯定在该图被英人获取的1841年以前"。至于《清代东南洋航海图》的作者,钱江和陈佳荣的观点是:"较大可能是潮汕或南澳一带人。"

钱江和陈佳荣在《牛津藏〈明代东西洋航海图〉姐妹作——耶鲁藏〈清代东南洋航海图〉推介》中还通过比较明清时代的中国航海图,揭示了地理大发现以来海

---

① 丁一:《耶鲁藏清代航海图北洋部分考释及其航线研究》,《历史地理》2011年第25辑。

上丝绸之路上东西方航海势力的消长。他们分析说:"《顺风相送》(约 1593)仍记出马六甲海峡去印度洋的航线;《明代东西洋航海图》①(约 1624)只到马六甲海峡,但仍提及古里等南亚、西亚地区;《指南正法》(约 1685)已不出马六甲海峡;章图全无海外航线;本图虽有海外篇幅,向西却只到暹罗湾。由此可见,在清代初期,中国舟师已罕出马六甲海峡,故史籍少记航行于印度洋的航线。"寥寥数语,却清楚地勾勒出了明清时期海上丝绸之路演变的总体趋势,不得不发人深省。

钱江和陈佳荣在《牛津藏〈明代东西洋航海图〉姐妹作——耶鲁藏〈清代东南洋航海图〉推介》一文中,不仅刊出了《清代东南洋航海图》的全部图片,而且还录出了图片中的文字。此外,他们还列出了与海上丝绸之路相关的中国古地图及其研究成果,这就为相关研究的深入开展创造了良好的条件。

通过研究中国古代航海图,钱江和陈佳荣揭示了明清时期中国人不断失去海上丝绸之路主导权的事实,而廖大珂的《世界的宁波:16—17 世纪欧洲地图中的宁波港》则通过考察欧洲人绘制的地图,以中国沿海的重要港口宁波为对象,从一个独特的角度阐述了 16—17 世纪欧洲人逐渐获得海上丝绸之路主导地位的历史。廖大珂分析了欧洲人对于宁波城和宁波周边地区的不同称呼,梳理了这些称呼的演变过程。文章最后写道:"16 世纪宁波是世界闻名的东方贸易大港,以 Liampo 扬名于世。在 16—17 世纪的欧洲人所绘地图中,最初 Liampo 指的是宁波沿海地带与舟山群岛,称为 C. de Liampo,宁波则被称为 Niampo。1540 年葡萄牙人与中外走私商占据双屿建立居留地之后,宁波的国际贸易盛极一时,蜚声海内外,Liampo 之名在欧洲被广泛用于指宁波陆地及附近的舟山群岛。1548 年双屿港被明军摧毁后,葡萄牙人退出闽浙沿海,C. de Liampo 之名逐渐湮没。随着西方传教士对中国的介绍以及荷兰和英国东印度公司在远东的贸易扩张,欧洲人对中国尤其对宁波的认识开始逐渐深入。至 17 世纪后期,Liampo 或 Limpo 被用于专指宁波陆地,舟山岛则被称为 Cheuxan。总之,欧洲人记载的 Liampo 的地理范围是随着时代的变迁而演变,反映了欧洲人对宁波港的认识过程,而 Liampo 与双屿港是不同的地理概念,不能混为一谈。"②廖大珂在研究宁波这一个案时,比较全面而系统地介绍了 16—17 世纪欧洲人所绘制的与中国有关的各种地图,从而为人们研究其他相关问题提供了重要的线索与便利。

此外,还要介绍一本与古代地图密切相关、但又大大超出地图范围的著作,这

---

① 钱江和陈佳荣此处所说的《明代东西洋航海图》,即国外学者所说的《雪尔登中国地图》。
② 廖大珂:《世界的宁波:16—17 世纪欧洲地图中的宁波港》,《世界历史》2013 年第 6 期。

就是由陈佳荣和朱鉴秋共同编著的《渡海方程辑注》。此书汇集了1912年之前关于航海针经及更路簿的中文文献,作者介绍说:"书名所谓'渡海方程'既作为明、清以来所有海道针经、针路簿、水路簿或更路簿等的通名,又指吴朴《渡海方程》的专名。"①全书分上、下两编。上编为"汉文古籍所载的海道针经",包括"罗盘导航初载"(中国早期关于罗盘导航的记载)、"东洋针路(中国往来日本、琉球、菲律宾、马鲁古等群岛、文莱的航海针经)"、"西洋针路(中国往来安南、占城、柬埔寨、暹罗、马来半岛、爪哇、苏门答腊、锡兰山、印度、阿拉伯海、波斯湾、非洲等地的航海针经)"、"古代针路主要地名注释"。下编为"吴朴及《渡海方程》资料",包括"明、清载籍所记的吴朴及《渡海方程》","吴朴《龙飞纪略》的中外陆海交通史料"和"现代书刊论述的吴朴及《渡海方程》"。此书最后有附录四种,分别是"古航海图选"、"引用古籍举要"、"参考文献目录"和"中国古代海路交通大事年表"。这部《渡海方程辑注》,既辑录了丰富的史料,又反映了现代学术发展的脉络及最新成果,还表达了陈佳荣和朱鉴秋的独到见解,对于研究古代航海史、海外交通史、海洋地图以及海上丝绸之路的学者来说,是一部必备之书。

朱鉴秋还在《海交史研究》2013年第2期上就编著《渡海方程辑注》一书发表了文章,题为《"方位不易指南篇"——从编著〈渡海方程辑注〉谈古代海道针经》。朱鉴秋在这篇文章中介绍了中国古代航海针经的基本情况,阐述了《渡海方程辑注》的学术价值和现实意义,讲述了他和陈佳荣"两人通力合作,悉心完成这本著作"的过程。不仅如此,朱鉴秋还重点讨论了几个问题。他写道:"海道针经(或称'航海针经')和更路簿(或称'水路簿')都是我国古代传统的导航手册","更路簿一般是指民间流传的海上航行导航手册",而"海道针经一般是指经过文人加工整理的古代海上导航手册",所以,"更路簿是原始的海道针经"。朱鉴秋特别考察了古代航海针经中一些"长期不为人正确理解"、"含义不清,造成断句有误"的词汇。例如,学术界一直将"用癸针三更船若是船开单子一更取麻山边"标点为"用癸针三更,船若是船开单子一更取麻山边",结果造成"船若是船开"之类的句子"不知所云"。朱鉴秋认为,造成这种"断句不正确、标点不当"的原因在于人们长期"忽略了'×更船'的概念",正确的标点应当是:"用癸针三更船,若是船开,单子一更,取麻山边。"再如,在古代中国的航海日志"日清"中,常有"光"一词。有些学者将此词理解成针位,朱鉴秋则指出,"日清"中的"光"、"暗"等词是"表示天色刚亮或

---

① 陈佳荣、朱鉴秋:《渡海方程辑注》,中西书局2013年版,第2页。

转暗的特殊时刻"。此外,朱鉴秋在文章中还考证了一些专门词汇,例如所谓的"老古石"实际上是指海底的珊瑚礁(古代文献又写作"蝼蛄石")。朱鉴秋的这些研究,无疑有助于更好地理解中国古代航海针经以及包括《郑和航海图》、《雪尔登中国地图》在内的中国古代航海地图。

与朱鉴秋等人朴实而严谨的考证不同的是,2013年也有人提出了惊世骇俗的观点,梁书民的《古地图:见证中国地理大发现》就是比较有代表性的文章。这篇文章的基本观点是:《山海经》等典籍表明,"当时中国已经对世界的海陆轮廓有了基本了解";南北朝时期的慧深已经东渡太平洋,到达了现在的美洲。该文着重讨论了中国"古代地理学家基于浑天说对地图投影术的研究和对世界地图的绘制",认为古代中国"在1375—1392年间采用先进的横轴等距离方位投影绘制了精确而完整的世界地图。从古地图中不仅破解了困扰地图学1000多年的谜题,而且见证了中国地理大发现——中国发现世界——并非传说"。① 不过,梁书民并不是第一个提出这类观点的人,近几年英国人孟席斯(Gavin Menzies)、中国人刘钢等都在大力宣扬这类观点。②

梁书民及上述其他作者虽然讨论的重点各不相同,但都主张中国人早在1500年之前就已周航世界并且绘制出完整的世界地图。通观这类论著,可以发现这样一些共同的特点:第一,往往宣称自己破解了"千古谜团",发现了"石破天惊"的秘密,将"彻底改写世界历史"。不过,在汉语中,这类词汇其实也可以用另一个成语来表达:哗众取宠。第二,这类论著都脱离特定的历史背景,完全是从现代人的观念出发进行似是而非的推论。例如,就宇宙学理论而言,古代中国人普遍认为"天圆地方"。梁书民自己也说,在古代中国,有三种宇宙理论,即盖天说(天圆地方说)、浑天说和宣夜说,其中浑天说只是"同西方的地心说较为接近",天圆地方说则在"民间影响极大",此"观念一直延续至今"。在这样的历史文化背景下,要"采用先进的横轴等距离方位投影"来绘制世界地图,是根本不可能的。因为要"采用先进的横轴等距离方位投影",必须具备两个最起码的前提。首先要认为我们所居住的世界是个圆形球体。其次要发明出以数学为基础的投影方法(《地图投影》

① 梁书民:《古地图:见证中国地理大发现》,《太平洋学报》2013年第6期。
② 为了便于读者了解这方面的主要观点,下面按照出版年代先后列举几部主要著作:卫聚贤《中国人发现美洲初考》,石室出版社1975年版(此书后来扩展为《中国人发现美洲》,由台湾说文书店于1982年出版);韶华等:《中华祖先拓荒美洲》,黑龙江人民出版社1992年版;孟席斯:《1421:中国发现世界》,京华出版社2005年版;王大有、宋宝忠:《殷地安之谜》,中国时代经济出版社2007年版;房仲甫、姚斓:《哥伦布之前的中国航海》,海洋出版社2008年版;刘钢《古地图密码:中国发现世界的谜团玄机》,广西师范大学出版社2009年版;房仲甫:《扬帆美洲与海上丝路》,海洋出版社2010年版;孟席斯:《1434:一支庞大的中国舰队抵达意大利并点燃文艺复兴之火》,宋丽萍、杨立新译,人民文学出版社2012年版。

是现代大学中的一门专业课程),并不是任何一个认为世界是圆球的人都可以用横轴等距离方位投影来绘制世界地图的。因此,梁书民如果要想说明古代中国"在 1375—1392 年间采用先进的横轴等距离方位投影绘制了精确而完整的世界地图",就必须回答一系列问题:中国古代的浑天说是如何产生出地图投影方法的?这样的图投影方法是何时开始出现的?具体的史料依据是什么?等等。可是,在梁书民的论文中根本找不到这些问题的答案。"从事地理信息系统研究已有近 30 年时间"的梁书民,只是根据自己的知识体系而想当然地认为古代中国人也具备了这样的知识体系。第三,回避学术史的考察,无视已有的学术研究成果,关起门来自拉自唱。例如,梁书民认为慧深到过美洲。其实,早在 18 世纪中期,法国汉学家就已经提出了"中国人最早发现美洲",此后,中外许多学者对此观点进行了批驳。我国学者罗荣渠根据地理位置、物产、社会组织和风俗、佛教和慧深、考古学和人类学等方面的材料,有力地说明了所谓的"扶桑国"绝对不可能远在美洲。[1]因此,梁书民如果不能用充足的史料来否定罗荣渠等人的观点,那么也就根本不可能证明慧深所到的"扶桑"就是美洲。第四,在论证方式上,不是用第一手史料进行直接的论证,而是望文生义、偷换概念、东拉西扯,通过主观想象和随意假设来进行叙述。例如,梁书民的核心观点是:古代中国"在 1375—1392 年间采用先进的横轴等距离方位投影绘制了精确而完整的世界地图"。可是在整篇文章中,根本没有一条史料可以直接证明这一观点。

龚缨晏曾这样评述过孟席斯的《1434:一支庞大的中国舰队抵达意大利并点燃文艺复兴之火》:"孟席斯的著作,不顾具体的时代背景,不顾明显的历史事实,不顾中外几代学者的研究成果,抓住片言只语,断章取义,进行毫无根据的猜测。如果将这样的东西当作'严谨'的学术著作,那是对学术的侮辱;如果将这样的东西当作国外的研究成果,那是对国外学术界的侮辱;如果中国学者真的认为'它绝非哗众取宠之作',那是对中国学术界的侮辱。这就提醒我们,在中外交流日益快速频捷的全球化时代,要学会甄别学术精品与文化垃圾,不要把外国人所写的一切都当成金玉良言:因为古今中外都有一些胡扯蛋!"[2]

关于海上丝绸之路的学术研究,是海洋强国建设的内容之一。建设海洋强国,是一项史无前例的伟业,仅有雄心壮志是远远不够的,更需要脚踏实地、埋头

---

① 罗荣渠的观点可见其著作《中国人发现美洲之谜》,重庆出版社 1988 年版。
② 龚缨晏:《孟席斯又一派胡言》,《东方早报》2012 年 9 月 16 日书评版。本文又以"古今中外都有一些胡扯蛋"为题,载于"南溟网"(www.world0k.com/blog/? p=2217)。

苦干。同样,在海上丝绸之路的研究中,需要的是严谨的治学态度、扎实的研究方法、可靠的史料根据,而不是哗众取宠的"惊人发现"。虚构先人伟业,是根本无法支撑海洋强国的宏伟大业的。

（本章作者龚缨晏,宁波大学人文与传媒学院教授,"中国南海研究协同创新中心"兼职研究员）

第二章　海上丝绸之路东海航线研究

海上丝绸之路东海航线,亦可称为东亚海上丝绸之路。2013 年,我国学界在海上丝绸之路东海航线研究上成果丰硕。这些成果涉及港口、航路、船舶、航海贸易、市舶机构、海洋政策、文化交流、外交往来、人员交往等诸多方面,其中,有关东亚古代海域文化交流、古代中日韩之间人员跨海交往等专题上的研究业绩尤为卓著。

相关著作和论文可以分为专题研究类、文献整理类以及社会应用类。专题研究类成果中,王勇主编的《东亚坐标中的遣隋唐使研究》(中国书籍出版社 2013 年版)、《东亚坐标中的跨国人物研究》(中国书籍出版社 2013 年版)等著作学术分量最重,书中集纳了一批东亚海域交流史研究的前沿收获,同时也反映出中日韩三国学者在这一研究领域共同研究空间的逐渐形成。文献整理类成果中,陈佳荣和朱鉴秋编著的《渡海方程辑注》(中西书局 2013 年版)、朴元熇的《崔溥漂海录校注》(上海书店出版社 2013 年版)、高津孝和陈捷主编的《琉球王国汉文文献集成》(复旦大学出版社 2013 年版)以及大庭修的《〈唐船图〉考证》、V. A. 索高罗夫的《中国船》、I. A. 唐涅利的《中国木帆船》三部著作的合订本(海洋出版社 2013 年版),最值得关注。社会应用类成果不多,主要涉及海上丝绸之路遗产保护、海上丝绸之路港口城市文化建设等内容,这方面的研究无疑将会引发人们有关如何利用海上丝绸之路文化遗产来推动区域文化建设、提升港城文化品位的深入思考。以下,我们分三节对 2013 年海上丝绸之路东海航线的研究成果做一介绍。

一、港口、航路以及船舶研究

(一)港口研究

2013 年国内学界海上丝绸之路东海航线的港口研究,主要围绕宁波、温州、泉州、漳州等我国东南沿海港口展开,也有少数成果以我国北方登州港以及日韩港口为考察对象。相关研究在广度和深度上不断得到拓展,一方面,港口研究注重实地调查和空间分析,故而考古学与文献史学相结合的趋势日益明显。另一方面,近年来受到宁波、泉州等港口城市海上丝绸之路申遗工作的带动,海上丝绸之路相关历史文化遗产的研究与保护得到加强。以下就具体研究状况做一介绍。

在宁波港城研究方面,新近研究内容覆盖宁波港城起源、三江口港区变迁、港口文化、对外贸易等方面。[①] 首先,值得一提的是,由宁波市文物考古研究所主持的古句章考古调查工作告一段落。2013 年 2 月,"句章故城考古调查与勘探成果论证会"在浙江宁波召开,来自江苏、上海和浙江的与会学者踏勘了句章遗址现场、观摩了典型出土遗物,学者们一致肯定了句章遗址的考古收获,认为句章古城的考古工作对于探明江浙地区早期滨海城邑的结构特点具有很高的学术价值。[②]此外,宁波市文物考古研究所完成了《句章故城——考古调查与勘探报告》(科学出版社 2013 年版)的编撰工作,报告详细介绍了考古工作队在余姚江北岸的乍浦乡王家坝村至乍山翻水站地块以及王家坝村东南癞头山等地点进行考古钻探和小面积试掘所获考古资料,基本认定王家坝村一带即是汉晋句章故城的所在地。句章故城考古取得的基本认识亦见于王结华、许超、张华琴合撰的论文《句章故城若干问题之探讨》(《东南文化》2013 年第 2 期)。

刘恒武的《唐宋明州港区变迁的考察》(杭州文史研究会编《"历史上的杭州与中国城市史"学术研讨会论文集》,2013 年),聚焦于唐宋时期宁波(明州)港区的变迁,主要借助考古资料,同时结合文献史料对唐宋时期明州港区的空间位移及其空间肌理的完善进行了探讨。根据刘恒武的研究,唐代海船的主要泊岸地在和义门—渔浦门余姚江滨一带,港区相关设施相比于后世的宋代尚不十分完备。入宋以后,外洋船舶多以三江口南侧的奉化江西岸为寄泊地,明州市舶管理机构也设置于此,与此相应,这一片区也出现了满足海航需求的仓储、修造船、航海祈福等各种设施,这些设施共同构成了完善的港区空间。

2013 年 12 月,"第七届浙东文化论坛"在浙江宁波召开,此次论坛的主题是浙

① 本年鉴主要介绍国内研究状况,国外相关成果恕不详细列举。2013 年国外学界涉及宁波的代表性成果有:早坂俊广主编《文化都市:宁波》,东京大学出版会 2013 年版;高津孝主编《くらしがつなぐ寧波と日本》,东京大学出版会 2013 年版。两本书系东京大学小岛毅监修的系列丛书《東アジア海域に漕ぎ出す》中的两册,前者从文献传承、郡邑士人、墓葬遗存等方面解析了宁波港城的文化基因。后者论述了宁波的都市环境、浙东的茶文化、戏曲文化、航海信仰以及宁波石刻文化东传等专题。

② 王结华:《"句章故城考古调查与勘探成果论证会"会议纪要》,《东南文化》2013 年第 2 期。

东海洋文化,[①]多篇与会文章的内容涉及宁波以及浙江其他沿海港口的历史文化（宁波文化研究会等编《第七届浙东文化论坛论文集》,2013年),其中包括：张如安的《从古代诗歌看宁波港的港口文化》、顾月婷的《宁波港口文化内涵的史学分析》、胡惠瑞的《宁波港史源文化和发展的现代价值》、滕宇鹏的《浅论清代浙江港口对外贸易的变迁——以宁波港、温州港对比为中心》和钟浩坚的《泗门港海港文化研究》。张如安论文将古代诗歌作为研究素材,考察了宁波港古代的信俗文化和商贸文化；顾月婷文章分析了行政、商贸、宗教以及船舶制造等诸种因素在宁波港口文化形成过程中的作用；胡惠瑞在文章中论述了宁波港的发展历程,文章强调,宁波港的源头应追溯到古句章港,而古句章港具有军民两用性,另外,宁波古港联结的内河水运网值得关注；滕宇鹏论文首先考察了清代早中期海外贸易政策变化对宁波、温州两港的影响,进而对开埠以后两港的贸易状况变迁进行了比较；余姚泗门港是杭州湾南岸的一处港埠,相关史学论述极少,钟浩坚文章搜集了明清史料中涉及泗门港的信息,并对泗门港的历史样貌做了简单勾勒。

温州港是浙南枢纽港,目前学界有关温州港史的认知框架已经基本构筑完成。[②] 伍显军的《论温州在"海上丝绸之路"史上的重要地位》(《福建文博》2013年第2期)将温州港的变迁放在"海上丝绸之路"的历史文脉中重新进行了审视。伍显军文章首先介绍了温州的港口历史、古代造船业以及航海技术,然后根据文献史料和文物资料论述了温州瓷器、漆器、香料等贸易品的出口以及对外科技与文化交流的状况,强调了温州在古代"海上丝绸之路"上的重要性。

福建的泉州、漳州、福州等港口,在古代对东亚和东南亚海上交通中均发挥过重要作用,近年来,这些城市为配合海上丝绸之路申遗工作,加强了港城历史研究和文化遗产的保护工作。

2013年,在中国文化部主办的首届"东亚文化之都"的评选中,作为东亚海上丝绸之路重要始发港的泉州当选"东亚文化之都",这一方面反映出泉州古港的历史文化底蕴已得到广泛认知,有关泉州港与海上丝绸之路的研究成果已受到社会广泛关注[③];另一方面也标志着中国海上丝绸之路港口城市在国内文化名城中的

---

①　浙东文化论坛为每年一次的年度论坛,"第七届浙东文化论坛"由宁波文化研究会和宁波文博学会联合举办。

②　周厚才：《温州港史》,人民交通出版社1990年版；周梦江：《宋代温州港的开辟及其原因》,《温州师范学院学报》1981年第1期；张健：《宋元时期温州海外贸易发展初探》,《海交史研究》1988年第1期；倪尔爽：《南宋时温州海外贸易发达的原因》,《海交史研究》1998年第2期。

③　目前有关泉州港与海上丝绸之路的重要研究成果包括：中国航海学会、泉州市人民政府编的《泉州港与海上丝绸之路》(中国社会科学出版社2002年版)；庄景辉著/译的《泉州港考古与海外交通史研究》(岳麓书社2006年版),等等。

地位有了大幅提升。李冀平在《一座闪烁东方海洋文明之光的城市——谈东亚文化之都泉州》(《政协天地》2013 年第 11 期)一文中指出,泉州展现了东亚海洋文明的魅力,泉州的历史是中华海洋文明的缩影,从泉州开始沐浴闽越文化曙光的史前时期开始,直至这座港城成为东西洋贸易枢纽及华人华侨对外迁徙根据地的明清时期为止,泉州的城市发展历程中始终受到海洋文化的滋育。夏敏的《千年古港,刺桐传奇》(《中国远洋航务》2013 年第 11 期)介绍了泉州港在中国航海史和海上丝绸之路发展史上的重要地位。

另外,福建博物院王慧慧的《"海上丝绸之路漳州申遗点"研究》(《福建文博》2013 年第 2 期)系统介绍了漳州地区"海上丝绸之路"历史文化遗产群,其中包括:平和南胜窑 6 处窑址、华安东溪窑 2 处窑址、月港遗址 7 处码头。作者认为,漳州申遗的主题应突出展现明清大航海时代漳州海丝贸易对全球的影响,同时诠释漳州港对外贸易中包含的中外文明的交互作用。[①]

另外,赵成国主编的《中国海洋文化史长编》(宋元卷)(中国海洋大学出版社2013 年版)之第四章,将宋元时期泉州、广州、明州、登州、天津等我国东南部、南部以及北方的代表性港口罗列在一起进行了介绍,使人更容易比较南北诸港之间的差异。必须指出,2013 年论及北方沿海港口城市的文章很少,而且仍集中于先前学界关注最多的山东登州港研究[②]。

汤丽莉的《从档案文献看登州在中国古代史上的经济地位》(《山东档案》2013年第 3 期)从经济史的角度分析了古代登州的变迁轨迹,文章作者认为,宋朝中期以前,登州及其腹地山东的经济一直居于全国前列,宋朝中期以后全国经济重心南移,这种山东地区经济地位下降,但登州在全国经济格局中仍占有一席之地。

徐好艳的《唐宋时期山东海港转型研究》(中国海洋大学历史地理系硕士学位学位论文,2013 年),以登州港和密州板桥镇港口为中心论述了唐宋时期山东海港的变迁。论文作者认为,古代山东沿海港口依照所处位置可分为北部港口和南部港口,北部港口和南部港口分别以登州港和密州板桥镇港口为代表,登州港历史悠久,在唐代发展成为北方最重要的海港,宋代以后逐渐由盛转衰。密州板桥镇始设于唐初,其港口兴盛于北宋,板桥镇港口的兴起与北宋官方政策、海外交流需

① 关于漳州与日本之间的海域交流,陈自强曾在《略论明代中后期福建的对日交通》(《海交史研究》1985年第 2 期)论及明代中后期漳州月港的对日交通;徐晓望则在《明代漳州商人与中琉贸易》(《海交史研究》1998年第 2 期)一文中针对漳州商人在明代中琉贸易中的角色进行了论述。

② 李步青、王锡平:《登州港的变迁及其在历史上的作用》,《海交史研究》1988 年第 2 期;《登州古港史》编委会:《登州古港史》,人民交通出版社 1994 年版;朱龙、董韶华:《登州港与东方海上丝绸之路》,《中国海洋大学学报》(社会科学版)2004 年第 4 期。

求、社会状况等因素有关。唐宋时期,与山东南北海港的兴衰变化伴随的是区域经济重心的转移。王玲玲的《明代朝鲜朝使臣登州诗歌研究》(鲁东大学硕士学位论文,2013 年),整理了朝鲜来华使节所撰《燕行录》中涉及登州的诗歌,并对诗中反映的登州地域特点和人文传统进行了解析。董健的《明代海防政策与登州海防建设》(中国海洋大学历史地理系硕士论文,2013 年)和张仲良的《明代山东半岛海防》(安徽大学历史系硕士学位论文,2013 年)两篇文章,虽然主要研究明代山东海防问题,但内容也涉及明代登州港。

目前,我国学界有关日本、韩国港口城市史的研究成果十分匮乏,而日本的福冈(博多)、长崎以及韩国的木浦、釜山等港口均是东亚海上丝绸之路的要津,我国学者有必要从自己的视角对之进行深入研究。张晓刚、刘钦、万映辰合撰的《锁国时期中日韩三国港口城市发展的政治背景微探——以 17 世纪的广州、长崎和釜山为中心》(《日本问题研究》2013 年第 4 期),分析了 17 世纪东亚诸国闭关锁国政策对港口城市发展的影响,文章作者认为,17 世纪中日韩三国都面临着西方势力的冲击,明末清初的中国出于稳定国内政局的考虑,秉持了禁限海外交流的方针;江户初期的幕府,则采取“锁国”政策来压制国内离心力量;经历了“壬辰战争”的朝鲜,由于面对强大的外部压力而被动锁国。在这种情况下,中日韩三国最终分别指定广州、长崎、釜山为对外贸易港口,实施“一口通商”政策。[①] 此外,李广志翻译的山内晋次论文《近年博多港研究的新动向——以中国人居住区的形成为中心》(《浙江海洋文化与经济》第 6 辑,海洋出版社 2013 年版)值得一读。文章评述了有关日本博多港的最新研究进展,重点介绍了涉及博多宋人居住区的最新成果,罗举了反映两宋时期中国商人在博多的居住设施以及生活状况的新出考古资料。[②]

(二)航路研究

东亚海上丝绸之路航路研究方面,首先值得一提的是,陈佳荣和朱鉴秋编著的航路文献整理专著——《渡海方程辑注》(中西书局 2013 年版)于 2013 年付梓出版。吴朴撰《渡海方程》成书于明代嘉靖十六年(1537),分上、下两卷,上卷阐述航

① 日本学者荒野正典等人主编的《地球的世界的成立》(东京:吉川弘文馆 2013 年版)一书中,若松正志撰写的《从耶稣会领到“长崎口”》一节反映出日本学界对于长崎开港以及“长崎口”体制确立的最新思考。

② 博多港是东亚海上丝绸名港,目前国内学界对之尚缺乏系统研究。刘恒武的《宁波古代对外文化交流——以历史文化遗存为中心》(海洋出版社 2009 年版)第九章“宁波藏旅日宋人刻石与博多宋人居留地”,论及 11—13 世纪博多宋人居留地对于博多城市化进程的影响;茋岚的《7—14 世纪中日文化交流的考古学研究》(中国社会科学出版社 2001 年版)和黄建秋的《福冈市博多遗址群出土宋代陶瓷器墨书研究》(《学海》2007 年第 4 期),则根据博多出土宋代外销瓷资料阐述了博多港的宋代商人活动状况。

线,下卷论述海运,该书是在整理、考证郑和下西洋记录以及民间水路簿基础上形成的一部航海著作,包含了大量珍贵的明代航路信息,其内容被《海道针经》、《顺风相送》、《指南正法》转录。

陈佳荣和朱鉴秋合作完成的《渡海方程辑注》分为上、下两编。上编"汉文古籍所载的海道针经"中"东洋针路"一章论及中日、中琉航路;下编"吴朴及《渡海方程》资料",收集了明清文献中有关吴朴和《渡海方程》的记载,并且辑录、整理了郑若曾《筹海图编》、郑舜功《日本一鉴》、顾炎武《天下郡国利病书》等文献中所引《渡海方程》的内容。此外,下编还介绍了吴朴《龙飞纪略》的中外陆海交通史料,并且罗举了今人论著中有关吴朴及《渡海方程》的论述。无疑,作为一部基础文献整理著作,《渡海方程辑注》必将有利于东亚海上航路实证研究的深化。

总体而言,2013 年东亚海上航路研究成果数量不多,内容涉及秦代至隋唐海上航路、遣唐使船航路、12—14 世纪中日之间海上航线以及宁波海上丝路与浙东大运河等课题。

董欣欣和张靖雷的《浅析秦代海上交通》(《湖北函授大学学报》2013 年第 7 期)认为,秦代沿海港口的建设和海外交通的拓展为"海上丝绸之路"的开辟奠定了基础。朱建君、修斌编的《中国海洋文化史长编》(魏晋南北朝隋唐卷)(中国海洋大学出版社 2013 年版)的第四章述及魏晋南北朝隋唐时期的航路拓展。

汪正义的《遣唐船航路的探讨》(《国家航海》2013 年第 1 期)对先前学界有关遣唐船航路的论断提出质疑,认为日本学者推断的南岛路(九州南—那霸—长江口)和南路(五岛列岛—长江口)两条遣唐船航路违背了古代航海规律且不符合当时的航海条件,作者根据古代史籍记载和航海条件推测,遣唐船的航路应为福州—琉球那霸—日本。

赵成国主编的《中国海洋文化史长编》(宋元卷)(中国海洋大学出版社 2013 年版)之第六章,论及宋元时期的海上航线。

杨古城的《宁波海上丝路与浙东大运河的研究》(宁波文化研究会等编《第七届浙东文化论坛论文集》,2013 年),对宁波海上丝路与浙东运河航路之间关系进行了分析。

梁继的《中朝交通史研究的力作——评〈纽带:明清两代中朝交通考〉》(《鞍山师范学院学报》2013 年第 3 期),则是针对张士尊著《纽带:明清两代中朝交通考》[①]的评述文章,梁文高度肯定了这部著作有关中朝陆路和海上交通路线的研究。

---

① 张士尊:《纽带:明清两代中朝交通考》,黑龙江人民出版社 2012 年版。

龚缨晏和刘恒武的《关于古代"海上丝绸之路"的几个问题》(韩国岭南大学编《"东亚海洋文化的理解与整合"国际研讨会论文集》,2013年)[①]一文,首先对"海上丝绸之路"的年代上下限、海上和陆上丝绸之路的不同特点进行了论述,论文最后一节则聚焦于"东亚海上航线"这一具体问题展开了若干探讨。作者认为,对于航线研究而言,考古文物资料是极为重要的研究材料。而涉及航海的文物资料,可以分为两大类别:一类是舶载物品(包括商品和船员用品),另一类是船体本身的遗物(包括船体构件和船上的功能性器具)。一般而言,滨海各地发现的体积大、重量大的舶载遗物和船体器具,能够更加准确地反映出古代木帆船的寄泊地和航行轨迹。日本九州沿海发现了相当数量的以宁波石材制成的萨摩塔、碇石、宋风石狮等12—14世纪石刻物品,由于这些遗物受到二次长距离搬动的可能性较小,故而是指示宋元海舶航迹的重要遗物。根据这类石刻制品的分布可知,日本九州西北端的平户和九州西南的万之濑川河口,也是12—14世纪中日海上交通的重点节点,而我们之前所知的宋元之际明州(庆元)—博多航路,或可具体为明州—平户—博多航线、明州—万之濑川河口—平户—博多航线。

(三)船舶及航海技术研究

古代船舶和航海技术研究的推进,有赖于文献史料、图录的整理以及水下考古的新发现,2013年推出的《〈唐船图〉考证·中国船·中国木帆船》(海洋出版社2013年版)是一部汇集和研究中国传统木帆船基本资料的学术文献,该书实际上是大庭修的《〈唐船图〉考证》、V. A. 索高罗夫的《中国船》、I. A. 唐涅利的《中国木帆船》三部著作的合集,《〈唐船图〉考证》的译者为朱家骏,《中国船》和《中国木帆船》由陈经华翻译完成。日本学者大庭修的《〈唐船图〉考证》主要针对日本长崎中国船图像资料进行了稽考,索高罗夫和唐涅利的论著是在吸收西方学者有关中国传统木帆船认识的基础上完成的,因此,《〈唐船图〉考证·中国船·中国木帆船》的翻译和出版,有利于国内的古船研究者吸收国外相关资料和研究成果,从而获取新的认识。

朱建君、修斌编《中国海洋文化史长编》(魏晋南北朝隋唐卷)(中国海洋大学出版社2013年版)的第四章,阐述了魏晋南北朝隋唐时期的造船与航海技术。赵成国主编的《中国海洋文化史长编》(宋元卷)(中国海洋大学出版社2013年版)之第五章、第六章,述及宋元时期的造船技术、航海技术以及海洋知识。

---

①　韩国岭南大学举办的"东亚海洋文化的理解与整合"国际研讨会于2013年5月召开,来自韩国、中国、日本以及俄罗斯的学者就东亚海交史、海洋渔业、海洋法等多领域的问题展开了研讨。

顿贺的《中国古代造船航海技术对日本的传播与影响》(《国家航海》2013 年第 1 期)一文,依据中日文献史料和文物资料,系统论述了中国古代船尾舵、橹、锚、水密隔舱等造船工艺以及航海指南针运用技术的对日传播和影响。

袁晓春、张爱敏《蓬莱四艘古船保护技术解析》(《中国文物科学研究》2013 年第 1 期)介绍了蓬莱发现的元代古船、明代古船和两艘高丽古船的保护技术及成果。1984 年和 2005 年蓬莱水城两次发现中外古船,学术界曾对这批考古资料展开过广泛探讨,①四艘古船的妥善保护无疑有利于日后相关研究的进一步推进。

谭家齐的《进退两难——从晚明沿岸搁浅船只的遭遇看东亚海洋活动的风险》(《明史研究》第 13 辑,2013 年)着重关注了明代船舶规避浅海区域触礁风险的技术措施。谭文指出,隔水仓的设计和详尽海图的利用,有效降低了中国古代木帆船浅海航行的危险。

郝鹭捷的《论山东半岛在中国古代航运史上的地位》(《广州航海高等专科学校学报》2013 年第 1 期)以古代山东半岛航运为研究主题,同时也论述了山东半岛的海航实践在我国古代航海史上起到的重要作用。文章指出,先秦时期山东半岛就已成为我国航运中心区域,后来又发展成为对日本、韩国海上交通的门户,在我国古代航运史上拥有举足轻重的地位。

二、航海贸易、市舶机构及海洋政策研究

(一)航海贸易研究

航海贸易研究是海上丝绸之路研究的一个重点专题,2013 年东亚古代航海贸易方面的论著虽然数量并不丰富,但研究时段涵盖六朝、隋唐、元明清各个时代,其中部分论文将考察空间聚焦于诸如温州、泉州等特定港口展开考述。

朱建君、修斌编《中国海洋文化史长编》(魏晋南北朝隋唐卷)(中国海洋大学出版社 2013 年版)一书,在第五章中阐述了魏晋南北朝隋唐时期的海上丝绸之路与海外贸易,还重点介绍了唐代中外海商的活动。赵成国主编的《中国海洋文化史长编》(宋元卷)(中国海洋大学出版社 2013 年版)之第二章,探讨了宋代海外贸易兴盛的原因、海外贸易对宋代财政的影响以及元代的海外贸易。

黄梅红的《隋唐时代中日商贸与日本语言文字进化关系》(《福建工程学院学

---

① 蓬莱县文化局编:《蓬莱古船与登州古港》,大连海运学院出版社 1989 年版;袁晓春:《海上丝绸之路与 14 世纪中韩航海交流——以蓬莱高丽古船为中心》,《当代韩国》2006 年秋季号;席龙飞、蔡薇主编:《蓬莱古船国际学术研讨会文集》,长江出版社 2009 年版。

报》2013 年第 11 期）论述了隋唐时期中日商贸往来对日本语言文字早期发展的影响。作者认为,隋唐中日商贸交流和政治往来促进了汉字在日本的传播,也催化了日本万叶假名向平假名、片假名的转化,日本语言文字的成熟反过来推动了中日贸易的繁荣。

杨志娟论文《回回海商集团与元代海洋政策》[《烟台大学学报》(哲学社会科学版) 2013 年第 3 期],着重考察了穆斯林海商集团在元代海洋贸易中扮演的角色。作者认为,回回海商集团是元代实施积极海洋政策的受惠群体,回商以私商身份起家,后为元政府代理官本船贸易而升位。这篇论文虽未聚焦于东亚航海贸易,但能引发人们对于穆斯林海商在东亚海洋贸易体系中的作用展开进一步的探究。

童杰的《从明日勘合贸易的历史进程看"宁波争贡事件"》[《宁波大学学报》(人文科学版)2013 年第 6 期],在梳理明日勘合朝贡贸易的基础上,重新评价了"宁波争贡事件"对明日关系的影响。事实上,国内外研究者对这一专题已有较多探讨,[①]先前研究者大多强调"宁波争贡事件"导致明朝政府开始厉行海禁政策,童杰则指出,"宁波争贡事件"之后,日本对明勘合贸易并未就此终止,大内氏先后派出两批勘合贸易使团,而且都被明朝所接纳,勘合贸易断绝的直接起因是另一事件——勘合贸易的日方主导者大内义隆为其陪臣陶晴贤所杀害。

刘军、王询编著的《明清时期中国海上贸易的商品:1368—1840》(东北财经大学出版社 2013 年版)一书,考察了明清时期中国海上贸易的进出口商品,并对该时期白银流入问题进行了探讨,全书共分三编,每编均有部分章节论及明清东亚海上贸易问题,简要介绍如下:

第一编主要探析明清时期出口商品,内容涉及丝绸、瓷器和书籍等商品对东亚地区的出口;第二编论述明清时期进口商品,本编专列一章探讨明清时期进口日本铜的原因以及具体进口状况,另外,本编还阐述了日本刀、硫黄等商品的跨海输入;第三编的主题是"白银的流入",其中一章分析了日本白银通过直接贸易和转口贸易流入中国的途径,同时估算了日本白银流入中国的总量。

荆晓燕的《清康熙开海后中国对日贸易重心北移原因初探》(《社会科学辑刊》2013 年第 2 期)提出,1684 年康熙帝解除海禁之后中国对日贸易重心由福建转移到了江浙。虽然荆文有关康熙以后对日贸易重心位移的推论还有待商榷,但清代

---

① 张立凡:《试论以勘合贸易为中心的明日关系》,《吉林师范大学学报》(人文社会科学版)1981 年第 2 期;朱亚非:《从中日勘合贸易看明朝对外政策》,《山东师范大学学报》(人文社会科学版)1989 年第 4 期;时晓红:《明代的勘合贸易与倭寇》,《文史哲》2002 年第 4 期。

江浙与日本之间贸易联系的加强确属不争的事实。根据荆文的分析,江浙地区对日贸易货品的丰富、清政府集中管理中日铜贸易的需求、日本政府为保证生丝和书籍进口质量而给予江浙商船的优惠,是清康熙以后江浙对日贸易勃兴的要因。

另外一些论文以中国海上丝绸之路港口城市航海贸易为研究主题,其中包括:滕宇鹏的《温州港贸易的历史变迁》(《温州职业技术学院学报》2013 年第 4 期)、周文宝的《浅析宋元时期泉州港对外贸易的兴盛》(《青年与社会》2013 年第 16 期)和连心豪的《清初漳州月港的海外交通贸易——民间宗教信仰史迹与文献视角》(《丝绸之路》2013 年第 4 期)。

滕宇鹏论文指出,温州港的历史可以上溯至春秋战国时期,进而温州港的贸易史可以分为若干历史阶段进行了考察:唐代温州港与日本建立了贸易往来,这也开启了温州对外航海贸易的先河;南宋—元温州设立市舶司,促动了海上贸易勃兴;明清时期由于受"海禁"政策影响,温州港一直处于对外闭锁状态,这种情况延续至 1876 年《烟台条约》的签订。

周文宝文章首先追溯了泉州对外贸易的起源,认为泉州港自南朝起就与南洋有了贸易往来,唐代泉州区域社会经济进一步发展,为宋元泉州对外贸易的兴盛奠定了基础。文章将宋元时期泉州港对外贸易高度繁荣的动因归结为区域经济的发达、政府的鼓励政策以及海上交通水平的提升。

漳州月港是晚明时期中国东南沿海对菲律宾贸易的枢纽港,先前学界有关漳州月港海外贸易研究的成果主要集中于晚明时期。[①] 连心豪论文重点关注清初漳州月港对外贸易的变迁,文章作者指出,虽然清初月港地位已经被厦门港取代,但从民间宗教信仰史迹与文献资料中可以看到月港海外贸易活动的事项,研究表明,清初直至鸦片战争前月港仍在我国对外贸易中扮演着不容忽视的角色。

(二)市舶机构研究

2013 年有关我国历代市舶机构及市舶政策的成果较少,涉及东亚海域的相关研究更为零星。赵成国主编的《中国海洋文化史长编》(宋元卷)(中国海洋大学出版社 2013 年版)第三章,以宋元市舶制度与海外贸易管理为主题进行了考述。[②]

---

① 陈自强:《明代漳州月港研究学术讨论会综述》,《福建论坛》1982 年第 6 期;李金明:《十六世纪中国海外贸易的发展与漳州月港的崛起》,《南洋问题研究》1999 年第 4 期。

② 先前我国学界在市舶制度研究上取得的代表性成果有:黎虎《唐代的市舶使与市舶管理》,《历史研究》1998 年第 3 期;宁志新《唐代市舶使设置地区考辨》,《海交史研究》1996 年第 2 期;王冠倬《唐代市舶司建地初探》,《海交史研究》1982 年刊总第 4 期;施存龙:《唐五代两宋两浙和明州市舶机构建地建时问题探讨(上)》,《海交史研究》1992 年第 1 期;施存龙:《唐五代两宋两浙和明州市舶机构建地建时问题探讨(下)》,《海交史研究》1992 年第 2 期;杨文新:《宋代市舶司研究》,陕西师范大学博士学位论文,2004 年。

曹家齐的《宋朝限定沿海发舶港口问题新探》[《上海交通大学学报》(哲学社会科学版)2013 年第 3 期],是一篇兼涉市舶管理和宋代对外商港的研究论文,文章系统探讨了宋代各个时期市舶政令的变化对于海外贸易出航发舶港口和回航住舶港口更动的影响。论文以太宗、元丰三年、元祐编敕为三个时代节点考察了北宋时期海外贸易发舶港和住舶港的变化,又将南宋相关状况分为前、后两个阶段进行了论述。根据曹文的论述,宋朝有关发舶港和住舶港的政令规定,直接影响到市舶利益在广州、泉州、明州等沿海港口的集中与调配。宋朝中央政府对于发舶港和住舶港的限定,表面上有利于市舶的管控和海疆的防卫,但也导致了少数港口垄断市舶贸易、若干港口的市舶之利遭到剥夺、海商活动空间受到挤压等消极影响。

(三)海洋政策研究

历代海洋政策研究涉及海洋管理、海洋利用、海洋开发、海防经略等多方面历史事项的考察,下文按研究时代的顺序依次介绍一下 2013 年的相关成果:

王子今的《汉武帝时代的海洋探索与海洋开发》(《中国高校社会科学》2013 年第 4 期)考察了汉武帝主导的海洋活动及其意义。根据王子今论文,汉武帝在位 50 余年期间,东巡海上至少 10 次,这些海上活动固然有寻找长生之术的目的,但也有海洋探索的因素。汉武帝时期的航海活动,还包括派遣楼船军征伐南越和朝鲜、发展东洋与南洋的航运事业、交易海洋物产等。汉武帝推动的海洋活动给我国早期海洋探索和开发带来了深远影响。

朱建君、修斌编的《中国海洋文化史长编》(魏晋南北朝隋唐卷)(中国海洋大学出版社 2013 年版)之第一章和第三章,分别论及魏晋南北朝隋唐时期包括我国东部海域在内的海疆治理、海洋政策以及海洋管理。赵成国主编的《中国海洋文化史长编》(宋元卷)(中国海洋大学出版社 2013 年版)的第一章,论述到宋元时期的海疆管理和海防策略。

上海社会科学院张晓东的两篇论文就唐代海上力量与海洋经略进行了探讨,其中,《唐朝前期的海上力量与东亚地缘政策:以唐新战争前后为中心》(《国家航海》2013 年第 1 期)将研究的时间框架设定于唐前期,根据文章的论述,唐前期为了对抗高丽,积极发展海上力量并跨海征讨百济,最终赢得唐丽战争。之后,唐与新罗在朝鲜半岛发生矛盾,唐新冲突过程中,唐的海上军力遭到损耗,而新罗水军则日渐强大,唐新两个政权在黄海海域的力量对比由此发生转变。张晓东的另一篇论文——《唐代后期的海上力量和东亚地缘博弈》(《史林》2013 年第 2 期),从唐朝海洋政策的角度,解析了唐后期新罗张保皋海上势力膨胀的原因。张晓东认为，唐朝的疆域统治战略重内陆、轻海疆。晚唐时期，淄青镇李氏集团一度在黄渤海域形成相当影响力，但遭到宪宗翦除，此后，唐朝中央政府并未强化对于海疆控制，张保皋海上集团由此获得极大的扩张空间。

侯德彤和蔡勤禹的《元代胶东半岛海洋事业述论》[《中国海洋大学学报》（社会科学版）2013年第3期]，结合元朝对胶东半岛及其周围海域的经略措施，论述了元代胶东半岛海上活动繁盛的动因。文章认为，元代继承了南宋时期重视海外贸易的方针，海上商业往来空前繁荣，胶东半岛虽非官方海上贸易的基地，却是元朝政府经略东北亚海域的要区，故而海上活动保持着活跃态势。另外，胶莱运河的开通促动了胶东半岛海洋贸易规模的扩大。董兴华的《从"壬辰倭乱"看明代山东的战略地位》（《科教导刊》2013年第26期）一文，以山东从海路给予万历援朝抗倭战争的支援为中心，阐明了山东半岛在明朝对韩、对日海交中的重要作用。刘幸、王夏凯的《明朝山东抗倭情况及东南沿海抗倭活动中的"山东因素"》（《齐齐哈尔师范高等专科学校学报》2013年第4期）梳理了明代山东以及山东人物抗倭的史实。赵树国的《援朝御倭战争期间宋应昌对中国北部海防建设的贡献》（《山东青年政治学院学报》2013年第4期），阐述了明代援朝抗倭期间宋应昌加强山东、辽宁、河北等地海防的措施。

在明代海洋政策研究方面，明代海禁与倭患仍是研究者们关注的焦点。在2013年发表的该专题论文中，赵轶峰的《重谈洪武时期的倭患》（《古代文明》2013年第3期）最具学术分量。论文指出，明初洪武时期的御倭活动和对日外交举措均沿循着清晰线路展开，明初的倭患可以溯源至元代，并非"禁海"政策引发，相反，正是由于倭寇不断袭扰边海，明朝政府着意强化了海疆管控，而洪武时期的"海禁"旨在御倭，而非以闭锁海岸、禁绝商舶为最终目的。洪武初期曾积极谋求与日本建立朝贡关系，从而稳定边海，对日交涉受挫之后才转而采取消极外交、加固海防的方针。

此外，宋海洋的《朱元璋的抗倭斗争与明初中日关系》（《遵义师范学院学报》2013年第4期）着重探讨了朱元璋的倭患对策及其对明初中日关系走向的影响。黄尚钦的《浅谈琉球在洪武时抗倭斗争中的影响》（《青春岁月》2013年第2期），重点关注了明初洪武时期治倭措施与琉球相关的环节。童杰的《明嘉靖时期浙东倭乱的成因》（宁波大学浙东文化与海外华人研究院等编《多维视野下的浙东文化学术研讨会论文集》，2013年），将浙东海寇集团的形成与发展过程分为1523—1542年、1543—1548年、1549—1552年三个阶段，认为嘉靖浙东倭乱是由多重原因造成的，其中包括：日本白银走私贸易的巨大利润、江浙灾荒导致的沿海民众的生存危机、东南沿海防务的空虚以及王直海寇集团势力的膨胀。马驰骋的《明清时期的海商、海禁与海盗》(《经济资料译丛》2013年第2期)则是一篇论及海禁和倭乱的文章。

董健的《明代海防政策与登州海防建设》(中国海洋大学历史地理系硕士学位论文,2013年)和张仲良的《明代山东半岛海防》(安徽大学历史系硕士学位论文,2013年),是两篇关于明代海防政策与山东区域海防的专论。董健论文阐述了明代各时期海防政策的调整与登州海防的经营。文章指出,明代初期海禁政策与卫所制度的实施有效地增强了登州沿海的海防,明代中期募兵制和水师营哨制弥补了卫所海防力量的虚空,而明后期登州作为明朝海上援朝基地其海防力量得到强化。张仲良文章探讨了明代山东半岛海防军事要塞与海港、山东半岛在抗倭援朝与抗后金战争中的作用、长山列岛与山东半岛海防的关系等问题。

在我国古代,漕粮海运是国家海洋经略的环节之一,漕粮不仅能够促进国内沿海港口的往来,也有益于航海技术的提高。清代始于道光时期的漕粮海运,曾大大刺激了沿海区域经济的兴盛,[1]然而,清前期康熙年间解除海禁之后却未实施漕粮海运,易惠莉的《康熙朝漕粮未能实现海运原因探析》(《国家航海》2013年第4期)利用档案史料对这一问题进行了探究。

三、文化交流、外交往来、人员交往研究

(一)文化交流研究

近十几年来,东亚文化交流史方面的著作层出不穷。2013年出版的与东亚海上丝绸之路文化交流相关的学术著作有:王勇主编的《东亚坐标中的跨国人物研究》(中国书籍出版社2013年版)、王晓秋和徐勇主编的《中日文化交流两千年:回顾与展望——北京市中日文化交流史研究会成立30周年国际学术讨论会文集》(社会科学文献出版社2013年版)。此外,在朱建君、修斌编的《中国海洋文化史长编》(魏晋南北朝隋唐卷)(中国海洋大学出版社2013年版)和赵成国主编的《中国海洋文化史长编》(宋元卷)(中国海洋大学出版社2013年版),也有章节述及东亚海域文化交流。还有一部译著极具参考价值,即仓石武四郎讲述、杜轶文译的《日本中国学之发展》(北京大学出版社2013年版)。文献整理方面,高津孝和陈捷主编的全36册本《琉球王国汉文文献集成》(复旦大学出版社2013年版)最具分量。

---

① 倪玉平:《清代漕粮海运与经济区域的变迁》,《石家庄学院学报》2005年第4期。

王勇主编的《东亚坐标中的书籍之路研究》，重点围绕中日书籍交流展开论述。第一编论及"海上丝路"与东亚"书籍之路"的概念，细致诠释了"书籍之路"概念的内涵、缘起以及理论支撑。第二编首章论述了我国六朝文化东渐与书籍之路开启，内容以史料中有关神功皇后、阿直岐、王仁的记载为线索展开。另外，本编还对《兔园策府》的成书及东传日本、奈良寺院摄取汉文典籍、唐历在东亚的传播、日本宫内厅书陵部所藏宋本《初学记》、日本现存宋版大藏经等问题进行了论考。第三编首先诠释了"汉籍"与"域外汉籍"的概念，进而探讨了《日本书纪》的唐人著述说、圆仁《入唐求法巡礼行记》的中国早期流布、《笑云瑞䜣入明记》的版本与流通、明代中日书籍交流等专题。第四编主要探讨中国佚书在日韩的留存以及中国典籍的域外刻本。具体专题研究包括：西魏写本《菩萨处胎经》东传及相关中日达人、唐代佚书《天地瑞祥志》、乐郜《圆仁三藏供奉入唐请益往返传记》校录、和刻本《皇朝事实类苑》与《鹤林玉露》、五代宋初佚书回归、逸存东瀛的唐寅诗书。第五编重点研究日本汉籍编目、整理和保存。全编包含两个专论：《日本国见在书目录》札记、舶载书目所载明人别集考述，前者述及日本对于经学典籍、《乐》家著作、书法类著作、《楚辞》家文献以及刑法家文献的整理和研究，后者内容涉及未见中土藏书目录著录的明人别集、中土散佚和稀见明人别集的流播记录，等等。

高津孝和陈捷主编的《琉球王国汉文文献集成》（复旦大学出版社 2013 年版），是迄今为止辑录量最大的琉球王国汉文文献集，全书收录了现存于日本、美国和中国的 71 部独立成书的琉球王国汉文文献。这套文献集成分为"琉球版汉籍"、"琉球人著作"上下两编，另附"琉球官话" 1 编，书中收录的文献全面展示了历史上中国与琉球王国之间在典籍、汉语以及其他文化侧面的深入交流。

王晓秋和徐勇主编的《中日文化交流两千年：回顾与展望——北京市中日文化交流史研究会成立 30 周年国际学术讨论会文集》，由"纪念篇"、"综论篇"、"古代与中世纪篇"、"近代篇"和"战时与战后篇"，其中，从东亚海上丝绸之路文化交流的视角来看，"古代与中世纪篇"中的文章值得关注，这些专论涵盖的研究主题包括：日本遣唐使学习中国文化的成就、"镰仓初创"在中日文化交流史上的意义、明代日本僧人遗留在云南的汉诗、唐通事及其在中日交流中的作用，等等。赵成国主编的《中国海洋文化史长编》（宋元卷）（中国海洋大学出版社 2013 年版）之第七章"宋元时期的海外文化交流"，论及宋元中国与日本列岛、朝鲜半岛的文化往来。

《日本中国学之发展》（北京大学出版社 2013 年版）的底稿，是日本著名汉学家仓石武四郎在东京大学文学部备课讲义的整理本。全书深入探讨了中国学术文化的东传和日本汉学（中国学）的发展历程。从东亚海域文化交流的角度而言，书中内容特别值得关注的内容包括：平安时代对中国学问艺术的吸收，遣唐使废止后至镰仓时代的日宋交流，宋学新注与五山文学、书籍的印刷，江户时期学问艺术的发展、白话小说与戏曲，等等。

2013年论及东亚海域古代文化交流的期刊论文，仍以探讨中日文化交流的居多，这些论著涉及的内容包括：中日文化交流溯源、日本礼仪文化中的中国元素、日本茶道文化的中国渊源、中日佛教文化交流、中日文学交流、中日书籍交流、唐日体育文化交流、宋代中国建筑和雕刻艺术的东传、日藏宋元禅僧墨迹、明清时期中日文化交流的模式、明代兵书与善书对日本思想文化的影响、明清时期中琉文化交流，等等。以下对相关论文做一简单介绍。

韩东育的《关于日本"古道"之夏商来源说》(《社会科学战线》2013年第9期)，试图通过爬梳上古时期东夷及其文化流徙传播，来追溯中日文化交流的源头。

杨柳的《日本传统礼仪的中国渊源》(《日本问题研究》2013年第1期)和周以量的《"元服"考——日本古代礼俗探微》(《日语知识》2013年第1期)两篇文章探讨了中国古代"礼"文化对日本的影响。杨柳的文章主要关注日本传统礼仪中含纳的中国礼仪思想要素和礼仪行为要素，考察了日本吸收中国礼仪文化的历史过程。作者指出，日本传统礼仪系在礼仪源流、礼仪理论、礼仪实践等方面均深深保留着中华礼仪文化的印记。周以量的文章聚焦于日本传统礼仪的一个组成要素——"元服"礼展开了考察，作为成人仪式的日本"元服"礼起源于平安时代初期，这种礼俗既保留有中国"冠礼"的基因，又浸染了日本民俗的色彩。周文整理了日本平安时代汉诗、和歌以及物语作品中涉及"元服"的描述，勾画了平安时代贵族"元服"礼俗的状况。

许明玲的《日本茶道中的历史文化因素》(《云南社会主义学院学报》2013年第2期)，论述了中国茶文化东传日本之后逐步嬗变为日本茶道的历史过程。作者认为，中国茶文化与禅文化一同传入日本，最初带有中国佛教的底色，之后它融合了日本神道教文化元素，又逐步与日本传统礼仪相结合，最终衍生为成熟的日式茶道文化。

张玉霖的《古代福州与日本、朝鲜的佛教文化交流》(《福建文博》2013年第1期)阐述了福州与日韩之间以"海上丝绸之路"为媒介的佛教文化交流。赵敏的《论唐朝鼎盛时期的鉴真东渡对日本社会的多元化影响》(《剑南文学》2013年第4期)介绍了鉴真大师对于唐朝文化东传日本的具体贡献。

严明主编的《东亚汉诗研究》(中国书籍出版社2013年版)一书是一部系统梳理东亚各国汉诗发展历程及其特色的力作。众所周知，汉诗是古代日、朝(韩)、越等国利用中国古典诗体创作的诗歌作品,中国与东亚诸国诗歌艺术交流汇融而成的结晶。各国汉诗既有中国文化熏陶的深深印记,又显示出各自不同审美情趣和民族风尚。东亚各国汉诗该书第一、第四、第七章以日本汉诗为论述内容。其中,第一章"日本汉诗的发展脉络"论述了日本汉诗的源头和明清时期汉诗典籍外输日本的状况;第四章和第七章分别探析了日本汉诗中的绝句体和日本近世出现的异体汉诗——狂诗。该书不仅追溯了日本汉诗的中国基因的植入过程,而且探明了它在诗歌形式与抒情内容的独特性。

东亚各国古典文学创作不仅在表现形式上存在交集,而且在题材选择上也有叠合。辜承尧的《五山文学中的西湖题材作品考察》(浙江工商大学日语语言文学专业硕士学位论文,2013年),是一篇系统梳理五山文学中的西湖题材作品的论文。本文聚焦于日本五山文学中涉及西湖的作品,广泛收集资料,并将资料归为"西湖图"、"苏轼与西湖"、"林逋与西湖"等几个类别进行了细致探究。不过,五山文学的存续时段跨越镰仓初期到江户前期,前后历时大约300年,而本文未能充分阐明不同时期五山文学中西湖题材作品的特征变化。

许红霞辑著的《珍本宋集五种(日藏宋僧诗文集整理研究)》(上下两册,北京大学出版社2013年版),收集了部分已在我国佚失却仍留存于日本的宋僧诗文集,并对这些珍贵文献进行了细致研究,这批日藏宋僧诗文集使我们得以窥见中日诗文文献交流的深度与广度。

此外,姚晶晶的《中日书籍交流中的柳芳〈唐历〉研究》(浙江工商大学日语语言文学专业硕士学位论文,2013年),也是一篇有关中日书籍交流的论文。文章从柳芳的生平入手,首先考察《唐历》撰修的经纬,进而探讨了《唐历》在中国散佚过程及其散见于中国文献中的佚文状况,然后对《唐历》在日本流布情况做了考察。作者对《资治通鉴》、《资治通鉴考异》以及日本文献《明文抄》中所引《唐历》条文进行了精细的收集,并且列表加以整理。文章提出,"日本国号得到唐朝官方肯定后首次出现的史书是《唐历》"。论文缺憾有二:首先是未言明《唐历》在日本的散佚时间。其次,关于日本文献中的《唐历》佚文,作者仅就《明文抄》中所见佚文进行了考察,而未兼及其他文献。

廖可人的《唐代中日体育文化交流》(《兰台世界》2013年第21期)是一篇专门介绍唐代中日之间体育文化交流的文章。先前曾有以"唐代中外体育文化交流"为主题的论文论及唐日之间围棋和射艺的交流以及步打球、双陆、投壶、蹴鞠等运动的东传，[①]今后有必要结合文献史料和文物资料深化各别专题的研究。

李广志的《日本东大寺与明州工匠陈和卿、伊行末》(《天一文苑》2013 年第 3 期)，介绍了南宋工匠陈和卿、伊行末渡日援建东大寺的史实。文章作者认为，陈和卿和伊行末东渡日本，推动了南宋建筑、铸造以及石刻等方面技艺与文化的东传。伊行末其人确系南宋明州人，有石刻铭文资料可资论证，但陈和卿是否系出明州，尚务直接的物证和书证加以论定。[②]

江静的《日藏宋元禅僧墨迹研究综述》(《浙江外国语学院学报》2013 年第 3 期)对日藏宋元禅僧墨迹研究现状进行了评述，根据江静文章，日本现藏的中国宋元时期禅僧的墨迹多达 500 余幅，迄今学界相关研究的重点包括：墨迹的搜集和整理、墨迹作者群体、墨迹书法艺术以及墨迹与茶道关系。文章还指出，国内学界对于这批资料的研究有待加强，墨迹流传过程反映出的中日文化异同值得深入探析。

李晓燕的《明末清初中日文化交流研究——以冲突和战争为途径》(《湖州师范学院学报》2013 年第 5 期)聚焦于明末清初东亚世界的冲突与战争，阐述了冲突与战争作为一种特殊的异文化间相互作用模式给明末清初中日交流文化带来的影响。

张宪生的《近世日本对明代兵书与善书的理解接受问题刍议》(《东南亚研究》2013 年第 4 期)论述了明代兵书和善书对近世日本思想文化产生的影响。根据张宪生论文，明代流入日本并对日本知识界产生影响的兵书主要有戚继光的《纪效新书》、《练兵实记》，日本民间知识分子有关戚氏兵法的探讨为日本近世兵制改革提供了理论准备。张文论及的所谓"善书"，即劝善之书，中国善书的流传在明末清初达到高潮，先前我国学界对善书关注不多，日本学者酒井忠夫的《中国善书研究》系统考察了中国历代善书的制作、流通及其社会文化意义，同时全面介绍了善书文化在日本、韩国的流播状况。[③] 张宪生论文重点阐述了明代善书文化在日本由最初的遭受抵制到后来逐步被接受的过程。

李金明的《明清时期中国文化在琉球的传播——从文化传承看琉球的归属问题》[《福建论坛》(人文社会科学版)2013 年第 5 期]，是一篇论述中琉文化交流的论文。论文作者认为，中琉交往长达 500 多年，明清两朝与琉球王国之间以中国

① 张宝强、陈小龙、鲁江：《唐代中外体育文化交流及其历史意义》，《西安体育学院学报》2009 年第 4 期。

.② 李广志在 2013 年 11 月 23 日《宁波日报》上发表的《宋代明州工匠与日本东大寺》一文，亦表述了相同的观点。

③ 酒井忠夫著：《中国善书研究》，刘岳兵译，江苏人民出版社 2010 年版。

册封使、闽人三十六姓、琉球贡使及留学生为纽带,开展了长期而密切的交流,中华文化对琉球社会和人文的发展影响至深。因此,从文化传承上来讲,琉球属于中华儒家文化,而不属于日本文化。韩结根的《从现存琉球王国汉文文献看中国文化的影响》[《复旦学报》(社会科学版)2013年第3期]也立足于琉球汉文文献的梳理,阐述了中华文化对琉球王国政治制度、科学技术以及文学艺术等方面的深刻影响。王永生的《中国古代货币文化对琉球的影响——中国古代货币文化对外影响系列研究之二》(《中国钱币》2013年第5期),则聚焦于货币文化这一专题,诠释了古代中琉交流的深度与广度。

与中韩文化交流相关的成果有:王永生的《中国古代货币文化对朝鲜的影响——中国古代货币文化对外影响系列研究之一》(《中国钱币》2013年第4期)、蒲笑微的《儒学在朝鲜三国的传播和发展》(《东方论坛》2013年第5期)、陈伟权的《高丽王子与宁波茶禅》(《中国茶叶》2013年第6期)、李海英的《宋代中韩海路文化交流述略》[《赤峰学院学报》(汉文哲学社会科学版)2013年第8期],以及严明主编的《东亚汉诗研究》(中国书籍出版社2013年版)一书中论及朝鲜汉诗的章节,等等。

众所周知,中华文化向朝鲜半岛的传播包括海路和陆路两条途径,王文和蒲文分别阐述了中朝货币文化、中朝儒学思想的渊源关系,并未对海上传播路线加以特别探析;陈伟权文章介绍了高丽王子义通、义天与宁波海上茶叶之路的关系;李海英文章聚焦于宋丽海路文化交流,将交流内容归为佛教交流、典籍交流、人员往来等三个方面,文章还强调了宋商和入仕高丽的宋人在宋丽海路文化交流中的桥梁作用;严明主编的《东亚汉诗研究》之第二、第五章系统考察了朝鲜汉诗的演变历程,其中,第二章"李氏朝鲜汉诗的兴盛"介绍了高丽时期的隐逸诗、李氏朝鲜时代的汉诗以及明清使臣与朝鲜诗人的唱酬诗,第五章"朝鲜汉诗中的古体诗",考察了朝鲜古体汉诗的题材、内容。

先前,我国学界有关韩日之间的跨海文化交流的研究成果为数较少,近年来这种状况逐渐有所改观。2013年《东疆学刊》刊载了两篇研究韩日之间文化认知的论文,其中,金禹彤的《朝鲜通信使眼中的日本丧祭礼俗——以〈海行总载〉中的记录为例》(《东疆学刊》2013年第1期)重点探析了朝鲜通信使对于江户日本重神祭、轻亲祀这一礼俗文化的批判态度。文章作者认为,朝鲜通信使的这种态度源于他们对于朝鲜社会所秉持的儒家丧祭文化的推崇与自信。朴在玉、徐东日的《朝鲜通信使眼中的日本器物形象》(《东疆学刊》2013年第2期)则论述了朝鲜通信使对于江户日本器物文化和工艺技术的肯定态度。根据文章的论述,朝鲜通信使积极评价日本民族崇尚精工的传统,并主张学习和引进日本的优势工艺技术。金禹彤的另一篇文章——《论朝鲜通信使眼中的日本衣冠服饰礼俗——以《海行总载》记录为例》[《东北师大学报》(哲学社会科学版)2013 年第 4 期],仍以《海行总载》为基本史料介绍了朝鲜通信使对于江户日本衣冠服饰礼俗的看法,文章通过分析朝鲜通信使消极评判日本冠服礼俗的缘由,揭示了朝鲜士大夫阶层对于日本文化中非儒家异质元素所抱有的抵触心态。

另外,还有若干考察东亚三国器物文化交流的文章,其中包括汪梅、米朝辉的《浙江龙泉青瓷海外流传历史及风格演变研究》(《中国建筑装饰装修》2013 年第 2 期)和荒川浩和的《论中国的髹饰技法——以〈髹饰录〉的研究为基础》(《中国生漆》2013 年第 2 期)。汪梅和米朝辉文章介绍了龙泉青瓷的外销及其对域外陶瓷文化的影响;荒川论文虽主要论述中国传统髹饰技法,但文中内容亦与日本、韩国和琉球的漆艺史密切相关。

在 2013 年东亚海路文化交流研究方面,除了上述业已发表的期刊论文,还有以下会议论文值得关注。

2013 年 7 月,《学术月刊》杂志社和华东政法大学法律与历史研究所共同举办了"'古代中国与东亚世界'国际学术研讨会",刘晓峰的《铜镜与日本文化古层》、金程宇的《东亚汉文化圈中的〈日本刀歌〉》、刘恒武的《旅日宋人的活跃与浙东石刻艺术的东渐》等参会论文论及古代中日海域文化交流。其中,刘恒武论文利用现存日本九州的宁波梅园石制萨摩塔、宋风石狮以及现存日本关西地区的伊派石刻等文物资料,探析了旅日宋人的活动及其与之相伴的浙东石刻艺术的跨海东传。

2013 年 12 月,宁波大学浙东文化与海外华人研究院和宁波大学社会科学联合会共同举办了"多维视野下的浙东文化学术研讨会",参会论文之中,姚红的《杭州径山寺与宋元明之际中日文化交流》、敖运梅的《明末东渡僧人心越诗歌的禅理与画意》和陈依元的《五条"海上之路"对宁波区域文化的多元影响》等论文(宁波大学浙东文化与海外华人研究院等编《多维视野下的浙东文化学术研讨会论文集》,2013 年)涉及浙江古代对外文化交流。姚红论文对宋元明时期杭州径山寺对日文化的史实进行了梳理,阐明了径山寺在临济禅宗弘教东瀛过程中的重要作用,同时特别指出径山茶宴是日本茶道之源。敖运梅论文探讨了明末渡日诗僧心越在日所作诗歌的特色,作者将心越诗分为禅理诗、咏景诗和吟花诗三类,重点解析了这些诗歌中的异国映象。明末东渡文人在日创作的诗歌,其中相当部分兼容了中日两国的文化要素,在客观上也推动了汉诗在日本的传播,值得进一步整理和研究。陈依元论文论述了宁波青瓷文化、书画文化、茶文化、宗教文化借助海路的对外传播与交流。

（二）外交往来研究

首先，就古代中日外交往来的研究进展而言，王勇主编的《东亚坐标中的遣隋唐使研究》（中国书籍出版社 2013 年版）最值得关注，该著作由中日韩三国学者共同完成，集纳了遣隋使和遣唐使研究的最新成果，其中，与日本遣隋唐使相关的内容占绝对比重。编者认为，从东亚交流的视角来看，隋、唐两个王朝是密切接续的一个时间整体，故而将遣隋使和遣唐使合称为"遣隋唐使"。著作共分"东亚视域"、"历史波澜"、"时代先觉"、"典章制度"、"文学艺术"5 编。以下对各编内容、特色依次做一简介：

第一编"东亚视域"包含 5 章内容，探讨遣隋唐使的国际背景和历史意义。在该编之中，裴世清所携国书、《日本书纪》遣隋使相关史料的可信度、小野妹子遗失"国书"事件、新罗遣唐使的历史作用以及新罗的对唐外交性格等专题研究均具有前沿性。

第二编"历史波澜"由 6 章组成，系统考述遣隋唐使起始、演变、废止的历史过程。该编覆盖内容中值得特别关注的专题包括：9 世纪日中交流形式由官方主导到民间担当的变化、渤海使的作用、"唐物数奇"的源流、894 年遣唐使废止的再探讨、遣唐使对中国的认识、菅原道真对中国的认识、日本第 20 次遣唐使的派遣与唐温州刺史朱褒的信使、遣唐使终止后日本的对外意识、中世日本的外交原则、《新唐书·日本传》所见 8 世纪前的日本南方领域观、《贞观仪式》追傩祭文反映出的 9 世纪日本的南方领域观。

第三编"时代先觉"内容以人物考证为主，共分 5 章。本编探讨的不少问题是先前关注不够或研究深度欠缺的，诸如：东渡吴人、福亮的家世与生平、鉴真周边的异域人与赴日航线、遣唐使集团中留学生的定位及留学生的学问、圆仁巡礼过程中的饮食变化、惠萼与在唐新罗人、遣唐使后的日唐交流、普陀山传承，等等。

第四编"典章制度"包含 4 章，论述隋唐时期典章制度对东亚诸国的影响。本编涉及的重要专题有："日本"国号的成立、日本遣隋唐使在隋唐都城中的住宿、井真成与唐国子监、日唐后宫的比较研究。其中，"日本"国号的出现年代和井真成在唐经历，是近年讨论较多的两个专题。

第五编"文学艺术"包含 7 章，考察伴随着外交往来的东亚知识阶层的文学艺术互动。本编关涉的具体论题包括：《怀风藻》序与日本汉诗的兴起、大友皇子汉诗的创作与东亚国际形势、遣唐大使多治比广成的述怀诗、遣唐大使咏诗述怀、遣唐使形象的渐变、诗歌中遣唐使派遣的目的、唐诗中的鉴真、东亚唐镜的存在形态及其意义、献给佛像和佛堂大量铜镜的含义，等等。

《东亚坐标中的遣隋唐使研究》是一部极具学术分量的遣隋唐使专论。著作不仅触及到近年该领域所有热点问题，而且集纳了不少着眼于具体问题的实证性成果，对于今后遣隋唐使研究的进一步深化无疑具有推动作用。

在 2013 年出版的著作成果之中，朱建君、修斌编《中国海洋文化史长编》（魏晋南北朝隋唐卷）（中国海洋大学出版社 2013 年版）第七章也论述到隋唐王朝与日本的关系。

2013 年，亦有若干篇有关日本遣唐使研究的单篇论文。李广志的《宁波与日本承和年间遣唐使关系考辨》（宁波大学浙东文化与海外华人研究院等编《多维视野下的浙东文化学术研讨会论文集》，2013 年）一文指出，有些学者提出的日本承和年间遣唐使从明州登岸或返航的观点有误，根据李文，《新唐书·日本传》、《续日本后纪》（卷三至九）以及圆仁《入唐求法巡礼行记》等中日文献史料记录了此次遣使的全貌，尽管史料中有涉及明州的信息，但并无有关此次使团人员在明州登岸或返航的记载。此外，张利的《唐代中日交流的桥梁——遣唐使》（《剑南文学》2013 年第 7 期）阐述了遣唐使对中日交流的贡献。张曼的《再探关于遣唐使废止的原因》（《青年文学家》2013 年第 4 期）认为，9 世纪以后中日交流的主体由官方转为民间。

卢伟、苏亮的《渤海国与日本交往浅析》（《牡丹江教育学院学报》2013 年第 4 期）和侯震的《渤海与日本遣使交聘研究》（《哈尔滨学院学报》2013 年第 2 期）是两篇论述我国唐代渤海政权与日本通交的论文。卢伟和苏亮文章探讨了渤海政权与日本跨海交往的目的，他们指出，渤海政权初建时期通交日本是为了寻求外部支持以巩固政权基础，而后期保持与日本的交往则是出于促动双边经济文化交流的考虑。侯震则对渤海政权与日本之间遣使交聘的历史过程进行了梳理。

孟宪凤和孙瑜的《明初中日封贡体系略论》（《哈尔滨师范大学社会科学学报》2013 年第 6 期）对明朝图建中日封贡关系的原因进行了探究。文章作者认为，朱元璋建国之初，为了尽快重树华夏正统，平治内外环境，从而采取了睦邻友好、厚往薄来的对外交往方针，中日封贡关系的建立正是明初对外政策的实践结果。刘幸的《郑和下东洋考》（《保定学院学报》2013 年第 3 期）则再次考述了郑和出使日本这一争议已久的课题，①文章作者认为，郑和确实出使过日本，而且郑和使日对明代东北亚外交体系产生了重要影响。

中琉册封朝贡关系起始于明代洪武时期，此后延续500多年直至晚清，明清时期中琉之间密切的官方往来，保证了东亚海上丝绸之路南路航线的顺畅。近年，中琉封贡使研究逐渐成为热点，臧蕾的《中琉封贡使研究概述》(《中文信息》2013年第11期)对该领域的研究状况做了介绍。2013年该领域的研究成果中，修斌、付伟合撰的《清琉封贡关系的确立及其影响因素探析》[《中国海洋大学学报》(社会科学版)2013年第4期]值得注意，该文分析了清代清琉封贡关系确立过程及其历史动因。文章将清琉封贡关系确立的历史动因归结为四点：(1)明朝灭亡之后，琉球王国基于现实主义外交原则的考量，选择加入清王朝主导的朝贡册封体制，借此获取国家生存的保障和社会经济发展的推力；(2)明代以降数百年来，中琉封贡关系已经拥有了深厚的历史积淀，这种积淀由于受到价值认同的强化，故而很难被朝代更迭的历史变局所稀释；(3)主导琉球对外贸易的海商集团，出于自身利益的考虑，支持政府维持中琉封贡关系；(4)清琉封贡关系的确立，也是中日琉平衡互动机制作用的结果。从清琉封贡关系的确立过程中，既能看到琉球立身于华夷秩序中的努力，也能看到各方势力的博弈。

与中日古代外交往来研究相比，2013年以中韩外交往来为论题的成果相对较少。

唐烈的《略论百济外交政策对朝鲜半岛局势的影响——以420年至475年为例》[《赤峰学院学报》(汉文哲学社会科学版)2013年第7期]，论述了公元5世纪早中期百济在朝鲜半岛三国并立的形势下所采取的外交政策及其历史影响。众所周知，百济政权与中国南朝的官方往来曾有力推动了东亚海上丝绸之路的发展，但由于受到文献史料匮乏的限制，相关研究成果不多，②事实上，能够印证百济与南朝交流的遗物资料可以补充文献史料的不足，利用文物考古资料深化这一课题的研究应是未来的一个方向。③

就唐朝与新罗的官方交往研究而言，《东亚坐标中的遣隋唐使研究》一书中的第一编"东亚视域"，有若干章节论述到新罗遣唐使的历史作用、历史性格以及新罗的对唐外交性格等问题。此外，朱建君、修斌编《中国海洋文化史长编》(魏晋南

① 潘群：《郑和使日问题初探》，《文史哲》1982年第3期；陈福坡：《郑和下西洋前使日之探讨》，《北方论丛》1998年第2期。

② 于春英：《百济与南北朝朝贡关系研究》，《东北史地》2010年第6期。

③ 国外学者已经对百济故地所出东晋南朝文物进行过有益的探讨，例如：门田诚一撰、刘恒武译《百济出土六朝青瓷与江南葬制相关问题研究》，《浙江海洋文化与经济》第四辑，海洋出版社2011年版。

北朝隋唐卷）（中国海洋大学出版社 2013 年版）第七章阐述了魏晋南北朝对朝鲜半岛的经略，以及隋唐王朝与新罗、百济、日本的关系。

宋与高丽通交的研究成果中，张如安的《北宋韦骧〈回高丽人使书状〉探究》（韩国岭南大学编《"东亚海洋文化的理解与整合"国际研讨会论文集》，2013 年）值得注意。该文整理了北宋徽宗时期明州知州韦骧撰拟的系列外交文书《回高丽人使书状》，论文重点分析了《回高丽人使书状》的起拟时间和主要内容。根据张如安论文，《回高丽人使书状》详细记录了韦骧知明州期间多次接待高丽使者的前后经纬，真实地反映了宋徽宗即位之初宋丽间的交往状况，这批文书对于了解宋代明州在东亚外交史上的独特地位有重要的学术价值。

（三）人员交往研究

东亚海上丝绸之路的构建者和活动主体包括中外使团成员、海商、船员、僧侣、文士、移民等等。近年来，我国学界有关东亚海上丝绸之路人员交流的研究已经逐渐形成一定规模的学术积累。王勇主编的《东亚坐标中的跨国人物研究》（中国书籍出版社 2013 年版）集纳了大量学术价值很高的东亚海路人物交流研究的前沿成果。该著作分为"历史足迹"、"意象传播"、"信息互动"、"以文会友"4 编，考察的人物包括官员、使节、佛教僧侣、海商、画家与雕刻匠师，等等。

第一编"历史足迹"由 5 章组成，其中重要的人物专题研究包括：南朝时期来华倭国使"司马曹达"的姓氏与出自、遣唐使时期的中日混血儿、日本战国大名大友义镇的遣明船、一山一宁出使日本经过及其影响。第二编"意象传播"共分 7 章，本编主要通过诗歌、艺术作品、文献史料来考察中日两国人民之间的相互认识，具体研究专题有：唐宋诗人的"日本想象"、中国史料描绘的遣唐使形象、漂洋过海的李白形象、东传日本的中国禅僧绘画、长崎中国佛像师与唐样十八罗汉雕像、江户时代漂抵日本的清人图像、清代输入中国的日本莳绘工艺。其中，中国史料中的遣唐使形象、中日两国所描绘的李白形象的异同、江户时期输日清人画像等课题都是先前国内学界探讨较少的。第三编"信息互动"包含 8 章内容，涉及专题最多，其中，与东亚海上丝绸之路有关的专题包括：遣唐使与"唐消息"、山上忆良与"任征君"、清朝帆船带来日本的鸦片战争情报。第四编"以文会友"由 5 章构成，其中，"宋濂与日僧交往二三事窥"、"入明僧与径山寺"两章值得中日古代海域交流史研究者关注。

朱建君、修斌编《中国海洋文化史长编》（魏晋南北朝隋唐卷）（中国海洋大学出版社 2013 年版）一书，在第八章"魏晋南北朝隋唐时期的海路文化交流"中论及中华文明东传日本过程中中国移民的作用、唐朝的新罗侨民两个课题。同系列著作——赵成国主编的《中国海洋文化史长编》（宋元卷）（中国海洋大学出版社 2013年版）第八章论述了宋代的海商与外商和宋元海外移民，第九章则述及宋元时期的海盗。

接下来对 2013 年国内期刊中有关跨东亚海域活动的使节、留学生、文士、船主等各种人物的研究论文做一介绍。

李娟的《从晁衡入唐为官看唐朝中日两国交往》（《兰台世界》2013 年第 21 期）介绍了晁衡在唐经历以及他对唐日交流的贡献。晁衡在唐期间，既受到朝廷擢用，又与中国文人雅士广泛交往，这种情况从一个侧面反映出了唐朝政府的开放态度和士人社会的包容心态。

朱莉丽论文《日本遣明使笔下的江南城市生活——以对文人生活的刻画为中心》（《东岳论丛》2013 年第 7 期），重点分析了日本遣明使眼中的明代文人生活与江南城市风景。日本遣明使记录的中国风物、事物与人物，由于经过了"异国观察者"的心态和视角的加工与重构，必然与明人对于自身社会的记录存在相当多的差异，这种相对化的纪实文字无疑有助于我们了解历史实相。葛小丽的《入明使节之了庵桂悟与〈壬申入明记〉》（《青年与社会》2013 年第 31 期）也是一篇以遣明使为考察对象的文章，介绍了1511—1513 年遣明使团正使来华的了庵桂悟及其所撰在华见闻记——《壬申入明记》。[①]

丁清华的《明初行人杨载身世考辩》（《海交史研究》2013 年第 2 期）和李晗的《明代山东籍册封琉球使杜三策研究》（《北方文学》2013 年第 9 期）是两篇涉及中琉官方人物往来的考证文章。丁清华论文的研究对象——杨载是一位明初通交琉球的功臣，有关其身世的考察有助于了解明琉封贡体制建立的经纬，本文搜集了明清文献中涉及杨载的史料，力图勾画出其生平活动的轨迹。李晗论文考察了明代崇祯时期册封琉球正史杜三策的生平活动。林多的《浅析福州市仓山区"琉球墓园"》（《福建文博》2013 年第 1 期）则是一篇根据墓葬文物资料研究清代来华琉球人的文章，福州"琉球墓园"的入葬者包含有琉球王国的贡使和官生，徐恭生、朱淑媛等人曾在这一研究方向取得过一些成果。[②] 林文重点对仓山区"琉球墓园"内的墓碑进行了记录整理，并结合文献释读、考证了墓碑文字，借此深化了有关"琉球墓园"内涵及其特点的认识。

① 国外相关成果中，村井章介《日本中世の異文化接触》（东京：东京大学出版会，2013 年）第 1 章第 2 节"日本僧所见明代中国——笑云入明记解说"值得参考，文中阐述了笑云所见到的明代社情世态、水运体系以及笑云与明朝文人的交往经历。

② 徐恭生：《福州仓山区琉球墓初探》，《福建师范大学学报》（哲学社会科学版）1985 年第 3 期；朱淑媛：《清代琉球国贡使官生的病故及茔葬考》，《历史档案》1994 年第 2 期。

在活跃于东亚海上丝绸之路的各种身份的人物当中,僧侣是一个不容忽视的群体,①而这些跨海渡航的僧侣们留下的行记,更是包含了大量东亚不同文化群体之间彼此交往和认知的历史信息。汪晶石的《日本高僧圆仁〈入唐求法巡礼行记〉与九世纪的在唐新罗人》(延边大学专门史硕士学位论文,2013年)、李娴的《唐宋时期来华日僧之比较研究》(山东大学中国古代史硕士学位论文,2013年)、胡莉蓉的《〈入唐求法巡礼行记〉与〈参天台五台山记〉对比研究——以五台山为中心》[《山西农业大学学报》(社会科学版)2013年第6期]和朱莉丽的《日本室町时代禅僧日记中的中国情报——僧侣、商人与东亚的信息传递》[《复旦学报》(社会科学版)2013年第1期],都是以日僧旅华记录为基本史料的研究文章。

　　汪晶石论文整理分析了圆仁《入唐求法巡礼行记》中有关9世纪在唐新罗人的记述。圆仁是838年随日本遣唐使团入唐求法的日本高僧,他留下的《入唐求法巡礼行记》记录了大量晚唐南北各地的世态民情,其中亦有大量文字描述了在唐新罗移民社会的状况。唐朝物质与精神文明高度繁荣,异域民众慕华迁入唐土的现象在各地都有发生,中晚唐时期,跨海移居中国的新罗人在江苏和山东沿海一带形成大大小小的新罗坊,就在唐新罗人这一课题而言,陈尚胜、姜清波等学者均推出过高水准的研究成果。②汪晶石论文根据《入唐求法巡礼行记》的相关记载,重点考察了9世纪在唐新罗人的生活状态及其在东亚交流中扮演的角色。论文特别提到,《入唐求法巡礼行记》中述及的人物半数以上是新罗人,这足以表明当时新罗移民在唐朝东海沿岸地区的活跃程度。另外,在唐新罗人研究方面,张丽的《试析山东境内新罗遗址及历史作用》(延边大学世界史硕士学位论文,2013年)也值得关注。该文系统整理和分析了山东境内的新罗村、新罗院、新罗馆遗址,力图将这些考古资料与文献史料结合起来,深入探究唐朝东部沿海地区新罗人的活动。

　　李娴论文选取入唐僧圆仁和入宋僧成寻这两位唐宋时期来华日僧作为个案研究对象,同时以圆仁《入唐求法巡礼行记》与成寻《参天台五台山记》为基本文献史料,比较论述了唐代来华日僧和宋代来华日僧的不同特点。作者认为,安史之乱以前,来华日僧多随日本遣唐使团入唐,其身份及在华活动具有官方性质,返日的入唐僧不仅将中国佛学要义带回日本,而且扮演了唐朝先进文化与完备制度传播者的角色,在日本的社会变革与政治改新中发挥了重要作用。日本停派遣唐使

---

　　① 榎本涉:《僧侣と海商たちの東アジア海》,讲谈社2010年版。
　　② 陈尚胜:《唐代的新罗侨民社区》,《历史研究》1996年第1期;姜清波:《入唐三韩人研究》,暨南大学博士学位论文,2005年。

之后直至宋代,日僧多以民间身份搭乘商船来华,来华目的主要是研习佛理,但宋代来华日僧促成宋风禅宗和律宗的东传,为日本社会的发展注入了新的活力。与李娴文章相似,胡莉蓉的《〈入唐求法巡礼行记〉与〈参天台五台山记〉对比研究——以五台山为中心》也是一篇在解读两部行记基础上完成的论文,该文对比分析了圆仁与成寻来华的方式、目的以及巡礼五台山的主要活动,力图探察时隔200余年来华日僧眼中中国社会的变化。此外,王曼琳的《重源入宋与日本中世的"劝进"活动》(浙江工商大学日语语言文学专业硕士学位论文,2013年),聚焦于日僧重源在宋日之间的活动事迹展开了考察。

朱莉丽论文指出,日本室町时代入明禅僧和海商是当时中日两国之间重要的信息传递载体,文章通过对来华日本禅僧日记的解读,深入考察了来华日人了解中国信息的渠道,进而分析了这些信息在日本的传播路径及其在二次传播过程中发生的扭曲与讹变。

钱明的《日本发现监国鲁王与朱舜水敕书真迹的史料价值及现实意义》(宁波大学浙东文化与海外华人研究院等编《多维视野下的浙东文化学术研讨会论文集》,2013年)一文,对2013年9月"德川博物馆儒学关系史料调查团"在日本德川博物馆发现的南明监国鲁王写给朱舜水的敕书真迹做了详细介绍。这份敕书真迹是研究监国鲁王朱以海与朱舜水之间关系的珍贵史料,此外,钱文有关这份敕书在德川幕府留存由绪的论述亦值得关注。以朱舜水为主题的文章,还包括蒋艳君的《朱舜水对中日文化交流的历史贡献》(《兰台世界》2013年第21期),蒋文强调了朱舜水在明朝实践理学东传和日本水户学形成过程中所发挥的重要作用。

由人员交往而形成的中日之间的相互认知是值得关注的课题。马先红的《薛俊的日本观》(宁波文化研究会等编《第七届浙东文化论坛论文集》,2013年),分析了薛俊撰《日本考略》一书中反映的明晚期浙江士人对于日本人及日本社会的认识。马先红认为,《日本考略》中有关日本的信息主要源自活动于中国沿海的日本水手、商人以及海寇,故而具有相当的局限性,但薛俊的日本认识涉及日本人文、风俗、政治等方面,其深度和广度大大超过以往。李无未、于冬梅的《〈清客新话〉:日本对马藩尉探问清初"新知"——福建"漂海唐船"日记的意义》[《厦门大学学报》(哲学社会科学版)2013年第1期],通过解读《清客新话》中的相关史料,揭示了江户日本地方上层人士对于中国信息的关心与搜集。《清客新话》是清代福建漂流船在日本对马藩留下的活动和言谈记录,其中包含了中国船主与日人之间的"问答"记录。"问答"内容涉及清前期法律、财务、地理、人物、茶文化以及官话词语等方方面面,是研究清代中日两国间相互认知的重要史料。日本现存"漂流唐船"资料大多包含了中国船主与日方藩吏的对谈记录，今后应当加强对这批资料进行整理、解读和比较。

相关文献整理方面，朴元熇的《崔溥漂海录校注》2013年由上海书店出版社出版。《漂海录》是朝鲜文臣崔溥撰写的明代中国见闻录。1488年，崔溥搭乘的船只在朝鲜近海遭遇风暴，漂流至浙江台州登岸，然后行经宁波、绍兴、杭州，再沿着京杭大运河到达北京。《漂海录》记录了崔溥在浙东地方、运河沿岸的耳闻目睹和亲身体验，其中不少内容是对明代中国世态、人情和风俗的描画，也包含着崔溥零距离接触中国社会的感触。《崔溥漂海录校注》的出版，有利于学界从各个角度深入发掘这部文献中有价值的史料。

从上文介绍可以看出，近年在海上丝绸之路东海航线的研究方面呈现出两个趋势更为明显：一是我国学界对于日韩文献史料解读力度的增强和域外文物资料考察范围的扩大，以上列举的不少论文都是以域外文献和海外文物遗存为研究资源而取得的成果；二是拥有优秀外语能力的青年学人，开始在本领域的学术格局中显示出越来越强的存在感，而且随着博士、硕士研究生人数的增多，青年研究群体的力量也在不断增大。这批青年研究者思维活跃、问题意识强、关注面广，为东亚海上丝绸之路研究带来了莫大的活力。

考察以上列举的论文和著作所覆盖的研究范围，我们可以清楚地认识到，国内有关海上丝绸之路东海航线的研究成果仍然集中于本土段的探讨，论述日本和韩国古代海交航路、涉外港口的成果数量不足，而思考日韩之间航海往来的著述也相当匮乏。由于受到研究条件制约，这种状况或许在最近数年之内很难改变，但是，我们仍然期待这方面成果能够循序渐进地逐年得到积累。

（本章作者刘恒武，宁波大学人文与传媒学院教授）

第三章 海上丝绸之路南海航线研究

本章所说的海上丝绸之路南海航线,指的是 1840 年前中国通向东南亚及印度洋地区的海上航线,包括东南亚、西亚及非洲东部沿海。2013 年,学术界关于海上丝绸之路南海航线的进行了多角度的深入研究,并且取得了可喜的成果。纵观这些研究成果,大致有如下特点:(1)涉及领域广泛。这些研究涉及综合研究、政治交往、经济往来、文化交流、郑和研究、沉船研究、考古研究,等等。(2)分布不均。在这些研究中,文化交往、沉船研究和郑和研究等比较突出,论文数量较多,其他领域则相对较少。(3)叙述和考证研究较多,深入剖析较少。

下面我们具体介绍这一年的研究情况。

一、文化和艺术交流研究

在这一领域的研究成果还是比较多的,我们可以将其分为两部分进行叙述:一部分为器物文化交流研究;另一部分为宗教民俗文化交流研究。

（一）器物文化交流研究

器物交流研究,一直是学界关注的热点。其中器物的主要代表为陶瓷、茶叶和农作物等。

2013 年在器物交流研究中有代表性的著作是余太山、李锦绣所编的《丝瓷之路——古代中外关系史研究Ⅲ》(商务印书馆 2013 版)。这一系列编著主要是通过相关地区史的研究,开拓古代中外关系史研究的新局面。其中主要收录海内外中外关系史研究的新成果,集中展示近一两年内海内外中外关系史研究的最新进展。本期收录论文 11 篇,其中“内陆欧亚史”5 篇,分别为关于摩尼教四天王考、福建霞浦文书研究蒙古草原传统之移入及其转型、洪武本《华夷译语》鞑靼来文注释(上)等;“地中海和中国关系史” 4 篇,分别为埃及文明的起源——前王朝时期的埃及、An Asisan Commercial Ecumene，900—1300 CE、海交史视野下的元代青花瓷输出方式与性质、"Hand and Feet of Us All"：Chinese and Mixed Parentage Jesuits from the China Mission(1589—1689)；"环太平洋史"1篇，Family Business and Chinese Immigrant Entrepreneurs of the Western Pacific：A Historical Perspective；"20世纪内陆欧亚历史文化研究论文选粹"1篇。其研究时间范围从东汉一直延续到中国古代史的终结明清时期，探讨内容涉及中外关系史研究中众多历史问题。

2013年在这些方面还出现了一批文章。如林清哲的《明末清初福建陶瓷文化在东南亚的传播及影响——以漳州窑系为中心》(《南方文物》2013年第3期)，他对东南亚与我国的古代陶瓷交流进行了详细梳理。他指出，早在新石器时代中国很可能与东南亚就有了陶瓷交流往来，并一直延续到明清。然后又对福建与东南亚的陶瓷交流研究进行了追溯，最早可以追溯到韩槐准对南洋发现的中国古外销瓷的研究以及陈万里、冯先铭等对闽南古代窑址的调查。还有三上次男对中国陶瓷在菲律宾、婆罗洲、苏拉威西、爪哇、苏门答腊等东南亚地区的研究，其中就包含不少福建窑口产品。朱光焯则介绍过中国古瓷在印度尼西亚的发现情况及其对印度尼西亚产生的重大影响。青柳洋子、叶文程等对中国与东南亚的陶瓷贸易研究贡献较大。不过，以往这些关于古代福建陶瓷的外销研究主要集中在对晚唐—宋元时期德化窑、建窑、磁灶窑以及明代德化白瓷、清代德化青花瓷的外销探讨上。漳州窑的发现则将学界的研究视野延伸到了明末清初这一历史时期。林清哲此文则是填补了这一空白。此外，其《土与火的艺术——宋元磁灶窑陶瓷精品赏析》(《东方收藏》2013年第11期)对宋元时期泉州古外销瓷磁灶窑进行了考察，此陶瓷产品远销日本、东南亚各国，已列入"海上丝绸之路东端——泉州"申报世界文化遗产的备考名单。

万明《海上寻踪：明代青花瓷的崛起与西传》，(《国家航海》2013年第1期)则对明代青花瓷的西传进行了详细梳理。他指出，明代青花瓷的崛起，经历了一个从"俗甚"到风靡社会的过程。青花瓷在当时人眼里并非上品，也不可能流行于世。但其成为珍品流传，在一定程度上与海外的需求有联系。而这一连接纽带就是郑和航海。郑和持续了28年的航海活动为青花瓷的宣传和传播居功至伟。他到达的国家和地区多达30多个，多分布在东南亚、南亚、西亚等地区。所到之处瓷器的交易频繁。马欢的《赢涯胜览》中记载，爪哇"国人最喜中国青花磁器"，并记录了与爪哇国、占城国、锡兰国、祖法儿国和天方国等五国的瓷器交易。费信的《星搓胜览》中记载有瓷器交易的共28处，这说明郑和下西洋时代有着非常广泛的青花瓷流通和交易范围。郑和七下西洋，经过亚、非大约 30 个国家和地区，这些地方多有瓷器遗存出土，现今在非洲的肯尼亚有永乐通宝和瓷器的新发现，再一次论证了郑和贸易的广泛和瓷器之流行。

万礼杰《国际经济文化交流中的中国古陶瓷研究》，(《科技广场》2013 年第 4 期)对中国陶瓷历史和文化影响进行了梳理，认为"丝绸之路"和"陶瓷之路"将中国陶瓷不断行销全球，对世界文化的发展起着积极促进作用。远销到世界各地的中国瓷器直接影响着世界各国的瓷器风格，进而影响着世界经济文化，同时也反作用于中国自身的经济与文化。

关于茶文化的研究，刘礼堂、宋时磊的《唐代茶叶及茶文化域外传播考》[《武汉大学学报(人文科学版)2013 年第 3 期]对唐代中国茶向域外广泛传播并逐渐被周边国家接受的历程进行了考察。他们认为，唐代茶叶及茶文化对外传播主要有西线、南线、东线等三条线路，其中东线向朝鲜半岛和日本的传播最为广泛而深入。唐代茶叶及茶文化域外传播具有侧重于文化的沟通与交流、注重精神和审美的感受、从文化高地流向文化洼地、僧侣是传播媒介主体力量等特点。

吉峰《论中国茶文化传播的方式与渠道》，(《莆田学院学报》2013 第 3 期)重点从传播方式、传播渠道两个层面剖析茶文化传播现象。认为茶文化传播主要有人际、经贸与组织交流及大众三种传播方式，而儒道释及文学作品则是茶文化传播的主要渠道。

陈伟权《宁波海上茶路——吴越文化史上的闪光篇章》，(《文化交流》2013 年第 7 期)则对宁波茶文化的交流进行了介绍。他认为宁波为海上茶路启航地，宁波茶文化在东南亚的传播和影响不能忽视。他还建议深入探索海上茶路，赞同"甬为茶港"之称号。

（二）宗教、艺术、风俗和医药等文化交流研究

这一方面的研究成果较多，在著作方面，王赓武的《华人与中国——王赓武自选集》(上海人民出版社 2013 年版)具有代表性。这部著作是王赓武教授的自选集，其内容以华人移民问题为中心，分为"中国：文明与民族"、"中国与外部世界"、"移民地位"三个专题，共 16 篇文章，还附加对王赓武教授的访谈。该书汇集了作者几十年来的研究精华。该书既有宏观的分析，也有具体个案解读；既有纵向的联系和比较，又有横向的挖掘和开拓。表面上看，这是一部关于中国华人的著述，其实作者有更深远之用心，即通过华人这一视角，展示中国历史和精神的特点及其未来的命运与走向。如其第一部分描写的"中国之好古"、"中国历史上的权力、权利和义务"、"中国文明与文化传播"、"文明、皇朝与民族国家：中国的转型"、"国

旗、火焰和灰烬：散居族裔文化"等章节，就旨在揭示中国历史和中华民族的文明特征以及在此背景下产生的移民文化。第二部分则重在展示中国传统的天道统治秩序观念及其对世界的看法，如"小帝国的辞令：宋代与其邻国的早期关系"、"冯道——论儒学的忠君思想"、"永乐年间（1403—1424）中国的海上世界"等章节，而这些观念也决定了移民的精神状态。第三部分才着重剖析海外移民的生活环境、生活形态、经济贡献、社会地位和身份认同，如"移民及其敌人"、"中国移民形态的若干历史分析"、"移民地位的提升：既不是华侨，也不是华人"、"海外华人贡献以经济为首"、"东南亚华人的身份认同之研究"等章节。此外作者还强调了海外华人对中国所做的贡献，如"东南亚华人与中国发展"、"中国情结：华化、同化与异化"等。总之，这是一部不可多得之佳作。

陈明的《中古医疗与外来文化》（北京大学出版社 2013 年版）从文化交流史的角度入手，将具体的医疗活动放到广阔的中外文化背景中考察，利用古希腊、罗马、波斯、阿拉伯、印度的医学典籍或宗教文献中的相关记载，追溯隋唐医籍中的外来理论、药物用法以及胡方的本来面貌，乃至宗教观念在医疗活动中的具体体现。如对"一大不调"和"一脉不调"外来医学理论探寻、对中国与印度"转女为男"妊娠学说关联的考察、对中古"医王"概念的来源与扩散的梳理；对入华胡人、胡僧医疗、胡方传播、在华胡医的医事活动与社会角色的考察；对外来药物和疗法与中国经典古方的关系探究（如《千金翼方》、《外台秘要方》、《千金要方》等）；对道教和佛教医学和外来医学的关联考察等。同时，以"从希腊到长安"的丝绸之路为背景，考察了外来医学在丝绸之路上的流传状况，探源循流，条分理析。不仅还原了医药文化交流的宏观图景，还加深了对隋唐社会生活史的认识，从而揭示本土对外来文化的曲折改造进程，综合展现了隋唐医疗的复杂面貌，深化了中外医学文化交流史的研究。在研究方法上，本书将域外典籍、出土文献与中国传世史料相互比勘，突破以往医疗史、宗教史、社会史与文化交流史的研究衔接不够紧密的现象，使之成为多层次的整体考察，体现了作者跨学科研究的良好意识和深厚功力。不愧为中外医药文化交流的力作。

刘志强的《中越文化交流史论》（商务印书馆 2013 年版）也具代表性，其著也是一部多年来发表文章的合集。他从整体上探讨了中越间的文化交流。全书共收录 16 篇文章，是以中越文化交流为主要内容，同时包含有中国与东南亚的文化交流以及占婆研究的心得。在其中，作者探讨的视野非常广泛，研究内容包括科举与爱州进士姜公辅、历史上广西钦州、廉州与越南北部的文化往来、明代的交阯进士、明代广东与云南人仕交阯录、中越书法文化交流、中国"四大发明"与"四大名著"之传越南、明末清初小说《金云翘传》与越南阮攸《金云翘传》、越南古典文学名著——《宫怨吟曲》、越南古典文学名著——《征妇吟》、《花笺记》在越南的改写本——《花笺传》、越南阮朝科举制度及其特色文化、中国与占城文化交流拾遗、占人迁移中国史略、明代《占城译语》新版本的发现——兼谈占婆与马来世界的历史关系等。从中可以看出,作者的文学功底深厚,其对中越文学的交流有独到的研究和剖析。

黄伟宗总编、司徒尚纪著的《中国南海海洋文化史》(广东经济出版社 2013 年版)全面研究了南海的海洋文化历史。其著作先阐释了海洋文化的基本理论,如海洋文化概念、海洋文化内涵和海洋文化特质等。接着阐明中国南海海洋文化形成发展的自然和人文地理背景,继而将南海海洋文化划分为史前、先秦、秦汉到南北朝、隋唐南汉、宋元、明、清前期、近代和现代 9 个历史时期,从历史进程中论述中国南海海洋文化发展在各阶段性质、特点和规律。内含与其相应的海洋农业、海洋商业、海洋制度和海洋观念等文化内容,展现它们发展的基本线索、波澜起伏过程、重要涉海事件和人物,并提供整个发展过程的一系列历史剖面,总结了中国人民认识、开发利用、管理中国南海海洋资源和捍卫这片海洋国土的种种努力和斗争,获取了宝贵的经验和启示,鲜明地展现出中国南海海洋文化与中国大陆文化不可分割血肉关系。

此外还有文献研究方面的著述,如余太山的《早期丝绸之路文献研究》(商务印书馆 2013 版),作者采用文献比较研究的方法,将东西方原始文献放在一起进行研究,解决这些文献本身存在的问题的同时,也可以解决丝绸之路走向等一些悬而未决的问题。其研究的内容主要有:《穆天子传》所见东西交通路线;关于法显的入竺求法路线;宋云、惠生西使的若干问题——兼说那连提黎耶舍、阇那崛多和达摩笈多的来华路线;宋云行纪要注;裴矩《西域图记》所见敦煌至西海的"三道";两汉魏晋南北朝正史关于东西陆上交通路线的记载;《水经注》卷二(河水)所见西域水道考释;希罗多德《历史》关于草原之路的记载;伊西多尔《帕提亚驿程志》译介;托勒密《地理志》所见丝绸之路的记载等。

还要提及的是,朱建君、修斌编著的《中国海洋文化史长编(魏晋南北朝隋唐卷)》(中国海洋大学出版社 2013 年版),结合"先秦秦汉卷"、"宋元卷"、"明清卷"和"近代卷"这一系列的海洋文化长编,已经出齐。这一长编是以中国海洋文化史为体例框架,广泛搜集汇总、梳理辑纳学术界有关中国海洋文化的研究成果,编纂集成的一部较为完整系统的中国海洋文化史长编。它系统阐述了中国海洋文化发展史的精神文化、制度文化、经济文化、社会文化及其海外影响与中外文化海上传播等内容,既展示了中国海洋文化发展历史极其丰富多彩的面貌,又展示了我国学界不同学科、视角的已有相关研究积累,是学界和社会各界了解和进一步深化研究中国海洋文化的工具书。

在论文方面,也出现了不少成果。姜波的《从泉州到锡兰山:明代中国与斯里兰卡的交往》(《学术月刊》2013年第7期)对泉州和斯里兰卡的交往进行了梳理和剖析。1911年在斯里兰卡南部的加勒港发现了永乐七年"郑和布施锡兰山佛寺碑",此碑用三种文字记述了郑和向佛世尊、毗湿奴和真主阿拉贡献布施的史实。与此相呼应的是,20世纪90年代以来,在中国福建泉州发现了钦赐"世"姓的锡兰国后裔的祖茔与墓碑,这些考古发现引起了学术界的注意。这些碑文反映了古代中国人、印度人、波斯人在海上丝绸之路上的历史活动,同时也反映出,海上丝绸之路不仅仅是商贸之路,同时也是宗教文化交流之路。此外,元、明时期中国与斯里兰卡海上交流的史实也有助于理解古代海上丝绸之路上的各族群的生活、语言与宗教背景。

佟健华的《元中都遗址出土阿拉伯幻方之研究》(《中国国家博物馆馆刊》2013年第3期)根据元中都遗址发现的阿拉伯幻方,探讨了中都的营建主持者以及该幻方埋设于一号大殿的原因,进而揭示阿拉伯古数码字形在中国的演变历程,并从考古学和数学的视角,对元安西王府、元中都出土六阶幻方与明陆氏墓出土四阶幻方进行比对,说明中国与阿拉伯文化交流的深入发展。

贺云翱、翟忠华、夏根林、冈村秀典、广川守、向井佑介等的《三至六世纪东西文化交流的见证:南朝铜器的科技考古研究》(《南方文物》2013年第1期)考察了西亚地区的响铜技术何时传入中国及东亚列国的问题。经对江苏句容、江都及南京出土的南朝铜器作科技考古研究,他们发现最迟在南朝刘宋元嘉年间,来自西亚的新型的响铜技术已经在中国南北方地区立足,此后可能相继传入韩国(百济),并进而到达日本地区。过去,响铜及黄铜(鍮石)技术的考古学研究作为相对独立的领域在日本受到重视,但中国考古界则鲜有研究。新发现的这批南朝响铜器及黄铜制品对研究3—6世纪时期东西方不同国家和地区的响铜和黄铜(鍮石)工艺的传播乃至更广泛的文化交流有重要意义。

汪震的《从刘华墓出土蓝釉波斯陶瓶看海上丝绸之路的中外交流》(《福建文博》2013年第1期),以闽国刘华墓出土的波斯陶瓶为代表,探查波斯类型的陶瓶在其生产、演变、传入、融合等方面的情况,对丝绸之路中国固有的工艺技术、生活风俗、审美情趣等受外来因素的影响的文化现象做了个案分析。

王慧慧的《"海上丝绸之路漳州申遗点"研究》(《福建文博》2013年第2期)对

漳州的平和南胜窑窑址、华安东溪窑址、月港遗址进行了研究,揭示了大航海时代漳州以月港为中心,以陶瓷为主要输出品的海外贸易对世界的影响。

王平的《文化遗产:泉州回族历史与文化特性的记忆与表达》(《回族研究》2013年第1期)认为,泉州回族文化遗产是泉州回族在历史发展过程中,为适应其生存的自然地理环境和社会经济文化环境以及与闽南汉族的互动中不断再创造的结果。它是泉州回族起源、文化变迁与融合、社会适应与发展、族群认同变化与重构、民族文化心理形成、变化和延续的历史记忆,是泉州回族社会历史发展与文化特性的象征与表达。

类似的还有屠凤娥的《中阿跨文化非语言传播中环境语探究》(《回族研究》2013年第4期);丁清华的《明初行人杨载身世考辨》(《海交史研究》2013年第2期);吴梦洋、朱芝兰、马天行的《关于华南与东南亚民族考古的几个问题》(《南方文物》2013年第3期);何新华的《明清撒哈剌小考》(《海交史研究》2013年第2期);徐晓望、徐思远的《论明清闽粤海洋文化与台湾海洋经济的形成》[《福州大学学报》(哲学社会科学版)2013年第1期];吴锡民的《合浦大汉古港对外交往论》[《广西师范学院学报》(哲学社会科学版)2013年第3期];伍显军的《论温州在"海上丝绸之路"史上的重要地位》(《福建文博》2013年第2期);许家塈的《哪里是海上丝绸之路的始发港》(《沧桑》2013年第3期);李冀平的《一座闪烁东方海洋文明之光的城市——谈东亚文化之都泉州》(《政协天地》2013年第11期);陈梓生的《略谈刘华墓出土的孔雀蓝釉瓶》(《福建文博》2013年第3期);张振玉的《王审知与福州海上丝绸之路》(《福建文博》2013年第4期);骆文伟的《作为文化线路的"海上丝绸之路:泉州史迹"遗产保护研究》(《福建省社会主义学院学报》2013年第6期);王雪艳的《17世纪后通过海上丝绸之路西方文化对中国陶瓷艺术的影响》(《陶瓷学报》2013年第1期)。

还有一些文章从海洋学和边疆安全的角度进行了研究。王子今的《秦汉时期的海洋开发与早期海洋学》(《社会科学战线》2013年第7期)认为,秦统一的局面并不仅仅限于兼并六国。对岭南的征服,大大扩展了中原文化的辐射广度,所控制的海岸线也因此空前延长。秦汉时期"天下"与"海内"并说的语言习惯体现了政治文化意识中的海疆观。对海洋的关注,反映了当时社会海洋意识的觉醒。"楼船"军在战争中的作用,"海贼"的活跃,都反映了海上航行能力的进步。这一时期东洋和南洋航运的开发和繁荣,体现出汉文化面对海洋的进取精神。"海人之占"诸论著的问世以及有关海洋知识的积累和传播,可以看作早期海洋学的收获。所以,我们回顾中国海洋开发史和海洋学史,应当重视秦汉时期的突出进步。

王元林的《泛北"海上丝绸之路"与移民文化》[《广西师范大学学报》(哲学社会科学版)2013年第1期]对历史上的泛北"海上丝绸之路"进行了研究。近年来边疆学日渐受到学术界的重视,边疆的历史文化是边疆学研究的重要内容。中国南疆战略地位十分重要,且具有丰厚的历史文化积淀,这一领域的研究有一定的学术价值和现实意义。此文则是其中的一个代表。

黄伟宗的《珠江文化与海洋文化》(《岭南文史》2013年第2期)致力于研究珠江文化与中国南海以至与世界海洋文化的关系,因为海洋问题已成为当今世界的热点和焦点,越来越受到举世关注,尤其是中国南海主权及开发之争白热化,掀起了政治、经济、外交以至军事上的纷争波澜,从而也必然需要从史地和文化上对其来龙去脉有一个清晰的掌握。同王元林先生的边疆研究一样,其现实意义显而易见。

张伟疆的《海上丝绸之路在南海区域文化中的传播》(《青年文学家》2013年第19期)也对南海疆域问题进行了探讨,他认为,海上丝绸之路在唐代中期发展后成为沟通中国和西方主要的通道。促进了国与国之间的政治、经济、文化、科技、艺术等方面沟通,增进文化之间的相互交流。自秦汉以来海上丝绸之路的逐渐开放和面积的扩大,促进了管辖海域的海上活动,最终形成拥有传统文化的中国南海疆域。

还有一些音乐、艺术等方面的交流研究,如何新华的《唐代缅甸献乐研究》(《东南亚研究》2013年第3期)考察了唐代贞元年间缅甸向中国朝廷进献《骠国乐》的文化史事件。其认为,《骠国乐》传入中国在中外音乐交流史上占有重要地位。由于缅甸献乐有着复杂的政治背景,史料对缅甸献乐使团的成员身份以及乐器和乐曲名称和数目有不同的记载。文章对此进行了对比分析。马冬雅的《唐代胡乐与阿拉伯帝国音乐中的同源因素》(《回族研究》2013年第4期)也对胡乐与阿拉伯帝国音乐的渊源进行了考察。艾国培的《可喜的传承与发展——泉州水彩艺术浅析》(《美术大观》2013年第8期)对泉州水彩艺术的历史传承做了考擦,认为泉州作为古代"海上丝绸之路的起点,吸纳融会了古越文化、中原文化、海洋文化的精华,具开放性和包容性,对于形成民国时期的水彩艺术作出了贡献。

对于宗教和风俗文化的交流研究也有不少成果。周金琰的《妈祖对中国海洋文明的影响》(《国家航海》第五辑,上海古籍出版社2013年版)对妈祖信仰对海洋文明的贡献做了总结:妈祖信仰与历史上众多国家重大海事活动关系密切,如宋出使高丽之活动、元代漕运活动、明郑和下西洋等;妈祖是中国人开发南海的见证;妈祖对海洋文明的充实和开拓。黄韵诗的《广佛肇神诞庙会民俗考释——以南海神庙波罗诞、佛山北帝诞及悦城龙母诞为例》[《西南农业大学学报》(社会科学版)2013 年第 4 期]对广佛肇三地的代表性民俗活动进行了考察。三地代表性活动为广州南海神庙波罗诞、佛山"三月三"北帝诞以及肇庆悦城龙母诞庙会。三大神诞庙会均可视为海神崇拜的代表,而且都曾在不同的历史时期受到古代封建帝王的加封与谕祭。三者有着各自的特点:南海神庙是古代帝王在岭南地区祭海的肇始,与海上丝绸之路的开辟相互关联;佛山北帝诞则是地方民众对司水之神的祭拜,发展下来则更可被理解为祖先崇拜的原始信仰与百姓情结;悦城龙母诞是一种典型的随着西江流域移民迁徙而来的水上居民的信仰与民俗。广佛肇三地神诞庙会民俗,烙刻着显著的地域文化特色,在源远流长的历史长河中,至今仍保有其广泛的群众性、独特的文化性和专属的地域性,这对民族文化的未来发展无疑具有一定的启发和借鉴。高乔子的《南海神庙:广州海上丝绸之路的重要载体》(《广州航海高等专科学校学报》2013 年第 3 期)也对广州海上丝绸之路的重要遗迹南海神庙的波罗庙进行了考察。他考察了其中的外来因素,如其称谓之由来、南海神庙中供奉神祇之异邦身份、南海神庙的历次修缮由负责海外贸易的官员主事等。这些都说明其在中外交流史上的重要意义。吴妙英的《南海神庙具有怀柔远人的功能》(《广州航海学院学报》2013 年第 6 期)则对南海神庙的另一功能进行了探讨,即认为南海神庙是当时统治者怀柔远人的一个主要中介。宋宁而、杨丹丹的《我国沿海社会变迁与海神国家祭祀礼仪的演变》(《广东海洋大学学报》2013 年第 2 期)认为,中国的海神国家祭祀是随着我国沿海社会的变迁不断变化的。中国的国家祭祀有着悠远的历史,在其影响下的民间祭祀历史同样长久。海神国家祭祀的历史可分为三个阶段:在唐之前的海神祭祀主要是以海为神;唐之后的海神祭祀则以岳镇海渎中祀为主要形式;宋朝对民间信仰开放宽容,妈祖海神因其灵验不断被封赐,最终上升为国家信仰。在我国海神国家祭祀的历史变化中,可以明显看出国家海神祭祀的主体和对象以及等级的变化都与当时的海洋经济社会的发展,以及人们的涉海能力和技术的变化息息相关。

吴幼雄的《泉州伊斯兰教文化遗存及其现代价值》(《泉州师范学院学报》2013年第 3 期)则考察了阿拉伯伊斯兰教在泉州的遗址和遗物。自 12 世纪至 14 世纪的 300 年间,泉州与阿拉伯世界诸多国家有着密切经济文化交流。这些遗址和遗物证实该时期泉州海外贸易的繁荣,以及泉州与阿拉伯伊斯兰教的友好关系。泉州伊斯兰文化遗存为世界不同文明、不同宗教信仰观念的和谐共处与对话,提供了重要的历史借鉴鉴。原媛的《五代闽国佛教青铜器小考》(《福建文博》2013 年第 3 期)对五代十国之一的闽国佛教文化进行了探讨,主要描述了佛教文化盛行时制造的"铜鎏金狮钮熏炉"、"双龙钮青铜钟"、"吴越钱弘"铭铜塔等佛教文化遗产。通过对这些青铜器的分布、数量、造型、铭文的考证,初步对这一时期佛教文化在闽地的发展进行了研究。

此外,还有一些文章探讨了中外农作物的交流,如王兴华、许世霖的《小议海外农作物的传入及对我国社会生产的影响》(《吉林蔬菜》2013 年第 7 期)谈到,在我国的现有农作物中,至少有 50 多种来自海外。宋以前我国引入的农作物大多原产于亚洲西部,部分原产于地中海、非洲或印度,它们大多是通过陆上丝绸之路传入的。这些早期传入的农作物多为果树和蔬菜,鲜有粮食作物。中唐以后,随着国家经济中心的南移,海上丝绸之路迅速发展,不断有新的农作物引进,其中美洲作物的引进和推广则占据了相当大的比重。这些海外作物的传入,不仅增加了我国作物的种类,同时对我国的社会生产也产生了十分重要的影响。曾剑波的《丝绸之路长途跋涉的西瓜》(《北京农业》2013 年第 16 期)介绍了西瓜由"海上丝绸之路"传入中国的路线和过程等。

还有的文章对海洋文化研究进行了总结和梳理,如曲金良的《中国海洋文化研究的学术史回顾与思考》[《中国海洋大学学报》(社会科学版)2013 年第 4 期]认为,中国已将海洋强国、文化强国确立为国家发展战略,以因应全球性大国海洋竞争、文化软实力竞争发展的时代挑战。如何全面系统地认知中国的海洋文化,促进中国海洋文化的发展繁荣,已成为学界因应海洋强国、文化强国两大国家战略不可推卸的当代使命。中国学界对"海洋文化"的关注,滥觞于 20 世纪 80 年代末 90 年代初;"自觉"地将"海洋文化"纳入学界的学科视野并进行系统的研究阐述,始自 20 世纪 90 年代末,自此改变了中国海洋文化相关研究、认知分散于各相关学科之中的"学术无意识"状态,并渐次成为学界和社会各界关注的热点,这为学界因应海洋、文化两大强国战略奠定了初步的基础。然而对"中国海洋文化"的系统研究认知,尚受到西方理念与价值观、西方理论与话语体系的困扰,严重影响、滞碍了对中国海洋文化历史的认知评价,也严重影响、扭曲了对中国海洋文化当代发展在目的指向、目标定位及其战略路径上的正确抉择。因此,自觉地系统建构中国海洋文化的理论体系,从而自尊地认同中国海洋文化真真切切的历史辉煌,自信地开创中国海洋文化不仅惠及中国、而且惠及世界的发展道路,是中国海洋文化研究学界最为迫切、也最为关键的任务。鉴于此,作者指出了中国海洋文化面临的九大困境:(1)关于海洋文化的基本观念;(2)关于西方海洋文化;(3)关于中国海洋文化;(4)关于中国海洋文化的内涵和外延;(5)关于中国海洋文化与大陆文化或曰农耕文化的概念分野;(6)关于中国海洋文化发展历史的基本认识;

(7)关于中国历史上明清时期的海禁问题,更是一直被不少人诟病;(8)关于中国历史上是不是不重商、不重海(海外贸易)？历史上"应该"如何做？(9)只强调海洋文化中航海文化的海外贸易文化功能,存在很大的片面性等。对此,作者提出,未来海洋文化研究所应指向和实现的目标是:第一,为中国海洋文化正名;第二,为中国海洋文化定位;第三,为中国海洋文化立传;第四,为中国海洋文化的发展立论。

杨富学、史亚军的《摩尼教与宋元东南沿海农民起义——研究述评与展望》(《宗教学研究》2013年第2期)认为,摩尼教自会昌灭法遭到禁止以后,南潜闽浙,逐渐演变为民间宗教,并与农民起义相结合,成为宋元时代影响东南沿海局势的一股重要势力,对中国历史产生了既深且巨的影响。百余年来,学术界对宋元时代东南沿海摩尼教与农民起义的关系问题研究不辍,成果颇丰。新资料不断得到挖掘整理,学术界提出了许多有价值的观点,并展开深入的讨论,见仁见智,使宋元摩尼教的研究逐步得到深化。但囿于资料的支离破碎甚至自相矛盾,宋元时代摩尼教的走向和与农民起义的关系问题依然存在着许多模糊不清的问题,值得深入探讨。而自2008年10月以来,福建霞浦一带发现了大批的摩尼教文献,可极大填补宋元明清乃至民国及当今摩尼教研究史料的不足,或可为这一研究提供关键锁钥。

二、海上交通和海外贸易交流研究

这一领域的研究也是学界重点,但在2013年文章相对其他领域较少,精品也不多。下面我们分别来介绍。

(一)海上交通研究

汪义正的《遣唐船航路的探讨》(《国家航海》2013年第1期)对遣唐使航路进行了新的探讨,对日本学者的说法进行了辩驳。日本学者主张的遣唐船航路有二:一为南岛路。从九州南下到琉球群岛那霸一带后,直接逆溯黑潮主流横渡东海,抵达长江口。一为南路。从五岛列岛直接逆溯黑潮支流,横渡黄海抵达长江口。文章认为,这个学说违背了古代航海的自然规律,不符合当时的航海条件。而明代史籍《筹海图编》记载着两条"历代以来及本朝国初中国使臣入番之故道":一为太仓使往日本针路;一为福建使往日本针路。前者从浙江出东海后,沿黑潮支流直航日本;后者从福州沿黑潮主流,经琉球群岛那霸后再前往日本。根据古代航海条件,可推断前者为宋代以后的航路,而后者为宋代以前的航路。因此可推论：从福州经琉球那霸再前往日本的针路，才是遣唐船的可信航路。

刘永连的《"东南丝绸之路"刍议——谈从江浙至广州的丝绸外销干线及其网络》（《海交史研究》2013 年第 1 期）通过考述东南丝绸之路线路里程，阐释其重要的历史地位。该文认为，在我国东南部地区，以内河水运为基础，以江浙至鄱阳湖三条水路和溯赣江过大庾岭至广州通道为干线，配合以长江、珠江、浙江乃至淮河、黄河等水系诸多航运支线，构成了丝绸等货物向东南海路对外贸易的交通网络。它沟通着以江浙等丝绸产区为重心的内陆广阔腹地和广州等东南沿海港口，与海上交通紧密相连，属整个丝路网络的重要组成部分，是我国物产南运外销的主要通道。

董欣欣、张靖雷的《浅析秦代海上交通》（《湖北函授大学学报》2013 年第 7 期）认为，秦始皇非常重视沿海地区，在北方，秦代开启了我国海上漕运的历史；在南方，秦始皇则是不遗余力地控制南方沿海地区以便向海外发展。其对沿海港口和海外交通的发展，向沿海地区移民的行为，不仅促进了我国沿海地区的开发，还促进了我国造船和航海业的发展，为"海上丝绸之路"的开辟奠定了坚实的基础。

（二）经济交流研究

关于经济交流的论文相对来说较多，质量也较好。目前，与区域经济的交流成为保持经济增长的一个重要托破口，其重要性日益突出。在党的十八大以后，政府提出了建设"丝绸之路经济带"和 21 世纪"海上丝绸之路"的口号，并将其作为全面提升开放型经济水平的另一个战略举措。在相关活动和文件中对此有明确指示，如 2013 年 9 月，习近平在访问哈萨克斯坦时，提出与中亚国家共同建设"丝绸之路经济带"的战略构想；10 月，他在访问印度尼西亚时，又提出与东盟国家共同建设 21 世纪"海上丝绸之路"的战略构想。这两个战略构想交相辉映，一个着眼于大陆，一个着眼于海洋，一个着眼于欧亚，一个着眼于东南亚，都以周边国家为基础，同时对其他国家和地区开放，都贯穿平等协商、友好交流的精神，提出之后都在国际国内引起强烈反响。发展合作的重要基础，是基础设施的互联互通。《中共中央关于全面深化改革若干重大问题的决定》提出："加快同周边国家和区域基础设施互联互通建设，推进丝绸之路经济带、海上丝绸之路建设。"2013 年年底的中央经济工作会议强调："推进丝绸之路经济带建设，抓紧制定战略规划，加强基础设施互联互通建设。建设 21 世纪海上丝绸之路，加强海上通道互联互通建设，拉紧相互利益纽带。"可以预见，在两大战略构想指引下，中国的对外开放和交流合作必将进一步地得到扩大,必将进一步促进共同发展,造福各国人民。①

这对于历史上的海上丝绸之路研究来说是一个莫大的鼓励,如此,历史上的区域经济交流就成为连接新世纪经济交流的重要纽带和借鉴。

在经济交流研究中,有些文章讨论了古代陶瓷的外销问题。秦大树的《中国古代陶瓷外销的第一个高峰——9—10 世纪陶瓷外销的规模和特点》(《故宫博物院院刊》2013 年第 5 期)认为,9—10 世纪时期中国海上的对外交往频繁,其中瓷器对外输出的范围、规模以及器物的种类、质量等方面发展迅速,达到中国瓷器外销的第一个高峰。中外遗址出土和沉船出水了大量中国瓷器,以此为基础并结合文献考证,可系统勾勒出晚唐时期中国瓷器外销的范围、规模、产品结构和在输出地的使用功能。同时,以陶瓷输出为标志,可进一步探析这一时期以室利佛逝为中心的接力式海上对外贸易模式。刘净贤的《福建仿龙泉青瓷及其外销状况初探》(《故宫博物院院刊》2013 年第 5 期)概括了福建仿龙泉青瓷在世界各地区及沉船遗迹中的出土(水)状况,而且透过与其模仿对象的比对,揭示了二者分布的不均衡性:福建仿龙泉青瓷在东亚、东南亚市场较多,而在西亚、东非等贸易远端,龙泉青瓷则占有压倒性优势。唐代至清代,福建地区生产了不计其数的外销瓷。福建青瓷的输出状况验证了"根据产品质量选择输出地点"的贸易模式。吴艺娟的《简论德化青花瓷的装饰手法及外销问题——以馆藏"泰兴号沉船"青花瓷器为例》(《四川文物》2013 年第 2 期)以"泰兴号沉船"出水的青花瓷器为例,结合 2008—2009 年全国第三次文物普查采集清德化窑古窑址青花瓷标本,进行了综合分析研究,就德化窑青花瓷的装饰手法如植物纹饰、动物纹饰、人物纹饰、文字装饰、辅助纹饰以及德化青花瓷外销等问题作了简略探讨。文章认为,清初是德化青花瓷器的初创时期,康雍乾三代步入鼎盛阶段。在发展过程中,德化青花瓷不仅受到景德镇青花瓷的影响,又具有自己的个性化特征。

有的文章谈到了区域经济的交流和互动,如王日根的《明清福建与江浙沪的海上商品贸易互动》(《国家航海》2013 年第 2 期)认为,明清的福建海商在海禁政策面前选择了向北部沿海拓展的路径。江浙沪是当时手工业较为发达的地区,棉纺织、丝织业等均较发达,福建则是亚热带水果大量出产的地区,福建需要江浙沪的产品,江浙沪也需要福建和福建商人采购来的产品,双方通过海上商业交流达

① 戚义明:《十八大以来习近平关于经济工作重要论述》,新华网 2014-02-22,http://news.sina.com.cn/c/2014-02-22/121929538002.shtml。

到了各自的目的。这表明海上商业交流已成为明清地区间物资调剂余缺的重要途径。在对福建和浙江的商品贸易路线和活动进行探讨过程中,他分析了明清政策对双方海上贸易的影响。最后他总结了这一区域海上贸易的价值和意义:使双方经济得到互补;双方商人在对方市场上的活动和贡献;这一区域贸易的延伸影响等。李大伟的《公元11—13世纪印度洋贸易体系初探》(《历史教学》2013年第2期)探讨了印度洋的经济地理区域与贸易季风(有利于成为贸易枢纽地区)、港口状态(一种是位于经济区域沿海地带,主要承担着地区物资贸易的港口;另外一种是处于东南亚和印度沿岸地区的港口)、贸易方式(分两类:从中国东南沿海到波斯湾、红海和东非的跨越印度洋东西两端的长途贸易;局部贸易,即东、西印度洋两个不同的贸易网络)和贸易路线、印度洋与地中海的贸易联系等问题,分析说明了印度洋贸易体系的存在以及欧亚大陆各地在其中所扮演的角色。这说明,在近代西方主导的世界贸易体系形成以前,印度洋联系着旧大陆各地的海上贸易。公元11世纪之后,迅速崛起的中国海上贸易和穆斯林商人的扩张加速了印度洋贸易的发展。印度洋各地的物资在这个复杂的贸易体系中流通,并被转口到欧洲,促进了欧洲经济的复兴。

有些文章讨论了丝织品的贸易,如张振玉的《海上丝绸之路与福州丝织品贸易》(《福建文博》2013年第1期)主要从近20多年来福州地区考古发掘出土的宋、明墓葬丝织品的实物资料入手,结合福州港古代的航线,以及郑和七下西洋屡次在福州太平港驻泊候风、扬帆出洋等史实,论证福州是中国古代丝织品生产的重要基地之一。福州丝织品通过中国"海上丝绸之路"漂洋过海、跨越海洋、输往世界各地,从而使福州成为中国走向世界的桥梁纽带,福州港也是中国"海上丝绸之路"丝织品对外,贸易的重要港口。

还有些文章探讨了港口贸易问题,如郑云的《明代漳州月港对外贸易考略》(《福建文博》2013年第2期)认为,明代中期,明王朝政府推行海禁政策,东南沿海地区的福州、泉州、广州等对外通商港口被关闭。为冲破官府限制,继续开展海外贸易,民间海商探得海澄月港优越地理条件,四方汇聚而来,从而使月港逐渐发展成为当时东南沿海对外贸易中心和"闽南大都会"、"天子南库",开创了我国民间海外贸易的先河,首次把中国贸易扩张到印度洋、太平洋的国家与地区,主导了东南亚的贸易市场。在中国"海上丝绸之路"的链条中,无论从时间、空间上来看,漳州月港都是不可或缺的重要一环。

曹世霞的《宋朝泉州港崛起的原因探究》(《学理论》2013年第12期)考察了宋朝泉州港崛起的原因:首先,它具有优越的港口地理条件以及唐末五代以来的港口历史基础。东晋至南宋这段相当长的时间里,泉州几乎没有遭受大规模的战争破坏,在相对安定和平的环境里得到了显著的发展。其次,宋代东南地区的经济发展为泉州港兴起提供了丰厚的物质基础,大量外国商人的涌入促进了海上贸易大发展,这是它崛起的外部条件。再次,随着国内经济的发展和国际贸易的繁盛,它们都对港口位置提供了不同的要求,而泉州港恰好处于南宋海岸线的中点,处于二者矛盾的平衡点上,因此,它兼起了广州和明州的作用,迅速地跃到海港的最前列。最后,南宋统治阶级积极地发展海外贸易,实行了许多行之有效的政策,对泉州港进行苦心经营,这对泉州港的兴起提供了直接的推动作用。正是由于这些因素,泉州港于两宋时期兴起发展并且不断繁荣,一跃成为驰名中外的世界大港,促进了中外的经济文化交流,成为中外贸易交通史上的一朵奇葩。

田若虹的《江门海上丝绸之路与商泊贸易》[《五邑大学学报》(社会科学版)2013年第5期]认为,江门海洋文化历史悠久。其中,台山是海上丝绸之路的重要驿站,江门埠是海上商贸的重要集散地,同时江门五邑民众乘桴海外经商的历史也很悠久。江门的海洋文化资源对于江门当下海洋经济的发展和广东海洋文化研究的丰富性和完整性作出了贡献。付君的《清代鸦片战争前宁波港对外贸易述评》(《黑龙江史志》2013年第23期)对古代宁波港的海外贸易进行了评述。

还有的文章对中阿贸易进行了探讨,如吕变庭、刘坤新的《略论阿拉伯贸易对南宋经济和政治的影响》(《青海民族研究》2013年第2期)研究认为,宋元之际阿拉伯贸易对于南宋政权的兴亡具有加速或延缓作用:一方面阿拉伯贸易为南宋中央和地方两级政府提供巨额海关税收;另一方面以蒲寿庚为首的阿拉伯商人集团与福建左翼军形成了一种对蒙元和南宋政治走向产生重要影响的地方势力。在南宋与蒙元交战的最后时期,蒲寿庚叛宋投元加速了南宋的灭亡。因此,对蒲寿庚的功与过评价上,该文也提出自己意见,认为蒲寿庚叛宋的直接原因则是张世杰劫掠蒲氏的船舶和家赀;间接原因是陈宜中等滥杀无辜,造成了福建左翼军与朝廷的相互不信任。宋佳柏的《宋代中阿海上贸易繁荣原因探析》(《黑龙江科技信息》2013年第1期)认为,中国与阿拉伯地区间的海上贸易初兴于唐,在宋朝得到了极大的发展,并最终取代了陆上丝绸之路成为两地经济交往的主要途径。这其中除了得益于两地区人民所付出的不懈努力,还包括政治(宋朝政府的政策倾斜:贡赐贸易;保证蕃商在华利益;市舶制度的完善)、经济(经济的高速发展及经济重心的南移)、科学技术(造船业和航海技术的发展)等多方面的原因。这些原因的探究,不仅对中阿古代关系史的研究具有重要意义,对当下乃至将来中阿贸易的发展、友好交往的延续也具有重要的指导意义。

一些文章探讨了白银的问题,如高炳文的《漳州市发现的"番银"考析》(《福建文博》2013 年第 1 期)认为,16 世纪以后,随着漳州月港成为国际贸易港口,大量的海外货币源源不断地流入闽南地区。这些货币主要来自我国东南亚周边国家、拉美地区和欧洲殖民大国共 30 多个国家和地区,币种达数百种之多。该文主要考察了漳州地区出土的西班牙及其所属殖民地银币("块币"、"十字钱"、西属美洲"双柱双地球"银币、国王头像双柱币)和荷兰及其所属殖民地银币("马剑"银元、帆船币、东印度公司货币、其他形制荷兰币)。有些银币种类较为罕见,为研究世界货币史提供了新的资料。通过这批银币的研究,对了解明清时期漳州月港的海外贸易及海上丝绸之路文化都有重大的意义。陈延轩的《浅析明朝私人海上贸易与白银货币化之关系》(《福建省社会主义学院学报》2013 年第 3 期)认为,明朝是中国历史上的重要发展阶段,在这个时期,中国社会面临着巨大的发展变迁。在明初,白银并不是合法的流通货币,但由于明朝社会内部的变动,特别是明朝在对外贸易中长期保持顺差,在明朝中后期通过私人海上贸易使大量的白银流入中国,为白银的大量流通奠定了基础。白银货币化在长期的历史进程中自下而上再自上而下逐渐完成,而明朝的白银货币化猛烈刺激了中国的白银需求,进一步拉动了海外私人贸易的发展。私人海上贸易与白银货币化的双向互动,见证了明朝市场经济的发展与繁荣,并且成为了明朝与世界联系的纽带,使得明朝参与了世界贸易体系的初步架构,在世界贸易的整体化过程中扮演了举足轻重的作用。孙继亮的《海上丝绸之路的发展与明代银本位制度确立关系初探》(《经济研究参考》2013 年第 34 期)也探讨了海上丝绸之路与明代银本位制的关系。

还有探讨商船管理和商贸通道的研究,如曹家齐的《宋朝限定沿海发舶港口问题新探》[《上海交通大学学报》(哲学社会科学)2013 年第 3 期]认为,为便于对商船集中管理,有效获取市舶之利并加强海上禁防,宋朝从太宗时一度将发舶权限定在两浙市舶司,但行之未久。元丰三年八月起,始规定赴南蕃诸国贸易须从广州市舶司发舶,入日本高丽等国,则须从明州市舶司发舶,而回航住舶必须在原发舶州。这一制度造成泉州等贸易港口发舶甚为不便。为适应海外贸易之形势,《元祐编敕》亦将回航住舶港口须为原发舶港口之限,改为至合发舶州住舶。从此,发舶港口则以杭、明、泉、广诸州为主。南宋时,因两浙发舶渐集中于明州,发舶港口则为明、泉、广三州,后期则以泉、广二州为主。至于住舶港口,则因三市舶司争利,或为原发舶州,或为合发舶州,曾有变动,但最终当以原发舶州为制度,只是具体执行情况未尽如人意。对发舶和住舶港口之限定,表面上看似可集中管控市舶之利和海上禁防,但由此产生的对海上贸易之垄断,则又导致发舶港口萧条、舶利亏损,而商贾纷纷冲破政府对港口之限定,改入其他港口贸易。可见,利弊交错,时好时坏,在矛盾中挣扎、维持,应是宋朝市舶之政的真实写照。

李魏巍的《"安南通天竺道"在唐代贸易中的地位与作用》(《河西学院学报》2013年第1期)探讨了"安南通天竺道",这是唐朝经略云南和中南半岛地区的一条重要古道,以此为载体,唐朝加强了与该地区的政治、经贸联系。南诏崛起后,进一步拓展了该道的范围,扩大了该古道的作用,使之与海陆商道对接互动,共同构成唐代对外联系的重要体系。该道成为唐朝与南亚、东南亚各国联系的桥梁,客观上有利于区域经济的发展。

还有一些讨论商人和商业组织的文章,如葛金芳、汤文博的《南宋海商群体的构成、规模及其民营性质考述》(《中华文史论丛》2013年第4期)指出,宋代海外贸易以民间海商作为主要力量,这一特征与汉唐时期的朝贡贸易、元代的官本商船以及明初郑和下西洋等在性质上截然不同。这是中国传统社会之立国态势从"头枕三河,面向草原"一变而为"头枕东南,面向海洋",亦即从中世迈向近世的重要表征。南宋东南沿海常年有近十万人涉足外贸,以致广州、泉州等港口出现了外商聚居的"藩坊"、"藩学"和专门的藩人墓地。华夷商人的交往与杂居所造成的"国际化"氛围,以及当地民户对海外贸易趋之若鹜的经商风气,是东南沿海地区区别于内陆各地的显著特征。南宋海商遍布两浙、江东和福建地区,其成员构成复杂,上至宗室、将帅,下至船员、水手,甚至是和尚、道士均有参与经商。其内部阶层结构犹如金字塔,处于顶端的是宗室、官员和军将等权贵海商,他们发财致富依赖的主要不是自由竞争,而是手中的权柄和强力。第二层是那些蹈海数十年、以放洋兴贩为毕生行当的职业海商与来华外商,他们凭借自身技能、才华和胆识,积累了丰富的海外经验,从而创造了一个个财富神话。第三层是时断时续参与外贸的中小海商,人数众多。他们或是海舶上的搭载客,或是海船的舟师、直库、部领、篙师等高级船员。有丰富的航海经验,收入不菲。底层是数量最多的海舶水手和"带泄户",他们只能从巨额外贸利润中分得一小杯羹。这是一支强力无法压制的谋生力量,亦是南宋海外贸易之民营性质的确凿证明。

杨志娟的《回回海商集团与元代海洋政策》[《烟台大学学报》(哲学社会科学版)2013年第3期]认为,元代是中国海外贸易发展的高峰期,这与元代回回海商集团的崛起有直接的关系。这个集团以经营私商起家,以为元政府经营官本船贸易发家,以官商身份跻身政界,对元代政治、经济、社会等产生了巨大的影响,并代表元朝政府在整个国际贸易体系中成为一支重要的力量。所以,回回海商集团的崛起是元代实行积极海洋政策的结果。曹芳、申明浩的《粤商组织演化路径及其动力分析——兼论粤商的传承与发展》(《广东外语外贸大学学报》2013 年第 1 期)研究认为,从海上丝绸之路的奠基,到十三行转手贸易的辉煌时代,再到现代的珠三角加工贸易和产业集群的兴盛,粤商千年传承,生生不息,不断在新的时期创造新的辉煌。通过分析发现,其世代繁衍,发展演化的内外动因可以归纳为四大基因(开放、包容的粤商文化精神;利己而不损人的理念和灵活善变的经营方式;讲究实效、实干、稳健、敏锐的市场洞察力的个性特征;国际化经营)和三大优势(天时:国家政策优势;地利:地缘优势;人和:粤商网络优势),这些基因和优势都和古代粤商海上丝绸之路的活动密切相关,体现了历史文化积淀的重要性。

2013 年关于经济方面的著作不多,马明达、纪宗安所编的《暨南史学(第八辑)》(广西师范大学出版社 2013 年版)收录了李传江的《齐鲁蚕桑业的发展与东海丝绸之路的兴盛》、李锦绣的《从波斯胡伊娑郝银铤看唐代海外贸易管理》、赵灿鹏的《宋李公麟《万国职贡图》伪作辨证——宋元时期中外关系史料研究之一》等文,在区域经济和朝贡贸易研究方面有所推进。

国家清史编纂委员会编译组编著的《清史译丛(第十一辑)》(商务印书馆 2013年版)收录了美国学者魏斐德著、唐博译、董建中译校的《1530—1650 年前后国际白银流通与中国经济》和日本学者岸本美绪著、沈欣译、董建中译校的《中国 17 世纪货币危机的神话与现实》两文,对 16、17 世纪中国与世界的经济交往及其对中国经济的影响进行了细致剖析。

修晓波的《元代的色目商人》(广东人民出版社 2013 年版)是一部关于元代色目商人的一部普及性的作品。书中主要内容有色目商人的由来、活动范围(从中央到地方;从岭北、甘肃到江浙、江西都有其足迹)、官府的控制与利用(如斡脱总管府的兴废;对一般色目商人的管理;僧侣经商纳税的问题、对木速蛮商人的惩罚等)、主要业务(如发放高利贷;经营海外贸易;贩售珍宝、从事粮盐贸易等)、对社会的影响(对政治经济的局势之影响;导致京城金银价贵;朝为原宪暮陶朱现象之出现;对江南的影响等)、官商关系等几方面,全面地梳理出了色目商人的历史面目,对人们了解和研究宋元时期的社会生活、商业经济有着重要的参考借鉴意义。

总之,在经济方面的研究还是有些亮点可寻的。

三、沉船及考古研究

近年来沉船和考古的发现成果显著,如"南海一号"、"华光礁一号"、"南澳一号"等的发现,在这一方面的研究成果相应增多。

(一)"南海一号"研究

"南海一号"是目前世界上发现的年代最久远、船体最大、保存最完整的沉船,"南海一号"是1987年在阳江海域发现的一艘宋代木质古沉船,距今800多年。

1989年冬,中国历史博物馆正式开始对"南海一号"进行水下考古调查,这是中国水下考古队伍成立之后,在中国海域所进行的第一水下考古调查,这次调查被誉为中国水下考古的起点。1999年,香港商人陈来发先生,创建了名为"中国水下考古与探索协会(香港)"的组织,并发起募捐,为"南海一号"进行水下考古无偿捐助港币120万元。这开创了香港民间组织无偿资助内地水下考古事业的先河。2001年4月,由于陈来发先生的捐助,中国历史博物馆水下考古研究中心联合广东省文物考古研究所等单位的水下考古专业队员,搜寻和定位沉船遗址,对这艘沉船进行了精确的定位。2002年3月至5月间,水下考古队再度下水,对海底沉船进行细挖掘、细打捞,打捞出文物4000多件。

2004年3月,广东省发改委筹措资金,在阳江市海陵岛十里银滩建设海上丝绸之路博物馆。此博物馆占地13万平方米,博物馆藏品规模确定为3万件。里面特设一"水晶宫",即一个巨型玻璃缸,其水质、温度及其他环境都与沉船所在的海底情况完全一样。打捞上来的"南海一号"将在这里被保存和观赏。通过"水晶宫"的透明墙壁,还可以看见水下考古工作者潜水发掘打捞文物示范表演。

2007年1月考古队前往沉船海域开展打捞工作。2007年12月21日,"南海一号"古沉船起吊,22日,在现场举行"南海一号"出水仪式。12月28日,"南海一号"正式进入水晶宫。2008年水晶宫开馆迎四方游客。

2013年11月28日,在广东阳江海上丝绸之路博物馆,国家文物局副局长童明康表示,启动南宋沉船"南海一号"的全面发掘,用三四年时间,取出全船6万~8万件文物。

从1987年到2007年,20年间,这艘被命名为"南海一号"的沉船已经成为中国水下考古里程碑式的标志。"南海一号"的发现和打捞,其意义不仅在于找到了一船数以万计的稀世珍宝,它还蕴藏着超乎想象的信息和非同寻常的学术价值。因"南海一号"不仅正处在"海上丝绸之路"的航道上,而且它的"藏品"的数量和种类都异常丰富和可贵,给此段历史的研究提供了最可信的模本。对这些水下文物资源进行勘探和发掘,可以复原和填补与古代中国"海上丝路"密切相关的一段历史空白,也很可能带来"海上丝绸之路学"的兴起,为相关领域的研究如我国古代造船工艺、航海技术等都提供了典型标本。"南海一号"的考古价值远远高于经济价值。

对于"南海一号"的研究已经有一定的规模了,粗略估计,涉及此领域的文献已经有数百篇。①

2013 年对"南海一号"的研究文献相对较少,有分量的研究很少见,具有代表性的是陈波的《南海Ⅰ号墨书问题研究——兼论宋元海上贸易船的人员组织关系》(《东南文化》2013 年第 3 期)对"南海Ⅰ号"出水墨书"林上"的意涵进行了初步分析和就所涉及的问题进行了探讨。墨书是宋元时期海上贸易活动中的常见现象,2011 年"南海Ⅰ号"第二次试掘的出水文物总量较少,部分陶瓷器带有墨书,有些内容还是首次出现,其中最有代表性且内容基本能够确认的是墨书"林上"。带有墨书"林上"的器物均为福建德化窑白瓷,集中发现在 TN7E9 探方内。根据此次试掘所见沉船遗迹信息判断,其位置应为船体左前侧货仓。器型不拘,大盘、粉盒上均有所见,以大盘居多。纵向书写,且书写位置均在器物底部无釉处,大盘居中,粉盒则多见于一侧。墨书字体不统一,主要为行书,且字体笔画或圆熟流畅,

① 有关于"南海一号"打捞情况介绍的,如吴建成、张永强的《"南海Ⅰ号"古沉船的整体打捞》(《中国航海》2008 年第 4 期);曹劲的《盛世传佳音　宝船获新生——宋代沉船"南海Ⅰ号"的发现、打捞与保护》(《文化遗产》2008 年第 1 期);胡方、蒋挺华的《"南海Ⅰ号"钢沉井下沉分析》(《水运工程》2009 年第 8 期);《"南海一号"出水:中国首创古沉船整体打捞成功》(《高科技与产业化》2008 年第 1 期);《"南海Ⅰ号"第二次试发掘完成沉船位置确定　发掘首次借助三维激光扫描仪和全站仪等先进设备仪器》(《科技传播》2011 年第 8 期);朱瑾的《"南海Ⅰ号"的华丽现身》(《海洋世界》2007 年第 4 期);孔维达、胡敏的《"南海Ⅰ号"整体起浮方案的设计与施工工艺》(《船海工程》2009 年第 4 期);陈国雄的《打捞"南海一号"的两百多个日日夜夜》(《珠江水运》2008 年第 1 期);孙树民、吴建成、张永强的《"南海Ⅰ号"古沉船整体打捞成功关键技术》(《第十四届中国海洋(岸)工程学术讨论会论文集(下册)》,2009 年 8 月);张永强的《"南海Ⅰ号"打捞下沉井高度的选取》(《2009 年度救捞论文集》,2009 年 9 月);张永强、吴建成的《"南海Ⅰ号"古沉船的整体打捞》(《第五届中国国际救捞论坛论文集》,2008 年 9 月);孙召才、陈昆明的《"南海Ⅰ号"底托梁的穿引工艺》(《水运工程》2009 年第 5 期);刘庆柱的《"考古"与"挖宝"》(《中国社会科学院院报》,2008 年 4 月 3 日);谭正的《"南海Ⅰ号"打捞记》(《百科知识》)2007 年第 12 期);《"南海Ⅰ号"发掘历程大事记》(《海洋世界》2007 年第 8 期);张爱萍、黄耀平、江志彬、黄增明、唐广武等的《"南海Ⅰ号"打捞的潜水作业与潜水医学保障》(《第五届中国国际救捞论坛论文集》,2008 年 9 月);吴建成、孙树民、张永强的《"南海Ⅰ号"古沉船整体打捞技术操作》(《船海工程》2008 年第 8 期)等。

有的对"南海一号"的历史和文物进行了研究,如周湘东的《从"南海一号"出水瓷器看古代海外贸易瓷器的生产变迁》(《丝绸之路》2012 年第 14 期);曹劲的《"水晶宫"为"南海Ⅰ号"而生——广东海上丝绸之路博物馆》(《中国文化遗产》2007 年第 4 期);卜工、黎飞艳的《从"南海Ⅰ号"到"南澳Ⅰ号"》(《科学世界》2010 年第 1 期)等。

还有的学者探讨了"南海一号"对现代经济和艺术的影响,如梁彦兰的《粤剧〈南海一号〉与"南海Ⅰ号"文物展联袂亮相》(《广东艺术》2010 年第 6 期);谢宏的《"南海 1 号"在阳江旅游经济发展中的作用》(《市场论坛》2008 年第 3 期)等。

或略显稚拙,显非一人所书。作者推测,"林"字基本上能够确定是某货主的姓氏,作为一种标识货物所有权的文字,可以排除商标的可能性。"上"字含义有三种可能:其一,是指该货主的名字;其二,虽然文献中没有找到确切的记载,但汉语中"上"也有购置的意思,其功能可能与"直"字相通;其三,也许是指方位,用以标识货物的置放关系。从墨书所提供的信息出发,作者联想到了贸易船的人员组织关系。他认为,首先,大量代表所有者的墨书说明宋元时期直接参与海外贸易的人员很多,且同一条船上的货主组成也比较复杂,许多人员都有贩运货物的行为;第二,部分墨书的内容有助于完善对船上人员职司分工的理解;第三,贸易船主要责任人同船上其他人员之间关系的分析。宋元时期贸易船上的大宗货物属于舶商,其所需的工作人员主要由舶商雇佣,而纲首则总领指挥所有工作人员操作船只,船主则是船只的所有者,此三者根据实际情况可相互兼任。船上的主要责任人可代表官方对船上人员进行管理和处罚。主要责任人之外的人员包括有职司的工作人员和一定数量的商客,且商客也由舶商进行召集。另外,携带少量货物进行贩卖的现象非常普遍,并不限于商人群体。作者的研究表明,作为遗迹现象之一的墨书是一个非常有益的研究视角,大量墨书的面世和相关信息的收集必将有助于对墨书的理解和某些悬而未决问题的解决。

孟原召的《中国境内古代沉船的考古发现》(《中国文化遗产》2013年第4期)对中国境内古代沉船进行了逐一介绍,其中也包括"南海一号"。作者不仅介绍了沉船,还对造船技术和工艺、陶瓷产地和类别、港口古迹等进行了捎带介绍,是沉船文化和历史的一次全面梳理。

其他几篇则是一般性的研究文章。如刘黎丁的《"南海一号"的打捞与我国水下考古的现状》(《沧桑》2013年第5期)对中国水下考古技术的发展做了梳理。作者认为"南海一号"的成功打捞和发掘,是一次在世界考古领域都没有先例的创举,"南海一号"从发现到成功打捞再到入住海上丝路博物馆的过程,见证了我国水下考古事业的从无到有、从弱到强的发展历程。可以说这种整体打捞方式,堪称一次革命,是中国水下考古事业发展的里程碑。曾翠的《"南海Ⅰ号"出水宋代婴戏莲纹碗浅析》(《大众文艺》2013年第16期)则介绍了"南海Ⅰ号"出水的宋代景德镇窑生产的青白瓷婴戏莲纹碗。婴戏莲纹是宋代陶瓷装饰中较为典型纹饰图案,寓意"连生贵子"、"多子多孙"、"人丁兴旺"。这种吉祥含义契合宋代百姓心理,它的盛行反映了当时人民追求社会和平、繁衍生息的时代特征.其装饰技法受文人士大夫阶层的审美情趣影响,体现出"以形写神"的特点。莲纹装饰由佛教圣花走向世俗化,与本土文化融合,并作为外销瓷的纹饰图案远销海外,也成为中外文化交流的见证。

《"南海一号"沉浮录》(《中国文化报》2013 年 12 月 5 日)、《"疯狂"的海捞瓷》(《今日民航》2013 年第 7 期)、《疯狂的外国强盗和中国水鬼——南海宝藏被盗笔记》(《奇闻怪事》2013 年第 1 期)等则从另一个侧面展示了"南海一号"的历史。

（二）"华光礁一号"研究

继"南海一号"被发现之后，"华光礁一号"于 1996 年由海南省琼海市潭门镇的渔民发现。这是一艘 800 年前沉没的南宋商船，由于其沉没地点"华光礁"而得名。"华光礁"原称觅出礁，位于西沙群岛中部靠南，露出水面的礁石围成东西 16 海里、南北 5 海里，水深 20 米的潟湖，渔民们称之为"大筐"。环礁背面有一狭窄出水道，南侧有两条开阔水道，可供船只进出避风。这是古代海上丝绸之路的必经之地，这片海域暗礁众多，"华光礁一号"的沉没并不是一个偶然事件。1998 年 12 月，中国历史博物馆水下考古队员对遗址进行了初次试掘。发现这一庞大沉船已多次被盗掘，遗址表面被炸药炸出 3 个各深 1.5 米的大坑，散落的瓷器呈东南、西北方向分布，以青瓷、青白瓷为主。然而其遗留文物依然可观，船上仅在 4 平方米的范围内就出水了 800 多件文物。2007 年和 2008 年又开展的两次抢救性发掘，出水船板 511 块，出水文物近万件。这一极具价值的考古发现也引起了诸多的报道和研究。

亲自参加"华光礁一号"2007 年发掘的孙健、李滨、徐海滨等撰写的《揭秘华光礁一号沉船》(《华夏地理》2007 年第 10 期)对"华光礁一号"进行了全面和细致的分析介绍。他们认为，"华光礁一号"沉船是一条满载着中国瓷器等货物的南宋贸易商船，陶瓷主要是南宋时期的青瓷、青白瓷、酱釉瓷等，另有少量景德镇青白瓷与龙泉窑青黄釉瓷。华光礁的多数青瓷器基本上是福建各窑场的产品，陶瓷器产地主要为福建南部晋江流域，包括德化、南安、安溪、晋江等，这印证了当地窑址生产外销瓷的事。由此也可知，沉船的始发地极有可能是泉州港。陶瓷贸易的兴盛也说明了南宋经济贸易的发展。宋朝建立了人类历史上前所未有的庞大帆船舰队和商船队，从东亚的高丽、日本到印度、阿拉伯、东非，中国的商人和水手在各国各处的海岸港口都留下了自己的足迹。由于贸易的频繁，沉船应该是经常发生的事情。该船在前往东南亚等地进行贸易途中，遇到强大的海面风浪驶近华光礁，由于没有机械动力的帆船失去控制，被风浪吹至礁盘北侧的珊瑚礁浅滩水域，最后导致搁浅，船体破碎遇难。与曾经发现的泉州后诸沉船一样，两者的方形系数（船长与船宽的比值）同属短肥形。通常细长型船航行速度比较快短肥型船耐波、装货较多，中国古代的远洋航船一般是短肥形的。与以前的沉船不同，华光礁沉船是一条满载货物从中国始发,尚未驶达目的地就在中途遇难的货船,是我国发现的保存完好的载货沉船,对于研究海外文化交流、中国造船史、航海史等学科都会起到极大的促进作用。

马丹、郑幼明的《"华光礁一号"南宋沉船船板中硫铁化合物分析》(《文物保护与考古科学》2012 年第 3 期)对"华光礁一号"南宋沉船船板残块中的硫铁化合物进行了分析研究,测量硫铁化合物对海洋出水木质文物的特殊危害,以便在后续的保护处理过程着重对硫铁化合物其酸化过程进行控制,使文物得到长期保存。张月玲、付永海、张可等也在《西沙"华光礁一号"出水文物科学保护》(《东亚文化遗产保护学会第二次学术研讨会论文集》,2011 年 8 月 17 日)中谈到了出水文物的保护问题。

此外还有一些报刊和刊物对"华光礁一号"进行了报道,[①]这里不再赘述。

2013 年对"华光礁一号"的研究也有一些,如俞嘉馨的《南海归帆——由西沙华光礁Ⅰ号沉船说开》(《中国文化遗产》2013 年第 4 期)对"华光礁一号"再次进行了全面地介绍和剖析。从沉船的故事开始,追溯船载文物的来源,又从文物联想到南宋海洋贸易的繁荣和泉州港的兴盛。其研究中新的发现是铜币,这是个很有意思的铜币的发现。按照今天的思维,既然是载货远航做生意,还带那么多自己国家的钱做什么呢?经过考察,作者认为铜钱在宋代属于非法的走私物品,有利可图且收益丰厚,因此外出贸易者铤而走险的不在少数。

包春磊的《海洋出水陶瓷器的科技保护》(《文物鉴定与鉴赏》2013 年第 7 期)对海洋出水陶瓷器文物的科技保护处理方法进行探讨。以"华光礁一号"出土文物为例,作者主要考察了对文物危害较大的几种因素,如可溶性盐、表面的沉积物、有机污垢等,接着提出了解决这些问题的技术和方法,如去离子水静态处理、超声波振荡处理、流动去离子水处理、电渗法处理等。作者还介绍了陶瓷器的加固修复方法,如粘接、配补、加固、作色等。所以,保护修复古陶瓷器和其他文物,不同于修理普通器物,一定要严格遵守文物保护修复原则,对每件文物实行最小干预,修复后的器物具有可识别性与整体协调原则。水下发掘的陶瓷器的保护处理工作,也是一项综合了海洋化学、陶瓷学、物理学、化学等多学科研究成果在内的综合处理过程。华光礁出水陶瓷器文物万余件,弥足珍贵,如何选择合适的保护修复方案,必须要谨慎。

---

① 如《"华光礁Ⅰ号"见证海上丝绸之路》(《民主与法制时报》2014 年 1 月 9 日);《华光礁一号沉船　再现八百年前中华航海之光》(《海南日报》2011 年 11 月 21 日);《西沙南宋古沉船"华光礁一号"出水瓷器近万件》(《武汉文博》2007 年第 2 期)等。

此外还有一些普及性的介绍,如《华光礁一号沉船考古》(《小学科学(学生版)》2013 年第 7 期)等。

(三)"南澳一号"及其他沉船研究

2007 年,一些渔民潜入南澳岛东南三点金海域的乌屿和半潮礁之间的海底作业时,无意发现了一艘载满瓷器的古沉船。考古专家认为,这是继广东在阳江发现"南海Ⅰ号"的又一次水下考古重大发现,并将此沉船命名为"南海Ⅱ号"。2009 年 9 月 25 日国家文物局将"南海Ⅱ号"更名为"南澳Ⅰ号"。

2010 年对"南澳Ⅰ号"的二号舱、三号舱、四号舱、五号舱内的文物进行了发掘。据专家判断,"南澳Ⅰ号"的年代为明嘉靖至万历年间,瓷器主要来自中国东南沿海地区的民窑。2012 年 9 月完成"南澳Ⅰ号"的第三轮打捞,共出水文物近 3 万件。目前文物基本清理完毕,船的结构也基本确认。发掘出的船载货物中,瓷器最多,其次是陶器、铁器、铜器、锡器等,还有不少于 4 门火炮和疑似炮弹的圆形凝结物。"南澳Ⅰ号"古沉船长 27 米,宽 7.8 米,共有 25 个舱位,是迄今为止发现的明代沉船里舱位最多的,也是中国发现的第一艘满载"汕头器"的船。

关于"南澳一号"的研究,也有了一些,如《"南澳一号"——中国海上丝绸之路之谜》(《中国水运》2010 年第 6 期)和《"南澳一号"五大谜团》(《中国船检》2010 年第 10 期)。

在 2013 年,也陆续有些学人关注"南澳一号"。郭湘钰、陈冬梨、吴芷姗的《明末广东沿岸的民间海上贸易漫谈——以"南澳一号"的考古发现为研究视角》(《学理论》2013 年第 17 期)通过"南澳一号"的考古发现,对明末广东沿岸的民间海上贸易进行了探讨。该文认为,实行海禁政策,广东沿岸私人海上贸易发展在夹缝中得以生存,由于地理大发现导致的全球市场扩大,以漳州窑、景德镇等一批瓷窑成为广东外销瓷的主要源头。"南澳一号"沉船考古的发现,为这些外销瓷的运营提供了充分的证据,证实明末民间海上贸易的频繁和意义。郭湘钰、吴芷姗、陈东梨的《被掩藏的粤海明珠——谈"南澳一号"水下考古的旅游开发价值》(《中国科技投资》2013 年第 20 期)认为"南澳一号"的出水,见证了广大在明末海禁政策下民间贸易的发展情况,为研究广东海上丝绸之路和中外经济交流提供了重要的史料价值。也具有较大的旅游开发价值。

此外,2013 年 8 月 10—11 日,中国中外关系史学会与潮汕历史文化研究中心合作,在南澳岛举办"'南澳一号'与'海上陶瓷之路'学术研讨会"。陈春声的《以南澳为中心看明代海上活动》、廖大珂的《16—18 世纪西方文献中的南澳》、李金明的《明代后期漳州月港开禁与"南澳一号"》、李庆新的《"南澳一号"发现与研究价值》、崔勇的《"南澳一号"与海上瓷路》等论文在会议上发表。大家一致认为,"南澳一号"学术价值不亚于"南海一号",通过水下考古发掘的"南澳一号"文物系统,是研究当时的潮汕、闽南等地区陶瓷生产及海上贸易等社会文化史、社会经济史问题的重要实物史料。"南澳一号"成为印证中国古代海上丝绸之路的重要实物和历史见证。汕头"南澳一号"水下考古发掘意义重大。开展学术研讨将加深对南澳"海上陶瓷之路"重要通道战略地位的认识。"南澳一号"沉船,正是不同文明、不同地区间的物质文化交流的直接证据。①

　　还有学人对"黑石号"沉船进行了研究,如卢冬、李永平的《"黑石号"沉船文物和"莫塞德斯"沉船文物归属引发的思考》(《文物世界》2013 年第 2 期)。1998 年,德国打捞公司在印度尼西亚勿里洞岛海域发现了一艘满载货物的唐代沉船,名为"BatuHitam",中文意译为"黑石"号。船只装载着运往西亚的中国货物,仅中国瓷器就达到 6.7 万多件。此次打捞出水大量长沙窑瓷器、金银器和 3 件完好无损的唐代青花瓷盘,船只的结构为阿拉伯商船,因出水长沙窑瓷碗上带有唐代宝历二年(826)铭文,结合其他器物考证,沉船的年代被确认为 9 世纪上半叶。文章提出,应该引进海洋沉船文物展览,唤醒全民关注海洋文物的意识。悠久历史孕育了古老文明,沉睡海底的珍贵中国文物是中国文明的载体,价值不可估量。国内水下和海洋文物在全国的集中展示和在内陆省份的巡展应提上议事日程。引进国际上其他国家的打捞文物展也应该成为中国文物展览中的规划项目。刘怡辰的《胡化、华化与贸易——"黑石号"沉船瓷器上的菱形纹饰探析》(《中国包装工业》2013 年第 14 期),通过"黑石号"沉船中部分瓷器上所绘制的与中国传统陶瓷纹饰大异其趣"菱形边框四角刻划朵花",探析这种纹饰所阐释的唐社会中文化激荡下的贸易形势与社会现象。该文认为,唐人理想中的地理意象是有"华夷之分"的。尽管如此,在唐代上至政治实体下至商民对于异族来华都表现出极大的包容性,从而出现了"华化"与"胡化"的现象,这与胡商行为密不可分。这期间唐代的文献,如诗文、笔记、典册上对外来商人均有记载。这些商人往来商船停泊于扬州、明州、广州等地,瓷器、丝绸等大宗商品载运于海上丝绸之路的各个国家。黑石号是这个类型的商船中未能到达目的地且数量巨大的贸易船,它的瓷器所绘制的纹饰表现出了唐人在异族文化与贸易经济方面的包容态度。

　　有的对福建漳州"半洋礁号"进行了研究,如范伊然的《我国水下文化遗产安全监控初探——以福建漳州"半洋礁号"遗址监控为例》(《南方文物》2013 年第 2

_____

① 中国中外关系史学会网站,http://www.china-world1981.com/? p=2274。

期)等;有的对漳浦县菜屿列岛沉船遗址出水文物进行了研究,如栗建安、羊泽林、李榕青等的《漳浦县菜屿列岛沉船遗址出水文物整理简报》(《福建文博》2013 年第 3 期)等;还有对龙海海域水下文物遗存的研究,如郑云的《龙海海域水下文物遗存初探》[《漳州师范学院学报》(哲学社会科学版 2013 年第 2 期)]等。

关于南部丝绸之路的考古发现,较引人注目的是西汉南越王墓。西汉南越王墓是 1983 年被发现的,是南越国第二代国王赵眜之墓,可说是已发现汉代最早的彩绘石室墓。墓中出土文物 1000 多件套,共万余件,集中反映了 2000 多年前南越国政治、经济的发展状况。南越王墓是广州珍贵的历史文物遗产,也是中国重大的考古发现之一,1998 年西汉南越王墓博物馆正式对外开放,基本陈列主要展示南越王墓原址及其出土文物。2010 年博物馆对基本陈列进行全面改造,更凸显出南越文明的独特魅力。

关于南越王墓的研究也出了一些成果,2013 年的论文较少,具代表性的是李妍的《西汉南越王墓出土的珍贵海外文物》(《东方收藏》2013 年第 7 期)。该文回顾了西汉南越国的历史文化和经济贸易状况:早在 2000 多年前的南越国时期,广州就十分重视与海外的交通贸易。汉武帝时汉使率领官方船队,携带黄金、丝绸等物品,从番禺(即今广州)出发到达了东南亚、印度洋南岸和斯里兰卡等地;公元前 1 世纪,中国的丝绸已成为地中海国家最珍贵的衣料,外国的香料、金银器、奇珍异宝等亦从海路运抵番禺,表明秦汉时期的广州是海外珍品的集散地。而广州西汉南越王赵眜墓的发现更证实了这一贸易盛况。其出土文物反映出秦汉之际的南越国已经拥有相当规模的造船能力和先进的技术水平及海外贸易能力,为岭南地区与海外的交往提供了佐证。

四、郑和研究

郑和研究向来是学界热点,随着新话题和新资料的不断出现,研究成果也层出不穷。我们将从以下几方面来进行梳理。

(一)围绕洪保墓展开研究

洪保墓仍然是较引人关注的研究领域。洪保,回族人,明代航海家兼外交家。为官都知监太监,随郑和下西洋时,为正使身份。多次奉命出使西洋,并为第七次下西洋时主要统领之一。其下西洋事迹在马欢著《瀛涯胜览》、巩珍著《西洋番国志》以及《明史》等书中均有记载。他也是郑和船队中朝觐过天方的"哈吉",并从天方国带回了一幅克尔白圣寺的写真图——《天堂图》。对他的研究是对郑和研究的补充和完善。在 2010 年 6 月,南京市博物馆和江宁区博物馆发掘了洪保墓。其墓位于南京南郊江宁区祖堂山南麓。6 月 18 日,南京祖堂山福利院进行扩建,施工队到后山取土时,意外发现一座保存完好的前后砖室古墓。墓坑为竖穴,总长约 9.7 米,上部宽约 4.1 米,下部宽 3.8 米。墓葬砖室部分全长 8.2 米,宽 3.34 米,高 3.45 米,墓室分前后室,均为券顶。券顶砌筑为三券三伏,也就是一层横排砖下叠压一层竖排砖,共交叠为六层。前后墓室中间的过道亦是券顶结构,后室有一青石材质的厚重石门,双扇向内对开。门扇宽 0.86 米,高 1.8 米,厚 0.12 米。出土遗物有玉器、水晶、料器、金属器、陶器和石器等,墓室规模为大中型,其宏伟和细密程度在同类墓葬中少见。① 其墓葬的形制及规格、出土文物皆有研究价值。其中出土的寿藏铭更是研究郑和航海的珍贵文献,引起了郑和研究的又一轮热潮。

江苏省郑和研究会和太仓郑和研究会主办的《郑和研究》开设"南宋洪保墓等考古发掘、研究专辑",专门刊登洪保墓研究最新成果。如陈大海的《南京祖堂山明代都知监太监洪保墓考古发掘的主要收获及认识》(《郑和研究》2010 年第 3 期)介绍了墓葬的位置、结构、出土的文物等,还全文公布了洪保的"寿藏铭",认定其为研究郑和下西洋历史的珍贵文献。王志高的《洪保寿藏铭综考》(《郑和研究》2010 年第 3 期)和《洪保生平事迹及坟寺初考》,以"寿藏铭"为基础,结合其他文献,对洪保家室生平、奉使西域和西洋事迹、所在坟寺等问题进行了综合考察。据其考察,洪保,字志道,云南大理府太和县人,生于庚戌年(洪武三年,1370),卒于宣德九年(1434)。洪武十五年二月,明军攻入云南大理,洪保以其"生俊伟"之貌与杨庆、郑和等人一道被虏阉至宫。后洪保弃建文而追随燕王朱棣,在靖难之役有功,被朱棣登基后授予内承运库副使一职,宣德五年(1430)升为都知监太监。从永乐元年(1403)起直到宣德八年(1433)的 30 年间内,洪保的主要活动皆围绕奉差使西域、下西洋展开。在其"寿藏铭"所记出使活动中,涉及众多重要问题:一是关于明廷对西藏的主权问题。二是关于郑和下西洋的起始年问题。据文献考察,郑和有可能永乐元年就开始航行了。三是郑和宝船的规模问题。在铭文中提到了"伍仟料巨舶""大福"号宝船,对流行的二千料、一千五百料宝船的说法提出了质疑。四是洪保下西洋次数问题。综合文献和寿藏铭记载可知,洪保一生至少先后八次出使西洋,其中明确的有永乐元年、永乐十年、永乐十九年、宣德五年等 4 次,后两次一般认为是随同郑和出行,永乐元年是否同行暂同存疑,正统六年至七

---

① 南京市博物馆、江宁区博物馆:《南京市祖堂山明代洪保墓》,《考古》2012 年第 5 期,第 41—52 页。

年的一次基本可以推定,其他三次奉使情况目前尚无线索。此外,从铭文中还体现了洪保遣人出访天方(今沙特阿拉伯伊斯兰教圣地麦加)的事宜以及他的佛教信仰。而宁海寺的扩建和洪保有一定的关系。在《南京出土洪保墓志　证实郑和宝船体量和航程》(《兰台世界》2010 年 8 月上)中,王志高强调,学术界一直认为现留存的文献中对郑和宝船的体量记载不实,认为中国古人不可能造出那么大的船。但是此次墓志中记载的宝船体量与文献中基本一致。这就证明了文献记载的可信度。他还说,从目前对洪保墓中出土的墓志的释读来看,墓志对郑和下西洋的一些事情记载的非常详细,不仅有郑和下西洋时出使国家的先后顺序,而且还透露了一些航海图的内容。英国皇家海军中校孟席斯曾以大量证据试图表明,首次到达美洲的不是哥伦布而是中国太监郑和。但据洪保墓志的记载来看,这一观点并不成立。郑和的船队没有到过美洲和澳洲。赵志刚的《从洪保墓志出土,回眸展望郑和下西洋研究》(《郑和研究》2010 年第 3 期)认为,洪保的航海活动也体现了传统文化的宏伟和壮观,值得研究和纪念。洪保墓的价值也是弥足珍贵的,是郑和下西洋研究的最新宝贵文献,对某些重要问题的解决提供了契机。魏德新的《洪保墓新史料简析及忧虑》(《郑和研究》2011 年第 4 期)对洪保墓中发现的新史料进行了介绍,并强调要关注其文物保护问题。

很快就有文章围绕洪保身份、郑和宝船问题展开了争论,如郑宽涛的《明代航海家洪保穆斯林身份初探》(《郑和研究》2011 年第 2 期)认为,洪保是一位穆斯林哈只,其先祖是元代大理赵州平章政事回回人赤喇马丹,其父洪赐原名洪大惠。这一观点引起王志高、陈大海的反驳,他们撰文《明代都知监太监洪保“穆斯林身份”驳议》(《郑和研究》2011 年第 2 期)指出,没有证据表明洪保是穆斯林,后室墓壁上围绕着棺床的 4 个铁环乃以绳索与棺具相连,是与道教升仙思想有关的特殊葬俗,与穆斯林墓坑四壁“帷幕附墙”的葬式无关。所谓洪保之父原名“洪大惠”乃云南金齿土官高大惠之误读,有张冠李戴之嫌;洪保是一位非常虔诚的佛教信徒,而非穆斯林。魏德新、郑宽涛很快作出回应,于 2013 年撰出新文《再议洪保穆斯林身份》(《郑和研究》2013 年第 1 期),与王志高、陈大海进行商榷。除了坚持自己的观点外,还对反驳者的讨论态度、表述方法,以及思维方式等也提出了异议。

关于郑和“五千料巨舶”宝船的问题,杨斌的《略论洪保〈寿藏铭〉中“五千料巨舶”尺度及其他》(《郑和研究》2011 年第 1 期)又进行了考察。他认为船长应是 15 丈(45 米),宽 5 丈(15 米),吃水 4 米。郑明、赵志刚撰文《再议明代宝船尺度——洪保墓寿藏铭记五千料巨舶的思考》(《郑和研究》2011 年第 2 期)则对于“五千料巨舶”是否存在的问题进行了探讨。他们认为,洪保墓“寿藏铭”只提五千料巨舶,未提大号宝船,可以使人们相对认知下西洋舟师中存有五千料海船,有无"大号宝船"相当可疑。因此需要挖掘新史料开展更深入研究的研究,以科学的视角和系统工程原则开展造船航海科技和整体历史研究。

席龙飞的《南京静海寺残碑与郑和宝船》(《国家航海》2013年第五辑)对1936年发现的残碑进行了研究。1936年,郑鹤声教授在静海寺厨房墙壁上发现了残碑并拓印、拍照。残碑碑文记载:"永乐三年将领官军乘驾二千料海船并八橹船"、"永乐七年将领官军乘驾一千五百料海船并八橹船"。一般观点认为,这是现存最早的关于郑和下西洋船型确切大小的文字记载。碑文还证明静海寺建于南京天妃宫建成之后。残碑1937年在日军侵华战争中被毁,拓片也在战乱中丢失,现仅有一张拓片照片存世。而郑鹤生教授认为,二千料海船是将领军官所乘驾的战座船,郑和宝船与之不同。席龙飞接受了这一观点,也认为此碑不一定为郑和所立,其所记宝船也不一定为郑和宝船。不过这一观点已经为洪保墓中出土的"寿藏铭"所佐证,在前述王志高2010年和2012年发表的论文中已经对此有所论及。

此外,还有文章从"寿藏铭"讨论郑和宝船大小的问题,如《郑和宝船有多大》(《文史博览》2013年第5期)等。

(二)关于郑和各种称谓、故里和传记考证研究

李天永、普显宏的《云南南华为航海家郑和故里考》(《郑和研究》2013年第1期)认为,学界普遍认为云南省晋宁县是郑和故里,但通过对云南省南华县的三块"郑和故里碑",及相关史实进行考证后可知:晋宁是郑和的出生地,或可说是出生故里,而郑和4岁多至11岁的五六年时间都生活在南华的养父家,并随养父姓郑,且是在南华被俘至南京的,所以南华也应该是郑和的故里之一。

唐宏杰、陈惠娥的《"三宝"郑和研究新论》(《郑和研究》2013年第1期)对"三宝"这一称谓进行了新的解释。[①] 他们的研究认为,三宝是郑和官职的称谓,即"三宝信官"之简称。因为多部刻本记载郑和生前曾为"大明国奉佛印信内官监太监",简称"三宝信官",其职务是掌管皇宫王府、陵墓的修建和采办宫廷所需婚丧礼仪所用珍宝等一切器物。郑和下西洋的重要任务之一就是采办营建北京皇城的一切所需。后来由于国力衰落和国内矛盾,明王朝中止了"下西洋"的活动。

陈亚昌的《万斯同〈明史〉与〈明史稿〉"郑和传"小考》(《郑和研究》2013年第1

---

① 关于郑和称号的辨析,魏德新的《郑和"三保"与"三宝"新考》(《郑和研究》2011年第2期)认为,郑和"赐姓改名"前的原名应为马三保,并对伊斯兰教经名"三保"与佛教"三宝"无关做了辨析。

期)认为,在明史成书过程中,万斯同留下两部稿本,即宁波天一阁收藏的《明史稿》和 416 卷本《明史》。这两部稿本中的郑和传,思想内容有很大差异,恐非万氏一人之作。但《明史稿》与王鸿绪《明史稿》、张廷玉《明史》却一脉相通。这一发现不仅对研究郑和、研究万斯同治史思想和明史版本等方面有一定价值,而且有助于我们讨论"耀威异域"与"耀兵异域"的含义和差别。

(三)关于郑和与李福善关系之研究

1956 年,在南京牛首山明宣德八年(1433)所建的弘觉寺舍利塔地宫出土了一批文物,其中引人注目的是带有铭文"金陵牛首山弘觉禅寺永充供养、佛弟子御用监太监李福善奉施"铜鎏金喇嘛塔。葛晓康就此发表两篇文章:《南京牛首山弘觉寺郑和德塔考证——兼考"三宝"和"三保"太监》(《中国历史文物》2008 年第 5 期)和《南京牛首山弘觉寺郑和德塔考证补遗》(《中国历史文物》2009 年第 3 期)。通过对明宣德八年(1433)建造的南京牛首山弘觉寺舍利塔地宫出土文物与相关文献的研究,他发现地宫内有一组出土文物系郑和第七次下西洋前曾奉旨在明留都的旧郊坛南京牛首山祭天所用,后用作赐葬和镇塔的象征放入地宫。尤其是通过解读这组出土文物上的铭文,发现郑和为了使祭天之物不被反对派毁灭并能将其留传后世,以及祈望在佛教圣地牛首山能够修成正果,而精心设计了此铭文。根据曾任第七次下西洋副使太监周满所撰《非幻庵香火圣像记》中有关赐葬郑和的记载,该地宫实为郑和部分遗骨的归葬处。同时,作者还对学术界长期争论的"三宝"和"三保"太监等问题,提出了新的见解。他还进一步指出,铭文中的"李"字不是姓氏,而是"使者"之意。又有证据显示,这位使者的身份是武官,官衔为一品。郑和是统领近三万官兵七次下西洋的主帅,而且曾皈依佛门并有法名"福善",这已为学术界定论。因此,铭文中的御用监太监福善就是郑和,郑和德塔也就是郑和在南京牛首山的归葬处。

2011 年,葛晓康再度撰文《北京法海寺近侍太监李童非南京牛首山御用监太监"李"福善》(《郑和研究》2011 年第 1 期)认为,经考证:该铭文中的"李"字不是作为姓氏解释,而是"使者"之意,此地宫实为法名是"福善"的伟大航海家郑和真身墓。但北京法海寺却真有一位明正统年间的太监李童(又名李福善),经考证,李童在明正统六年(1441)以前应为司礼监的近侍太监而非御用监太监。因此,南京牛首山宣德年间的御用监太监(李)福善,不是北京法海寺正统年间的近侍太监李童,而是郑和。有关资料又显示,李童仅用李福善之姓名建造法海寺,可能与纪念郑和有关。

这些观点引起了不同意见,杨海涛在《略说南京弘觉寺塔地宫出土鎏金喇嘛塔——兼与葛晓康先生商榷》(《中国历史文物》2009年第5期)一文中,就葛晓康"李福善即郑和"的观点提出质疑。他认为,鎏金喇嘛塔是明代宦官信仰佛教的产物,铭文中的"李福善"并非郑和,而是李童。葛晓康则再次撰文《对祖国传统文化的一点认识——与研究郑和德塔有关》(《郑和研究》2011年第4期)对弘觉寺舍利塔地宫中出土文物上中国传统文化元素进行研究,发现其中与郑和相契合的地方,认为郑和精心设计了用以流传后世的证据,即"看图识铭文"。他在此对其"弘觉寺塔地宫是郑和归葬处"的观点进行了解释。鉴于有相关石刻资料记载,李童的佛家名称为李福善,而郑和的法名是"福善",葛晓康又从各个角度对"李"进行解释,并期待有新文献能够支撑起其观点。

到了2013年,葛晓康再次就这一问题进行研究,其新文《郑和笔迹之研究——与确认郑和德塔有关(《郑和研究》2013年第1期)更加确定,弘觉寺舍利塔地宫铜鎏金喇嘛塔铭文"金陵牛首山弘觉禅寺永充供养、佛弟子御用监太监李福善奉施"中的"李"字不是作为姓氏解释,而是"使者"之意,此地宫实为法名是"福善"的伟大航海家郑和真身墓,即归葬处。通过对相关文物的研究和鉴定,他认为出土文物铜鎏金喇嘛塔铭文为郑和亲笔所书,这为确认郑和归葬处提供了非常有力的证据。对这一问题的讨论还在继续,我们期待有新的研究成果面世。

(四)关于郑和布施锡兰山碑研究

1911年英国工程师托马林(H. F. Thomalin)在斯里兰卡南部港口城市加勒(Galle)克里普斯(St. Cripples)路口转弯处的一处下水道上发现一块石碑,这就是有名的"郑和布施锡兰山碑"。碑高144.88厘米、宽76.20厘米、厚12.7厘米,碑额两面均为二龙戏珠纹饰,两角呈圆拱形,背面平素无文,正面刻三种文字的碑铭,碑右侧为中文,楷书,竖行书写;左上为泰米尔文,横向书写;左下为波斯文,亦横向书写。由于锡兰碑被发现时被用作下水道的盖子,泰米尔文、波斯文碑铭漫漶不清,所幸汉文碑铭大体可认。经学者们的判读,汉文、泰米尔文、波斯文碑铭分别是郑和代表大明皇帝向佛祖释迦牟尼、印度教主神毗湿奴和伊斯兰教真主阿拉祈愿、贡献的内容。学者们对之进行了诸多研究,如冯承均在《郑和下西洋考》(商务印书馆1934年版)对其的关注;巩珍著、向达校注的《西洋番国志》(中华书局1961年版)也提到了此碑;李约瑟的《中国科技史》(科学出版社1975年版)第一卷第二册也提及此碑;袁坚的《斯里兰卡的郑和布施碑》(《南亚研究》1981年第1期)、邓殿臣的《斯里兰卡的"郑和碑"》(《百科知识》1983年第9期)、陈得芝的《关于郑和下西洋年代的一些问理》(《郑和与海洋》,中国农业出版社1988年版)、李玉昆和李秀梅的《中斯友好与泉州的锡兰王裔》(《海交史研究》1999年第2期)、龙村倪:《郑和布施锡兰山佛寺碑汉文通解》(《中华科技史学会会刊》2006 年第 10 期)、刘迎胜的《"锡兰山碑"的史源研究》(《郑和研究》2008 年第 4 期)、吴之洪的《郑和"布施锡兰山佛寺碑"碑文考》(《黑龙江史志》2009 年第 20 期)也多有所论述。

近期查迪玛、武元磊的《郑和锡兰碑新考》(《东南文化》2011 年第 1 期)对郑和锡兰碑的中文碑文译文进行了考证,结论是:今中文碑文释读已可基本明确,泰米尔文和波斯文碑文可据前人英文翻译而转译,其中波斯文碑文剥蚀严重难以全部释读。他们还指出,此碑原立于斯里兰卡栋德拉,后定居加勒的中国人为保护石碑将其移至加勒。碑文中的锡兰山应指锡兰国而不是现今亚当峰。

2013 年,查迪玛、武元磊再次撰文《解读〈郑和布施锡兰山佛寺碑〉》[《济南大学学报》(社会科学版)2013 年第 3 期],进行了进一步的研究。据他们考察,这块由中文、波斯文以及泰米尔文书写的石碑,有着重要的文献价值。探讨石碑的碑文以及与亚烈苦奈儿事件的内在联系是有重要意义的。作者对于为何此碑有泰米尔文书写进行了解答,明朝时中国以信仰佛教为主,随郑和下西洋的中国佛教徒以中文表达他们对佛世尊的颂扬和敬献,信仰伊斯兰教的穆斯林以波斯文表达他们对真主阿拉的颂扬和敬献,而随行的印度教徒极有可能是说泰米尔语,自然以泰米尔文表达他们对毗湿奴神的颂扬和敬献,虽然可能这些碑文并不是他们撰写的,而是粗通泰米尔文的中国人撰写的。僧伽罗人显然并没有参与郑和下西洋的壮举,即使当时有少数僧伽罗人,那么他们对佛世尊的颂扬也可以通过中文碑文来表达。此外,虽然僧伽罗语的使用者在斯里兰卡是主要民族,泰米尔语却是一种比僧伽罗语使用范围更广的语言。现在,泰米尔语是印度官方宪法承认的二十二种语言之一,是斯里兰卡、马来西亚及新加坡的官方语言,而僧伽罗语的使用者绝大部分在斯里兰卡。由此我们可以推断,明朝时泰米尔语的使用范围也要比僧伽罗语广泛,那么郑和锡兰碑采用了泰米尔文而非僧伽罗文书写也就更有意义。关于此碑与亚烈苦奈儿事件的内在联系,作者也进行了探讨。郑和第三次下西洋时发生了亚烈苦奈儿事件,亚烈苦奈儿是罗伊伽摩地区的统治者,以残暴著称,不时骚扰睦邻和往来使臣。郑和前两次到达斯里兰卡时亚烈苦奈儿便心怀敌意,在第三次时亚烈苦奈儿向郑和索要财物并以武力劫掠,郑和不得已大败并生擒之。而郑和在斯里兰卡所立石碑有可能是亚烈苦奈儿事件的导火索之一。古代斯里兰卡树立石碑,通常都镌刻有当时国王年号的纪年,并且整个过程由国王的大臣进行监督和指导。郑和在斯里兰卡的领土上树立起一座镌刻着中国大明皇帝年号纪年的石碑,这对斯里兰卡统治者来说无疑是一种挑衅。特别是郑和到达斯里兰卡时,曾经统一的岛国正处于分裂状态,有三个敌对的政府存在,彼此相互猜忌,尤其猜忌外国人。郑和庞大的舰队规模,数以万计的随从,在斯里兰卡统治者看来已然十分具有威慑力。加之郑和在斯里兰卡树立石碑,亲自给佛教、伊斯兰教、印度教的寺庙布施,这些举动在亚烈苦奈儿看来都是中国宗主权的体现,必然会招致他的敌意,导致亚烈苦奈儿事件的爆发。

前述姜波的《从泉州到锡兰山:明代中国与斯里兰卡的交往》(《学术月刊》2013年第7期)对锡兰山碑也作出了详细的探究。作者认为,此碑应该是永乐七年(1409)二月郑和第三次下西洋之前在南京刻造。南京东郊汤山即是明代官办采石刻碑的场所,遗址所在至今尚有未及完工的巨型石碑。立碑的地点很有可能就是石碑发现地加勒(Galle)市,而非许多学者所言的栋德拉(Dondra)。郑和在海外树碑众多,迄今只有永乐年间在锡兰山所立的"布施锡兰山佛寺碑"孤悬海外,弥足珍贵。它的发现,也有力地证明了有关郑和在海外封山立碑的文献记载是可信的。"布施锡兰山碑"记录了郑和及其船队分别向佛祖释迦牟尼、印度教主神毗湿奴和伊斯兰教真主阿拉祈愿、布施的情况,一块石碑、三种宗教,反映出郑和本人及其航海团队的宗教信仰是十分复杂的。郑和本人的伊斯兰背景不用说。永乐三年郑和为其父亲立碑,碑文明确提到其父、祖都曾远赴天方朝拜,有"哈只"之名号;郑和与佛教渊源颇深,并有法名福善、福吉祥等;郑和布施锡兰山碑没有提及的另一位重要海神是妈祖(天妃),妈祖之所以没有被提及,肯定是与立碑地点有关系。但是不得不提到的是,妈祖很可能是郑和及其航海团队最重要的祭祀对象。郑和本人及其航海团队,有多种宗教信仰并存的现象,为祈求航海平安,郑和及其团队对佛教、印度教、伊斯兰教、妈祖都尊崇有加,这也是锡兰山碑三种文字、三种宗教并存的原因。

此外,郑和布施锡兰山佛寺碑三种语言、宗教并存,反映了海上丝绸之路上不同族群、语言和宗教共存的现象。泉州锡兰后裔墓碑的发现,也生动说明了僧伽罗语族与汉族、阿拉伯族群的冲突、融合与交流。但如果仔细考订相关资料与文献,也能看到不同族群与宗教之间的冲突。

作者也看到了锡兰山佛寺碑背后隐藏的另一个史实,就是"锡兰山之战",也即亚烈苦奈儿事件。不过原因与查迪玛、武元磊所说有不同。姜波认为,锡兰山本来信奉佛教,但国王亚烈苦奈儿即位后,崇敬外道,信奉伊斯兰教。亚烈苦奈儿来自锁里国,即汉文文献中的南印度的西洋锁里。锁里(马八儿)的宗教社会结构很有意思,其上层社会由伊斯兰背景的商人集团控制,土著的社会底层则是佛教、印度教教徒。亚烈苦奈儿来自锁里的伊斯兰商团,在以佛教和印度教为主流的锡兰国其自然被看作是"崇敬外道"。郑和劝其归奉佛教,遭到亚烈苦奈儿的拒绝,最终导致"锡兰山之战"。

（五）关于郑和文化及其保护研究

与郑和有关的文化研究越来越多,其表现也越来越多样化,郑和的影响渗透到天妃信仰、文艺作品①甚至是饮食文化中。郑自海的《浅谈南京清真餐饮文化——由《郑和航海宴》说起》(《郑和研究》2013年第1期)就是从饮食文化来谈郑和的影响的。中华老字号、中华餐饮名店清真南京安乐园菜馆,因为在2005年纪念郑和下西洋600周年期间,曾组织有关人员赴云南、福建考察采风,搜集整理了有关郑和文化素材,并与江苏省郑和研究会的专家们一起探讨,共同研制出一套经典清真菜单,并定名为"郑和航海宴",受到参会代表一致赞扬。2012年7月11日得到中国航海日纪念活动该店再次被选定为接待单位,"郑和航海宴"的文化内涵也得到不断丰富和提升。

刘咏的《江苏妈祖文化遗产和天妃宫郑和航海遗存的原真性保护与价值提升刍议——以宗教势力入主太仓、南京两地天妃宫现象为例》(《郑和研究》2013年第1期),对郑和航海文化保护提出了自己的见解。作者认为,文物保护是对原真性的保护。文物保护不仅是对外在形态的保护,也是对内在真意的保护。太仓、南京两地的天妃宫,是中华妈祖文化传播的产物,文物价值极其珍贵。但昔日天妃宫的民俗活动和文博展示场馆,已蜕变为今日的佛道宗教道场。这是对天妃宫文物原真性的叛离,构成了对其特定的价值系统的突破。原真性保护应该成为新时期两地天妃宫保护工作的重点,而对其文化意义上的合理利用,也是政府责无旁贷的题中应有之意。合理利用的基本途径有两条:一是文博展示;二是扬弃性恢复其传统社会功能。文化工作者更应以"仰不愧于天、俯不怍于人"的职业操守,自觉超越不同文化的门户偏见,承担起提升珍贵文物价值的使命。

（六）关于郑和与造船业、船舶检验等问题研究

关于郑和与中国造船业的发展,已经有不少成果,在2013年,仍有学者在探讨,如萧忠生、萧钦的《郑和、王景弘下西洋与明代福州造船业》(《郑和研究》2013

---

① 关于文艺作品与郑和的关系之探究,具代表性的如邹振环的《〈西洋记〉的刊刻与明清海防危机中的"郑和记忆"》(《安徽大学学报》2011年第3期),以罗懋登的《三宝太监西洋记通俗演义》为蓝本,从其传播现象出发,探究郑和在文学作品中的形象及其影响。作者发现,《西洋记》被认为是文学史上的一部通俗小说,但在明末清初和清中后期两次出现刊刻的高潮。这反映了国人海权意识的觉醒,并在此基础上对郑和的形象进行了重塑。周运中的《明代杂剧〈下西洋〉成书地点考》(《郑和研究》2011年第1期)通过《奉天命三保下西洋》中的吴方言、江口天妃庙的突出描写及海运与下西洋关系的论述,认为该杂剧的原作者是今江苏省太仓市附近的人。还有几部与郑和有关的文学作品,如李峰、萨苏的《中国海魂:从郑和到钓鱼岛》(长江文艺出版社2011年版)、刘思佳编著的《七下西洋传播友谊的郑和》(吉林人民出版社2011年版)和冼杞然的《郑和》(金城出版社2011年版),这些作品都反映了郑和在文学艺术上的影响。

年第 1 期)认为,福州具有航运之利和良好的造船基础,为郑和、王景弘下西洋提供了物质条件;而郑和、王景弘下西洋,屡命福建造船和修船,也促进了福州造船和修船工艺水平的显著提高。由于郑和、王景弘下西洋的巨大影响,福州造船业取得了突飞猛进的发展。

在郑和的船检方面,有学者进行了细致地考证,如曹凛连续撰写的《郑和前两次下西洋的船况勘察》(《中国船检》2013 年第 1 期)、《郑和三下西洋船舶的建造与检验》(《中国船检》2013 年第 2 期)、《郑和四下西洋的船质检查和管理》(《中国船检》2013 年第 3 期)、《郑和五下西洋的船质查验》(《中国船检》2013 年第 4 期)、《郑和六下西洋的船质查验》(《中国船检》2013 年第 5 期);《郑和"复使旧港"之行》(《中国船检》2013 年第 6 期)、《郑和七下西洋的船质查验》(《中国船检》2013 年第 7 期)等文章,对郑和下西洋船队之船检工作进行了考察。

还有文章对郑和船队的安全问题进行了考察,如陈治政的《郑和七下西洋对安全引航的启示》(《中国水运》2013 年第 6 期)认为,航海是一项高风险行业,而引航作为航海活动重要的安全技术保障,安全是引航永恒的主题。608 年前,郑和率领 27000 多官兵,200 多艘船舶的庞大船队,七下西洋,每次都能按时到达,平安返回,这是世界航海史上的一大奇迹。其中许多安全航海的宝贵经验,今天仍然值得我们学习研究。还有些文章对郑和下西洋时间、地点再次进行了考证,如刘锡涛的《郑和下"西洋"时间地点考论》(《东方论坛》2013 年第 3 期)认为,郑和下"西洋"先后七次,出发时间都选择在下半年,而返回时间都在为上半年,这是根据中国季风气候冬季多北风、夏季多东风的特点来安排的。船队在印度洋航行也是运用印度洋不同时间刮东北季风与西南季风的特点来运作的。郑和下"西洋"把福州长乐五虎门(太平港)作为自己远洋航行基地是历史的必然:这里是船舶的建造与维修基地;是船员队伍的重要来源地;是远洋队伍淡水及粮食物质的补给地;是海神妈祖朝拜的重要地。林林的《金云铭与郑和下西洋时间考证述论》(《濮阳职业技术学院学报》2013 年第 2 期)对金云铭先生的《郑和七下西洋年月考证》一文的思路和论述郑和七次下西洋时间的考证过程进行了分析,并对金先生这篇文章的学术地位和获得这一地位的原因进行剖析。

还有文章提到了郑和下东洋的问题,如苗连贵的《郑和下东洋》(《国学》2013 年第 11 期)、刘幸的《郑和下东洋考》(《保定学院学报》2013 年第 2 期)等。他们认为,人们熟知郑和七下西洋之事,却鲜有人知道在郑和首次下西洋的前一年,郑和曾受明成祖的派遣出使过日本,将当时的室町幕府纳入明朝的朝贡体系之内,并签订了明日《勘合贸易条约》,开启了长达一个半世纪的明日勘合贸易。此举对中日乃至整个东北亚外交体系都产生了一定影响。

还有文章对郑和时代的文物、郑和与美洲、郑和军士后裔等问题进行了讨论，如陈颂华和邰薛的《走近郑和时代的文物精品》(《东方收藏》2013年第7期)、侯杨方的《"古地图"八处失实，郑和发现美洲？》(《海洋世界》2013年第7期)、徐作生的《寻找郑和军士后裔的趣闻》(《寻根》2013年第3期)等

（七）郑和下西洋的历史意义和价值等研究

首先是郑和下西洋对中外关系的影响研究。郑海麟的《郑和下西洋与明代对外关系之再认识》(《太平洋学报》2013年第3期)具有代表性。他在文中指出，明代对外政策的成功有三个特点：一是建立了以"王道"和"公平"为核心价值的中华文明统治秩序；二是输出文明而不占有他国领土；三是以强盛国力和军事实力为对外政策提供坚强后盾。这应成为当今中国和平崛起、参与全球治理的范式。李怡净的《郑和下西洋对周边访问国影响及中断原因分析》(《兰台世界》2013年第30期)也讨论了郑和下西洋对周边国家的影响。

其次是对郑和与现代海权的研究。具有代表性的是何平立、沈瑞英的《"郑和模式"：现代海权构建的思考与启示》(《太平洋学报》2013年第4期)。文章认为，19世纪以来，备受西方政治家、军事家所推崇的马汉海权战略思想，是建立在以海外贸易和海上力量相互结合为特征的"地中海模式"基础之上的。这种"剑与火"的海权战略一直影响着欧、美洲近现代历史发展进程。中国明代郑和七下西洋的海权意识或海洋意识，是一种与西方海权思想迥然不同的"郑和模式"。这种模式的"文明海权"是建立在不以侵占他国领土和权益的友好交往，以传播中华文明和追求国际和平秩序为价值目标基础之上的。故郑和七下西洋不仅是中国海权战略思维嬗变的历史回应，也是中国现代海权之嚆矢，而且应成为世界现代海权构建中的一种新思维。

甄蕾、乔大元的《郑和下西洋的历史价值与现实意义》(《中央社会主义学院学报》2013年第5期)和甄蕾的《试论郑和下西洋的历史价值与现实意义——兼驳"中国威胁论"之荒谬与别有用心》(《三峡论坛(三峡文学·理论版)》2013年第5期)则直接点明了郑和下西洋的历史价值和现实意义。钟悠云的《八年中国航海日，郑和精神深入人心》(《珠江水运》2013年第12期)提到，自2005年国务院批准将郑和下西洋的首航日7月11日确定为我国的航海日以来，中国航海日已走过了八年的历程。中国航海日活动一路经历北京、上海、青岛、太仓、大连、泉州、舟山、南京，八年的历程，"郑和精神"所凝聚的开放进取、经略海洋、和平友好、平等交流和敢为天下先的品质，通过"中国航海日"活动开始深入民众心里，推动了我国航

海事业的发展。

在2013年,除了上述文章外,也有相关著作问世,值得一提的是周运中的《郑和下西洋新考》(中国社会科学出版社2013年版)一书。此书共分为十章,如郑和下西洋的基础之研究,其中包括郑和下西洋的起因、下西洋过程和明代南京四大船厂与郑和下西洋的关系;《郑和航海图》的版本与研究史之探讨;国内航线新考,其中包括江浙部分和闽粤部分之航线;东南亚航线新考,其中包括中国到爪哇航线、马六甲和爪哇航线、南海和马六甲海峡航线、苏门答腊南北航线等;还有对《顺风相送》的研究;南亚航线新考,其中包括缅甸和安达曼海航线、孟加拉航线、东南印度航线、阿拉伯海航线等;非洲航线新考,其中包括东非沿海航线、南印度洋航线;《郑和航海图》的绘制过程研究,其中包括对其绘制时间、作者、其四个部分的来源之考察;对郑和下西洋人物的研究,其中包括明代文集中下西洋随员新史料的发掘、新见洪保"寿藏铭"研究等;郑和下西洋的影响之考察,其中包括郑和下西洋和浙江关系新探、郑和下西洋所见异兽八种考、《新增格古要论》与明初中外交流等;郑和下西洋文学研究,其中包括罗懋登《西洋记》的考察、明杂剧《下西洋》成书地点考等。

可以看出,本书有如下几个特点:(1)主要研究郑和下西洋的航路,重点是郑和下西洋相关地名考证。本书配有地图多幅,包括古代地图、当今地图及古今对照地图,展示郑和下西洋在不同地区的航线。其地名考证系统、全面,经过重新考订的地名达到相关地名总数的四分之一。(2)从明代的文集、地方志等多种类别的文献中发现了很多前人从未提出的下西洋新史料,并涉及新发现的文物研究,如洪保"寿藏铭"的研究。(3)对郑和文学的研究有其新颖之处。(4)提出诸多新论。如其认为《顺风相送》记录了郑和主船队的实际航线,而《郑和航海图》在很大程度出自改绘的外国海图;比较了《郑和航海图》与《顺风相送》阿拉伯海航线的诸多不同,考证了《郑和航海图》独有的阿拉伯半岛地名,提出《郑和航海图》的信息来源与《顺风相送》不同之观点;近年来有人提出郑和下西洋环游世界的误论,其实郑和下西洋不但不可能环游世界、发现新大陆,就是宋元时期中国人所到过的地方也没走全,郑和下西洋去天方(阿拉伯麦加)外港的一次也是因为也门战乱导致中国商品滞销而临时成行。总之,这是一部研究郑和的严谨而全面的力作。

综观2013年的研究状况,在各个领域皆有新成果出现。从中我们还可以看到未来研究的某种趋势:(1)关于经济交流的研究仍将是重点。随着政府对海商丝绸之路的重视,对于中国和其他国家的海上经济往来将是海交史研究的热点,历史上与海外国家的经济交往将为促进现今各国的经济交往提供基础和借鉴。(2)随着新的考古文献和遗迹的出现,对古代中国经济发展状况和外贸交易状况的研究将更加深入,如商船管理和商业组织模式研究、外销瓷的规模研究等。(3)对一些新的领域将有更全面和深入的探讨,如中外医药、音乐、宗教文化的交流研究等。(4)对郑和和沉船的研究将会更加深入和细致,如关于洪保"寿藏铭"、锡兰山碑等文物的深入研究,关于"南海一号"、"华光礁一号"、"南澳一号"等的进一步的研究等。我们期待未来有更多成果的涌现。

（本章作者贾庆军,宁波大学人文与传媒学院副教授）

第四章 海上丝绸之路与中西政经交往

随着海上丝绸之路的开辟与发展,中国与西方国家(本章及第五章所说的"西方国家"主要指欧美国家)的经济、政治与文化交流日渐频繁。本年度国内学者主要围绕中国与欧美国家通过海上丝绸之路而进行的贸易往来、政治交往与物种流通等领域展开研究,研究领域有所拓宽,研究深度进一步加强,在资料运用与观点上都有所创新。

一、中西贸易往来

随着东西方新航路的开辟,欧洲人分别绕过非洲、南美洲,从东、西两个方向扬帆来到中国,建立起世界性的海上贸易网络,极大地推动了东西方贸易的发展,促进了中西经济与文化交流。关于海上丝绸之路上的贸易往来一直是学术界重视的领域,研究成果丰硕。2013年国内学者围绕东西方贸易往来总体状况、瓷器、茶叶与丝绸贸易以及港口、航线、货币、人物等问题进行了比较深入的研究。

(一)关于中国与欧美经济贸易的研究

本年度国内学术界对中国与欧美国家与地区总体贸易状况比较关注。郭卫东在《19世纪初叶欧美国家对华贸易反差现象研究》(《安徽史学》2013年第2期)一文中,利用近代对外贸易史的第一手资料,对19世纪初期欧美国家对华贸易反差问题现象进行了较为深入的研究。他认为出现这一问题的重要原因在于,当美洲白银发生危机时,英美两国较好地解决了替代产品,美国依靠人参、皮毛等,英国先是依靠印度棉花,继而依靠鸦片重建对华贸易结构。鸦片是英国人交换中国茶叶的主要替代品,是中英贸易赖以维系的基石,之后经过禁烟与反禁烟,导致鸦片战争的爆发,最终改写了中国的历史进程。张苗的《古代中国对外贸易优势地位形成的原因》[《赤峰学院学报》(汉文哲学社会科学版)2013年第5期]探讨了古代中国对外贸易优势地位形成的原因。他认为在古代世界各国各地区相对封闭隔绝的环境下,中国的茶叶、丝绸、瓷器等产品利用这种特殊产品和技术的"封闭优势"获得了巨大的收益。但随着世界联系的加强,传统技术外传并先后被超越,而自身对传统产品的分散经营模式,以及技术革新较差等因素,导致这些产品的封闭垄断地位丧失;加之中国的自给自足的自然经济,对商业的不重视以及只卖不买的传统观念的限制,国际贸易商品结构的变化,也使初级产品优势地位逐渐丧失,近代科技不断发展,中国的初级产品优势渐失并逐渐被远远抛在了后面。林桂军、金燕的《早期欧洲转口贸易对金融影响的历史与文献回顾》(《经济研究导刊》2013 年第 13 期)一文集中研究 20 世纪前欧洲不同地区的转口贸易,尽管不是纯粹的历史学术论文,但对明清时期的中外贸易有所涉及。

随着中西贸易交往的发展,巨额白银流注入中国,对中国、欧洲乃至世界经济体系均产生了重大的影响,学术界一直很重视对白银问题的研究。早在 20 世纪 30、40 年代,梁方仲等中国学者就研究过美洲白银的输入问题。[1] 1949 年之后,相关研究在大陆也没有中断。[2] 20 世纪 80 年代之后,对此问题的研究日益增多。学者们主要围绕白银输入中国的原因、渠道、数量及对中国社会经济发展的影响展开论述,取得了丰富的研究成果。[3] 2013 年学者们从不同层面对这个问题展开了讨论。陈延轩在《浅析明朝私人海上贸易与白银货币化之关系》(《福建省社会主义学院学报》2013 年第 3 期)一文中指出,在明初白银并不是合法的流通货币,但由于明朝社会内部的变动,特别是明朝在对外贸易中长期保持顺差,在明朝中后期通过私人海上贸易使大量的白银流入中国,为白银的大量流通奠定了基础。而明朝的白银货币化猛烈刺激了中国的白银需求,进一步拉动了海外私人贸易的发

①　梁方仲:《明代国际贸易与银的输出入》,《中国社会经济史集刊》1939 年第 2 期。

②　张维华:《明代海外贸易简论》,第四、五、六章,学习生活出版社 1955 年版;傅衣凌:《明清时代商人及商业资本》,人民出版社 1956 年版;彭泽益:《清代广东洋行制度的起源》,《历史研究》1957 年第 1 期;李永锡:《菲律宾与墨西哥之间早期的大帆船贸易》,《中山大学学报》1964 年第 3 期;王士鹤:《明代后期中国—马尼拉—墨西哥贸易的发展》,《地理集刊》1964 年第 7 期,等。

③　如钱江:《1570—1760 年西属菲律宾流入中国的美洲白银》,《南洋问题》1985 年第 3 期;钱江:《十六—十八世纪国际间白银流动及其输入中国之考察》,《南洋问题研究》1988 年第 2 期;倪来恩、夏维:《中外国白银与明帝国的崩溃——关于明末外国白银的输入及其作用的重新检讨》,《中国社会经济史研究》1990 年第 3 期;张德明:《金银与太平洋世界的演变》,《武汉大学学报》(社会科学版)1993 年第 1 期;晁中辰:《明后期白银的大量内流及其影响》,《史学月刊》1993 年第 1 期;庄国土:《16—18 世纪白银流入中国数量估算》,《中国钱币》1995 年第 3 期;梅新育:《略论明代对外贸易与银本位、货币财政制度》,《学术研究》1999 年第 2 期;万明:《明代白银货币化:中国与世界连接的新视角》,《河北学刊》2004 年第 3 期;韩琦:《美洲白银与早期中国经济的发展》,《历史教学问题》2005 年第 2 期;刘军:《明清时期白银流入量分析》,《东北财经大学学报》2009 年第 6 期;陈春声、刘志伟:《贡赋、市场与物质生活——试论十八世纪美洲白银输入与中国社会变迁之关系》,《清华大学学报》(哲学社会科学版)2010 年第 5 期;等等。

展。私人海上贸易与白银货币化的双向互动，见证了明朝市场经济的发展与繁荣，并且成为了明朝与世界联系的纽带，使得明朝参与了世界贸易体系的初步架构，在世界贸易的整体化过程中扮演了举足轻重的作用。孙继亮则探析了海上丝绸之路的发展与明代银本位制度确立的关系(《海上丝绸之路的发展与明代银本位制度确立关系初探》，《经济研究参考》2013 年第 34 期)。他认为，16 世纪中后期，随着西班牙的崛起，世界贸易形成了新格局。由于欧洲商品难以与价廉物美的中国商品竞争，西班牙人、葡萄牙人和后来跻身对华贸易的荷兰人、英国人都不得不用白银来购买中国商品，巨额对外贸易顺差一直保持到 19 世纪初鸦片贸易兴起前夕。白银的流入途径有民间走私贸易和葡萄牙人开展的转口贸易两种途径。禁银令的废除，加上通过海上丝绸之路输入到中国的大量白银，消除了国内银矿资源贫乏的制约。到了明朝后期，白银通行于全社会，占据了货币流通领域的主导地位，使明代商品经济蓬勃发展。而"一条鞭法"的实施也从中央政府的层面以法令的形式确立了白银的本位货币地位，自此中国进入事实上的银本位制时代。2013 年《清史译丛》[国家清史编纂委员会编译组编著：《清史译丛》(第十一辑)，商务印书馆 2013 年版]中，也集中发表了系列国外学者的论著([美]艾维四著、董建中译：《1530—1650 年前后国际白银流通与中国经济》；[美]艾维四著、袁飞译：《1635—1644 年前后白银输入中国的再考察》；[美]万志英著、王敬雅译：《中国 17 世纪货币危机的神话与现实》)，对明朝与世界经济、尤其是世界货币一体化日益加深，白银输入的起落变化态势以及对于明代中国经济、社会、政治以及清初经济的影响，进行了深入探讨。

关于东西方的贸易体制问题的研究也在 2013 年有所发展。史学界对鸦片战争前后清朝对外贸易体制问题已有一定关注，一般对作为中国外贸体制特色的行商制度持否定态度，认为该制度不适应世界经济格局的变化需要，其必然终结的命运不可逆转。[①] 王明前在《鸦片战争前后中国外贸体制演变研究(1820—1850年)》[《福建论坛》(人文社会科学版)2013 年第 10 期]一文中，引用了大量清代档案及近代经济史资料，对鸦片战争前后清代对外贸易体制有一个比较全面的认知，并提出与传统观点不同的看法：认为行商制度在以农业为主体经济、对外贸易需要有限的中国，具有一定的合理性，而鸦片战争后中国对外贸易体制，因传统经

---

① 相关研究参见：黄福才：《鸦片战争前十三行并未垄断中外贸易》，《厦门大学学报》1988 年第 1 期；顾卫民：《广州通商制度与鸦片战争》，《历史研究》1989 年第 1 期；俞如先：《鸦片战争前的行商》，《龙岩师专学报》1997年第 2 期；吴义雄：《广州外侨总商会与鸦片战争前夕的中英关系》，《近代史研究》2004 年第 2 期；李宽柏、凌文峰《鸦片战争前英国散商对广州贸易体制的冲击》，《郧阳师专学报》2007 年第 5 期；郭华清、朱西学：《十三行贸易体制与鸦片战争的关系》，《五邑大学学报》2010 年第 4 期；等等。

济结构惯性的影响,并未显著呈现转变趋势。孙建伟则对主导清代外贸的十三行制度三起三落的历史进行追溯,并对一些有影响的行商进行了初步研究(《十三行与晚清外贸的荣衰》,《档案春秋》2013 年第 9 期)。他指出,十三行和英国东印度公司,双方都属于国家背景的特许垄断企业,也是国家的对外贸易代表。但是支撑双方经济资源的国家和社会力量差异巨大,这种差异隐藏了未来的冲突因子。到 19 世纪初,行商制度虽未改变,但行商已被外商挤兑,从对等主体变为附庸,逐渐演变为买办。1842 年签订的《南京条约》中相关规定,使公行制度寿终正寝。

英国是近代崛起的海洋大国,尽管与中国贸易时间晚于葡萄牙、荷兰,但其与中国之间的贸易规模、时间以及对中国社会的影响远远超过其他欧美国家。国内学者对近代英国与中国的贸易往来比较关注,2013 年也有一些重要的文章发表。柴彬在《英国近代走私贸易问题刍论》[《历史教学》(下半月刊)2013 年第 6 期]一文中以 18 世纪茶叶走私为例,对近代英国走私问题进行分析。他指出,茶叶的大量进口和消费,为英国政府提供了重要的税收来源。东印度公司为维护垄断地位,奉行低供应量而高价格的政策,使茶叶走私能获取暴利。当时的茶叶走私是一种具有国际分工特征的勾当,荷兰、法国、西班牙等国的走私犯负责从中国收茶,运到英国海岸后,由英国走私犯接手,再转交于英国国内的茶叶私贩经销。尽管该文重在分析英国走私问题产生的原因与影响,但有部分内容涉及英国等欧洲国家与中国的茶叶贸易,从一个侧面反映了当时中外贸易状况。卫太夷在《19 世纪的英商飞剪船》(《航海》2013 年第 2 期)一文中指出,由于早期中英海上贸易中国一直居有利的"出超"地位,英商不得不运送白银到中国来偿付货款。为改变这种情况,英国不仅从事鸦片贸易,还利用飞剪船提高运输能力,其他国家纷纷仿造,世界帆船航运便进入了飞剪船时期。英国因此很快扭转贸易劣势,而且对清政府财政造成极大的危害,大清帝国日益腐败衰落。

2013 年近代欧美其他大国与中国的贸易往来也受到学者们的重视,研究领域有所拓宽。严锴、吴敏在《贸易与宗教同行——以"安菲特里忒"号中国之行为中心》(《法国研究》2013 年第 3 期)一文中,分析了近代法国与中国贸易往来的重要特征。文章认为,通过"安菲特里忒"号两次中国之行,法国人开启了对华贸易的大门,并为耶稣会士入华提供了便利的交通条件。与此同时,凭借耶稣会士在清廷的影响,法商在广州开展贸易活动享受到了特别优待和经济实惠。贸易与宗教同行,有利于法国人将商品、教义及文化输入到遥远的中华帝国。赵文红等对 17 世纪上半叶的澳门—马尼拉贸易进行探讨(《17 世纪上半叶的澳门—马尼拉贸易》,《云南开放大学学报》2013 年第 1 期)。文章认为,澳门—马尼拉贸易是澳门葡萄牙人经营下的最主要贸易之一，尽管属"走私"贸易，但葡萄牙人却通过各种手段垄断了这一贸易。一方面，极力排斥西班牙人和中国商人；另一方面，澳葡不断谋求澳门—马尼拉贸易合法化。这一贸易，对于澳门至关重要，同样地对马尼拉也产生了巨大的影响。马尼拉当局对澳葡的依赖程度越来越高，使得华商到马尼拉的数量大大减少。澳葡冲击了马尼拉市场原有的贸易信用制度，导致了马尼拉西班牙人的贫困。澳葡则通过间接投资大帆船货物，将货物运到墨西哥去出售。谈谭联系现实，分析了 17 世纪郑氏海商集团的生存困境（《从十七世纪郑氏海商集团的生存困境看 ECFA 的意义》，《理论月刊》2013 年第 1 期），指出此时东南沿海的郑氏海商集团在清廷"海禁"、"迁界"政策的打击下，其赖以生存的经济基础—海上贸易逐渐萎缩，面临着难以克服的生存困境，使明代已经发展起来并对中原经济起着很大促进作用的对外海上贸易走向衰落，中外经济联系处于断绝状态，白银输入锐减，中国商品经济的发展受到很大摧残。

（二）关于丝绸之路上中西货物往来的研究

瓷器、茶叶与丝绸是古代海上丝绸之路上的重要商品，关于这方面的研究一直受到学术界的重视，成果丰硕。2013 年对中西瓷器贸易的研究最为突出，中西茶叶与丝绸贸易的研究成果也不少。此外，原来受到忽视的中西商品贸易如火器、漆器、西洋参、香料贸易等也引起国内学者的关注。

1. 中西瓷器贸易

瓷器是海上丝绸之路上的大宗货物，自唐代起，中国瓷器就开始远销海外，17 至 18 世纪，瓷器出口贸易达到了高潮。中国瓷器以其优雅的色调和风格，受到西方社会的欢迎，成为中国出口的大宗货物。20 世纪 80 年代起，学术界就瓷器的西传进行了深入的研究，从不同的角度探讨了瓷器西传及对东西方社会的影响。[1]2013 年学者们利用文献资料与最新的考古资料，对瓷器西传及对东西方社会文化的发展进行了深入研究。

2013 年关于瓷器西传的研究更多地集中在青花瓷、景德镇瓷器的西传与影响上。万明的《海上寻踪：明代青花瓷的崛起与西传》[《国家航海》第四辑（2013 年第 1 期），上海古籍出版社 2013 年版］是 2013 年关于青花瓷研究的重要文章。文章

---

① 朱杰勤：《十七、八世纪华瓷传入欧洲的经过及其相互作用》，《中国史研究》1980 年第 4 期；夏鼐：《瑞典所藏的中国外销瓷》，《文物》1981 年第 5 期；李金明：《明清时期中国瓷器文化在欧洲的传播与影响》，《中国社会经济史研究》1999 年第 2 期；孙锦泉：《华瓷西传对欧洲的影响》，《四川大学学报》2001 年第 3 期；李国清等：《中国德化白瓷与欧洲早期制瓷业》，《海交史研究》2004 年第 1 期；刘洋：《明清青花瓷外销分期研究》，《明史研究论丛》2007 年第 7 辑；万钧：《东印度公司与明清外销瓷》，《故宫博物院院刊》2009 年第 4 期；等等。

大量引用国内外考古材料和海内外相关文献资料,详尽了论述了明代青花瓷的崛起与西传过程。作者认为,郑和下西洋为青花瓷的崛起带来了第一个契机。到 16世纪,青花瓷占据了瓷器出口的主要地位。永乐、宣德时期,在海外风格与时尚的影响下,生产的器形与纹饰具有明显的域外风格并且行销于海外,开创了青花瓷的黄金时期。青花瓷崛起中的第二个契机是进口钴料到国产钴料的成功转换,带来了成化年间民窑青花瓷的飞跃发展,晚明民窑的制瓷水平大幅提高,瓷画的艺术表现力更趋活跃。16 世纪时澳门作为明代瓷器的最大输出口岸,开展了世界性的陶瓷贸易,并建立了多条国际航线。以青花瓷为代表的中国瓷器行销全世界,成为世界性的商品。随着青花瓷的大量外销,其品种经历了从具有异国情调的图形,到 16 世纪的纹章瓷,再到后来大批量生产的"克拉克瓷"等三个阶段。青花瓷从中国本土传播到外部世界,是中外文明交融的结果,是青花瓷引领了世界时尚,最终形成了"万里同风",预示着全球化的开端。彭明瀚从全球化视野对荷兰东印度公司与明清时期景德镇瓷器外销欧洲进行探析(《荷兰东印度公司与明清时期景德镇瓷器外销欧洲——贸易全球化视野下的景德镇瓷器文化研究之一》,《南方文物》2013 年第 1 期)。他认为在郑和七下西洋的刺激下,中国成为新航路开辟以前世界上最大的海上贸易强国,推动了包括景德镇制瓷业在内的中国手工业飞速发展,瓷器贸易大幅增长,囊括亚非,甚至远达欧美,初步形成了一个世界性的中国瓷器市场。16 世纪葡萄牙和西班牙分别以澳门和马尼拉为中心,通过数条国际航线将中国瓷器转运至世界各地,形成了向全球扩散的海上陶瓷之路国际贸易循环网。尽管是葡萄牙人首次直接从中国大量贩运瓷器到欧洲,但真正为中国瓷器打开欧洲市场的是荷兰人。17 世纪初,中荷瓷器贸易就已按照国际贸易惯例,采取签订销售合同、预付定金的方式进行交易。中国瓷器是荷兰东印度公司东方贸易的主要商品,经过荷兰人重新设计、改造后的景德镇瓷器,走进欧洲民众的日常生活,把中国瓷器在欧洲的影响从上层社会扩展到社会各个阶层。荷兰也是第一个主动设计、开发中国瓷器的国家。还有一些学者对青花瓷与景德镇瓷器的西传进行研究,但多为普及性文章,如詹嘉的《15—18 世纪景德镇陶瓷对欧洲饮食文化的影响》(《江西社会科学》2013 年第 1 期),周冉的《景德镇瓷器海外征战史》(《中国海关》2013 年第 4 期),赵琳的《元青花艺术的外来影响新探》(《博物馆研究》2013 年第 4 期),张凌云的《青花瓷的远行——景德镇与代尔夫特四百年际遇》(《装饰》2013 年第 11 期),孙海彦、王涛的《浓墨重彩——康雍时期外销青花瓷》(《文物鉴定与鉴赏》2013 年第 11 期),等等。

外销瓷也是学者们比较关注的研究领域。2013 年 8 月 16 至 19 日在广东省博物馆举行了"异趣·同辉——清代外销艺术品国际学术研讨会",来自英国、美国等国家和中国香港、澳门特别行政区以及内地近 30 位学者与会,围绕广式地方工艺、文化商贸交流、外销画、外销瓷四个专题,展开热烈的讨论(白芳:《清代外销艺术品国际学术研讨会综述》,《中国文物报》2013 年 10 月 9 日)。此次会议进一步厘清了清代外销艺术品的重要价值,加深了学界的共识,推动了外销艺术品的研究。赵海频在《浅论明清外销瓷中的西方设计》[《美与时代》(中)2013 年第 11 期]一文中提出明清外销瓷的设计和制作历经了三个阶段,最初为中国特色,17 世纪初荷兰东印度公司成立后,迎来了中国外销瓷的第一次高峰。这个时期外销瓷上的西方设计保留了中国装饰上的某些特质。到康熙晚期,基督教题材、希腊神话故事、西欧的贵族生活场景及社会事件等占据了外销瓷的画面,更具浓郁的异国风情。正是因为从一开始中国外销瓷就成为了西方设计的媒介物,其在 19 世纪的衰败也因此成为必然之势。周冉根据最新考古资料,对德化外销瓷进行探析(《德化外销瓷 迷倒欧洲人的"中国白"》,《国家人文历史》2013 年第 6 期)。他指出,从宋代开始,德化瓷作为出色的外销瓷器,通过各国商船源源不断奔向世界,东南亚、欧洲等地到处是使用这种"中国白"的外国贵族,德化瓷的风行也在客观上促进了欧洲硬瓷制造的成熟。不过,2013 年关于这方面的论述更多地与文化联系在一起,多为浅层面、普及性的介绍。如王雪艳的《17 世纪后通过海上丝绸之路西方文化对中国陶瓷艺术的影响》(《陶瓷学报》2013 年第 1 期),李秋菊的《试论中国明清陶瓷与法国洛可可艺术的关系》(《美术教育研究》2013 年第 1 期),汪梅、米朝辉的《浙江龙泉青瓷海外流传历史及风格演变研究》(《中国建筑装饰装修》2013 年第 2 期),江涛的《岭南风情与欧洲洛可可风格的完美交融——由广彩瓷的视觉特点解析其文化特征》(《艺术教育》2013 年第 3 期),马敏的《从文艺复兴到启蒙运动——由瓷之韵瓷器精品展"看中西技术和文化交流》(《装饰》2013 年第 4 期),郭东慧的《清代广彩受西方文化的影响》(《文物鉴定与鉴赏》2013 年第 4 期),罗梦达的《清代广彩瓷中的西洋元素》(《艺术教育》2013 年第 7 期),余春明的《中国瓷器纹饰对西方的影响——以山水园林纹饰为中心》(《收藏》2013 年第 7 期),曾佳的《东方神奇魔玻璃——浅析中国外销瓷历史及其艺术魅力》(《中外文化交流》2013 年第 9 期),余姗姗的《东风西渐:中国瓷器的荣耀》(《检察风》2013 年第 10 期),白音吉力根的《清代瓷器中的西洋画》[《参花》(下)2013 年第 10 期],刘卓的《18 世纪中国瓷器上的西洋花卉装饰》(《收藏》2013 年第 13 期),童芳的《浅议浙江青瓷的对外贸易》(《经营管理者》2013 年第 15 期),等等。

2. 中西茶叶、丝绸贸易

茶叶起源于中国,是中国早期对外贸易的主要商品之一。2013年关于茶叶贸易的研究进一步深入,发表了不少有影响的论文。荷兰是最早把茶叶引入欧洲的西方国家,并成为中西茶叶贸易的先驱,对近代中西茶叶贸易的兴起与发展起到了重要的历史推动作用。20世纪80年代以来,相继发表了一些关于荷兰茶叶贸易和荷兰东印度公司的研究成果。2013年关于这方面的研究有比较大的发展。刘勇的《中国茶叶与近代荷兰饮茶习俗》(《历史研究》2013年第1期)一文引用了大量中外文文献资料,系统阐述了中国茶叶与近代荷兰饮茶习俗的关系。中国茶叶于17世纪早期首次由荷兰人引入欧洲,从18世纪初期开始主宰荷兰对华贸易,直至19世纪40年代。饮茶有益论逐步被荷兰民众认同,售价不断下降的茶叶逐渐成为荷兰人的日常饮料,由专营或兼营店铺出售,而从一开始就被视为高尚消遣的饮茶习俗也自上而下地在荷兰各阶层中得到广泛普及,丰富了近代荷兰人的社会生活。刘勇又深入研究了荷兰东印度公司中国委员会与中荷茶叶贸易的关系[《荷兰东印度公司中国委员会与中荷茶叶贸易》,《厦门大学学报》(哲学社会科学版)2013年第4期]。他系统梳理荷兰东印度公司对华直航贸易的发展历程。荷兰东印度公司对华直航贸易始于1729年,止于1794年,经历了1729—1734年"十七绅士"统领时期、1735—1756年巴城政府掌控时期、1757—1794年中国委员会管理时期三个不同发展阶段。作者重点探讨荷兰东印度公司为重组对华贸易而成立的特别机构——中国委员会的来龙去脉,列举了该机构对华贸易的各项举措,荷兰东印度公司对华茶叶贸易在其管理下的具体表现,以及影响该茶叶贸易"黄金时代"形成及其终结的各种因素。中国委员会在荷兰东印度公司机构范畴内成为一个非常独特的部门,在近半个世纪内专注于单一地区单一商品的贸易,而在其管理下荷兰对华茶叶贸易经营较为稳定。在荷兰东印度公司衰落这一大背景下,对华贸易的重组对于公司而言是一个相当了不起的成功。该文统计数据翔实,论证严密,是对荷兰东印度公司研究的重要补充。

2013年关于茶叶及茶文化的海外传播的研究成果也不少。赵淑萍、邵小红的《中茶西渐——西方文化里的茶事》(《农业考古》2013年第5期)一文考察了中国茶西传的路线。一条由福建、广州通向南洋诸国,然后经马来半岛、印度半岛、地中海走向欧洲各国;一条由广州直线越过太平洋通往美洲各地。17世纪以来,中国逐渐成为茶叶的最大输出国,而英国成为茶叶最主要的消费国。中英茶贸易在很大程度上决定了中国的历史走向。周莉萍考察了茶叶全球传播过程(《茶叶的全球传播》,《光明日报》2013年8月13日),认为茶叶作为中国文化的重要载体,对世界各地的茶文化、生活习俗产生了重要影响，而茶文化经过交流之后，相互影响，变得更加丰富多彩。喻南舫在《改变世界的茶叶》[《大科技》(百科新说) 2013年第9期]一文中也指出茶叶不仅仅是普通的饮料，历史上许多改变政治局势、推动世界发展的事件都与它有关。刘礼堂、宋时磊对唐代茶叶及茶文化域外传播进行考察[《唐代茶叶及茶文化域外传播考》，《武汉大学学报》(人文科学版) 2013年第3期]。唐代茶叶及茶文化对外传播主要有西线、南线、东线等三条线路，其中东线向朝鲜半岛和日本的传播最为广泛而深入。唐代茶叶及茶文化域外传播具有侧重于文化的沟通与交流、注重精神和审美的感受、从文化高地流向文化洼地、僧侣是传播媒介主体力量等特点。王红芳的《明清晋商对俄茶叶贸易兴衰的分析与启示》(《生产力研究》2013年第6期)一文尝试从多维层面探析晋商对俄茶叶贸易兴衰的原因，将明清晋商对俄茶叶贸易历程划分为兴起、发展和衰亡三个阶段，从客观环境、商业精神、资本积累、技术准备等方面探寻晋商对俄茶叶贸易成败的原因，提出了有助于现代商业经营健康发展的若干启示。

2013年关于丝绸贸易的研究成果不多。张爽考察了5—6世纪以嚈哒帝国为中心的欧亚大陆的政治联系与丝绸贸易(《5—6世纪欧亚大陆的政治联系与丝绸贸易——以嚈哒帝国为中心》，《社会科学战线》2013年第4期)。嚈哒征服丝路商业民族粟特后，在丝路进行扩张，一方面使其与波斯、拜占庭三者之间形成了较为复杂的"三角"关系；另一方面也加强了其与中国、波斯、拜占庭等丝路主要国家之间的政治联系，从而使5—6世纪的欧亚大陆丝绸贸易有了较大发展。关于海上丝绸贸易情况的研究期待有新的资料和新的研究视角。

3. 中西贸易研究的新领域

2013年中西之间火器、漆器、西洋参等原来被忽视的小宗商品的贸易状况引起了学术界的关注，成为中西贸易研究新的增长点。刘延华在《清代前期中国对外火器贸易简述》(《中国社会经济史研究》2013年第2期)一文中对清代前期火器进口和军器进口情况分别进行阐述。作者认为，清代前期中国对外火器贸易在清政府制定的严苛规则下进行着，商民时有犯禁走私之举。为保证武力优势，清政府对周边国家实施严格的火器封锁。政府与商民对军火都有一定的进口，然而出口被严格禁止。各国在清廷的巨大政治压力下，仍鼓励华商走私紧缺的军火。由于短视和盲目自信，清政府排斥西方的先进火器及技术，只有广东地方政府在战事频繁时极少量进口，而商民在东南亚和澳门购入一定的西方军火。面对配载先进火器的西方船只的直接威胁，清廷未提升武力水平，终导致其在鸦片战争中一败涂地。周维强2013年出版了《佛郎机铳在中国》一书，利用丰富的中外文原始资料,吸收了国内外关于佛郎机铳的研究成果,系统梳理了中欧火药交流及佛郎机铳的研究状况,对佛郎机铳的输入、传播、应用及发展进行深入阐释,也对一些学术界有争议的问题进行了分析,是国内关于该问题研究的集大成之作。作者认为,佛郎机铳自正德年间传入中国,不但是传华西洋火炮的鼻祖,也是中国人使用最多、最久的西方火炮,对明清社会发展与中西文化交流产生了深远影响。他强调,关于佛郎机铳的研究"既是吾人重新检视欧人东来史不能够忽视的起点课题,也是了解近五百年来中国武力兴衰和研究东亚战争形态的首要门径,其重要性自不待言"[①]。余三乐则把研究目光看向了望远镜(《望远镜与西风东渐》,社会科学文献出版社 2013 年版)。作者追溯了望远镜的发明及传入中国的过程,尽管侧重从文化角度阐述望远镜的发展与东来过程,但也有部分章节涉及中西望远镜的贸易。

　　除了关注火器、望远镜等物品的中西贸易状况外,漆器、西洋参以及香料等物品的贸易状况也引起学者们的关注。何振纪在《清代广产的外销描金漆器》(《岭南文史》2013 年第 3 期)一文中,对清代广州的外销漆器的贸易状况进行探析。乾隆年间广州十三行已聚拢了大量的作坊,它们接受来自海外的订单,大部分的外销漆器仍按照中式的工艺进行制作,只是在器物的造型上稍加改变,以适应海外市场的需要,并逐渐形成了一种折中的漆艺审美趣味。17 世纪末期,以广器为首,中国的漆器出口已经盖过了日本所出产的"倭漆",逐渐挤占了出口西方的漆器市场。18 世纪至 19 世纪初期是广器发展最为繁荣昌盛的黄金时期,大量漆器销往欧美国家。19 世纪中后期,外销漆器逐渐失去市场。当然,关于外销漆器的研究还有待深入。冷东、肖楚熊聚焦于清代中期花旗参的输入及影响(《清代中期花旗参的输入及影响》,《古今农业》2013 年第 3 期)。清代初期,北美人参开始少量输入中国。之后由于巨大的社会需求和人参资源的短缺,成为北美花旗参输入中国的根源。广州十三行是清朝唯一特许的与西方国家海外贸易的机构,成为花旗参引进中国的唯一通道及花旗参的进口中心,十三行商则成为花旗参法定进口商。花旗参普及于岭南社会,也发展到中国其他地区,成为家喻户晓的品牌和社会生活的重要组成部分。包来军在《明朝香料朝贡贸易与西欧香料战争贸易比较》(《兰台世界》2013 年第 1 期)一文中指出,明朝朝贡贸易的亏损与西欧香料战争贸易的获利形成了鲜明的对比,折射出东西方历史发展的不同。此外,林日杖在对明清时期来华传教士对大黄的认识分析中,也有部分内容涉及中西大黄贸易情况

---

① 周维强:《佛郎机铳在中国》,社会科学文献出版社 2013 年版,第 207 页。

（《论明清时期来华传教士对大黄的认识——关于明清来华西人中药观的断面思考》，《海交史研究》2013年第1期）。随着研究的进一步的深入以及资料的增多，相信会有更多学者关注这些还有待深入的研究领域。

（三）中西方贸易港口、航线、西洋货币、人物

港口、航线、货币、贸易机构与相关人物的研究是海上丝绸之路研究领域的重要组成部分，2013年与中西贸易有关的港口、航线、货币与人物的研究成果不少，也引起更多的争议。

1. 东西方贸易港口与航线

福建地处东南沿海，自古多良港，在中西贸易中有重要影响。张振玉从近20年来福州地区考古发掘出土的宋、明墓葬丝织品的实物资料入手，结合福州港古代的航线，以及郑和七下西洋屡次在福州太平港驻泊候风、扬帆出洋等史实，在《海上丝绸之路与福州丝织品贸易》（《福建文博》2013年第1期）一文中强调福州是中国古代丝织品生产的重要基地之一，其丝织品通过中国"海上丝绸之路"输往世界各地，使福州港成为中国海上丝绸之路丝织品对外贸易的重要港口。李金明在《月港开禁与中国古代海上丝绸之路的发展》（《闽台文化交流》2013年第4期）一文中指出，明朝在福建漳州海澄月港宣布部分开放海禁，准许私人海外贸易船申请文引，缴纳饷税，出洋贸易后，才真正发展成为环绕全球、联系东西方的海上丝绸之路。郑云则在《明代漳州月港对外贸易考略》（《福建文博》2013年第2期）一文中强调，由于明王朝政府推行"海禁"，东南沿海地区的福州、泉州、广州等对外通商港口被关闭。民间海商探得海澄月港优越地理条件，四方汇聚而来，从而使月港逐渐发展成为当时东南沿海对外贸易中心，开创了我国民间海外贸易的先河，首次把中国贸易扩张到印度洋、太平洋的国家与地区，主导了东南亚的贸易市场，并以此为中心将中国商品贸易范围扩大至拉丁美洲和欧洲，是世界上大帆船航海史上最长的海外贸易航线。从16世纪起，大量的外国银元源源不断地流入漳州一带，品种多达近百种，主要为西班牙、葡萄牙、荷兰、墨西哥、日本、法属印度支那等国的货币。在中国"海上丝绸之路"的链条中，无论从时间、空间上来看，其都是不可或缺的重要一环。

澳门在葡萄牙人东来后崛起，成为东西方贸易的重要港口。2013年李燕在《明代朝贡贸易体制下澳门的兴起及其与广州的关系》（《热带地理》2013年第6期）一文中，从明代朝贡贸易和市舶司制度的兴衰入手，探讨澳门兴起的动力机制和主要影响因素，特别是在澳门兴起过程中广州所起的作用以及两者的经济互

动。同时,作者基于明代全国视角下的海外贸易与港口分布的总体格局,综合分析了澳门、广州以及隆庆以后的月港在明代后期开放的港口,探讨三者在功能、性质、贸易对象等方面的异同点,进一步论证澳门的兴起在很大程度上受益于明代朝贡贸易体制对海外贸易和港口发展的束缚。正是由于广州在明代后期对外通商的垄断性和不完整性,澳门才能以广州外港的性质互补,从而成为当时最大的东西方国际贸易体系之枢纽。本文一大特色是结合地理学知识,探析澳门的崛起与广州的关系,研究视角与观点都有创新之处。此外,还有一些文章涉及了与中西方贸易的港口发展状况,如王和平的《明清时期西方人视野中的定海》(《文化交流》2013年第5期)等。

近年来,关于"海上茶叶之路"争论也引人注目,宁波、厦门、泉州等地先后提出本地为"海上茶叶之路"的起点,2013年这方面的争论依然突出。彭一万在《厦门——海上茶叶之路的起点》(《农业考古》2013年第2期)根据中外资料及学者的研究成果,强调厦门是"海上茶叶之路"的起点,并分析其形成的原因、条件及时代特色;但此观点引起较大的争论。2013年4月24日,由宁波茶文化促进会、宁波东亚茶文化研究中心主办的"海上茶路·甬为茶港"研讨会在宁波召开(《"海上茶路·甬为茶港"研讨会共识》,《农业考古》2013年第5期),来自海内外的专家、学者围绕"海上茶路·甬为茶港"主题,开展了广泛深入的学术研讨与论证,达成了以下共识:茶为国饮,发乎神农;甬上茶事,源远流长。唐、宋时,明州即为中外贸易重埠,江、浙、皖、赣诸省尽为腹地,茶叶、越窑茶具等源源不绝输出海外,明、清亦然,全盛时有中国茶叶输出海外半壁江山之誉。竺济法也连续撰文进行反驳(《宁波"海上茶路"启航地的地位毋庸置疑》,《农业考古》2013年第5期;《宁波"海上茶路"启航地论述——历时1200余年,一直为中国茶叶、茶具出口主要港口,甬为茶港、中国茶港名副其实》,《中国茶叶》2013年第7期)。他指出彭文所用的资料都是17世纪明末以后的史料,无法证实自身的观点。他提出早在唐宋时代,中国茶叶、茶种、茶具已通过明州港,源源不断输出日本、朝鲜半岛及世界各地,厦门将17世纪明末以后发生的茶史,标榜自己是"海上茶叶之路的起点",不足为据。竺济法强调,自史籍最早记载的805年中国向日本输出茶叶、茶籽以后,历时1200余年,宁波一直为中国茶叶、茶具出口主要港口,时间之早、历史之长、数量之多、影响之大,均为中国之最,甬为茶港、中国茶港名副其实。

2013年关于东西方航线的研究进一步发展。龚缨晏的《全球史视野下的海上丝绸之路》(《光明日报》2013年10月10日)从全球史视野下考察了海上丝绸之路开拓、发展、衰落及其转型过程。作者认为,海上丝绸之路东海与南海航线都形成于秦汉之际，由东向西拓展，罗马帝国的臣民自西而东航行，最后在印度半岛对接，从而使海上丝绸之路延伸到波斯湾、红海。这是世界历史上第一条跨越印度洋的海上航线，也是当时地球上最长的航线。海上丝绸之路南海航线与穿越中亚内陆的陆上丝绸之路，构成了连接东西方的两大交通动脉。公元7世纪，依托唐朝与阿拉伯帝国这两个强盛的帝国，海上丝绸之路进入了全面发展的时期。宋元时期的海上丝绸之路比唐朝更加繁荣。中国人的船只频繁出入印度洋，最远到达非洲东海岸。当时中国造船技术及航海技术在世界上均处于领先水平。但古代中国的传统重农抑商、以农立国，古代中国人所经营的海上丝绸之路始终停留在区域性的层面上，而没有进而拓展为全球性的航线。之后明朝实行"海禁"政策，郑和下西洋活动也并没有带来海上丝绸之路的持续兴旺，反而严重打击了民间海外贸易，中国帆船迅速从印度洋退出。与此相反，西欧则开始海外扩张，到了16世纪初，葡萄牙人开辟了从大西洋越过非洲自西而东进入亚洲的新航线，西班牙人开辟了从大西洋绕过南美洲自东而西进入亚洲的新航线。葡萄牙人与西班牙人所开辟的新航线，最终都与早已存在于亚洲海域的海上丝绸之路相连接，从而将海上丝绸之路从区域性的海上航线延伸为全球性的交通网络。海上丝绸之路的这一巨大转型，导致了一系列后果，欧洲人逐渐掌握了海上丝绸之路的主导权，物质与文化在全球范围内以惊人的大规模传播，海上丝绸之路上充满了刀光剑影，而鸦片战争则标志着海上丝绸之路的终结。杨芹的《"海上丝绸之路"的由来及其作用》(《南方日报》2013年12月30日)也探析了"海上丝绸之路"的由来及其作用。作者认为海上丝绸之路作为沟通东西方的海上交通航线，可分为南线和东线。南线是海上丝绸之路开辟最早的、也是最主要的航线。自广州、粤西—北部湾沿海港口启航，穿过南中国海、马六甲海峡，向西进入印度洋、波斯湾、红海沿海国家和地区，延伸至欧洲。东线开辟于大航海时代，16世纪以后成为亚太地区与美洲新大陆海洋交通的主要航线。自广州、澳门、粤东、闽南港口启航，直航菲律宾马尼拉，横渡太平洋到北美洲墨西哥的阿卡普尔科港，然后往南美洲的秘鲁、智利、阿根廷，以及中美洲加勒比海地区诸国。海上丝绸之路不仅是沿线各国在物质上互通有无的"商贸之路"，也是各国文明交流的"文化交流之路"，还是中外国家友好往来的"和平对话之路"。还有一些学者对太平洋航线进行了探究。祖俊的《18—19世纪中美太平洋航线的发展》(《黑龙江史志》2013年第8期)一文中指出，太平洋航线从不固定到固定和航线的日趋繁荣，都反映出中美两国交往的日益紧密。柯嘉团在《明清时期的太平洋丝绸之路》(《文化交流》2013年第8期)一文中认为，从中国沿海诸港至马尼拉再至阿卡普尔科的太平洋丝绸之路建立后，中国货便源源不断地进入美洲,给拉丁美洲带去了经济繁荣,墨西哥银元也大量输入中国,影响了中国社会经济的发展。与此同时,美洲农作物也由于太平洋航线的发展传播到亚洲各地。该文论述比较全面,但不深入。

2. 西洋货币研究

西洋银币在明清时期已经被当作一种支付货币,而且使用相当广泛。在 20 世纪 90 年代之前,中外学者就已经对外币在华流通做了初步的研究,多是在综合性著作中涉及或者做钱币学研究,专题研究比较少,仅停留在宏观视角上,对外国货币的种类和流入中国的途径以及影响没有做进一步的微观分析。20 世纪 90 年代以来,钱币学研究获得了很大进步,开始对外币的流通渠道、造成的影响做专题研究。进入 21 世纪后,随着考古的大量发现和研究的深入,相关研究角度从宏观转到微观,对外国货币在中国流通的性质的认识也有了根本性的改变,有关外国银币的研究进入了专题研究阶段。这个时期的研究开始从外国银币的形制与流通渠道,转向研究其在中国的流通情况,并对其展开了微观分析,充分肯定了鸦片战争前外国货币对中国货币制度带来的正面影响。随着地方契约文书的大量发现与收集,又为学者研究外币问题提供了新的材料,推动这一问题研究的继续深入。2013 年关于西洋货币的研究有新的发展。高炳文利用考古新发现,在《漳州市发现的"番银"考析》(《福建文博》2013 年第 1 期)一文中对漳州地区出土的西班牙及其所属殖民地银币和荷兰及其所属殖民地银币进行比较详尽的考析,对了解明清时期漳州月港的海外贸易及海上丝绸之路文化都有重大的意义。林南中发表了系列论文(《漳州外贸兴盛的佐证》,《中国收藏》2013 年第 1 期;《葡萄牙货币如何来到闽南》,《收藏》2013 年第 3 期;《闽南发现的早期法国银币》,《东方收藏》2013 年第 6 期;《闽南发现的早期英国硬币》,《收藏》2013 年第 8 期),对闽南地区发现的葡萄牙货币、早期法国银币以及早期英国硬币,从一个侧面反映了中国与这些国家之间的贸易状况。

3. 人物

除了商品货物的交流外,海上丝路上亦促进了中西民众的接触与交流。关于中西海上丝绸之路上的人物研究,除了传教士外,专门的研究并不多,往往只在相关研究中略有涉及。但随着研究的深入,学术界越来越多地把目光投向了与海上丝路有关的人物。2013 年《中国民商》杂志上刊载了罗三洋的系列文章[《当中国商人主宰地球时〈广东十三行史话之三〉东海缺少白玉床,龙王来请金陵王》,《中国民商》2013 年第 3 期;《当中国商人主宰地球时〈广东十三行史话之四〉"皇商"的失败与"公行"的兴起》,《中国民商》2013 年第 4 期;《当中国商人主宰地球时,〈广东十三行史话之五〉"哥德堡号"的奇幻漂流》,《中国民商》2013 年第 5 期;《当中国商人主宰地球时〈广东十三行史话之六〉一口通商的危与机》,《中国民商》2013 年第 6 期;《当中国商人主宰地球时〈广东十三行史话之七〉美国之父 欧洲之父(上)》,《中国民商》2013 年第 7 期;《当中国商人主宰地球时〈广东十三行史话之八〉美国之父 欧洲之父(下)》,《中国民商》2013 年第 8 期;《当中国商人主宰地球时〈广东十三行史话之九〉停滞的帝国 糊涂的使臣》,《中国民商》2013 年第 9 期;《当中国商人主宰地球时〈广东十三行史话之十〉当无限公司遭遇有限公司》,《中国民商》2013 年第 10 期;《当中国商人主宰地球时〈广东十三行史话之十一〉"宁为一条狗 不为行商首"》,《中国民商》2013 年第 11 期],对广东十三行的历史与商人进行了比较详尽的阐述,勾勒了丝绸之路兴起后中国从事对外贸易商人的发展变化及其影响。2013 年也有一些开拓性的文章发表,弥补了海上丝绸之路研究中关于人物研究的空缺。汤开建在《明清时期中国东南沿海与澳门的"黑人"》[载李庆新主编:《海洋史研究》(第五辑),社会科学文献出版社 2013 年版]一文中,利用中外文献资料,详细梳理了明清中国文人笔下关于东南海上及澳门"黑人"的记载,分析了明清时期中国东南沿海与澳门的"黑人"来源、数量及其在澳门社会中的地位与作用。关于澳门黑奴问题以往研究不多,汤开建的研究具有重要的学术意义。

二、中国与欧美国家的政治交往

尽管 1840 年之前中国与欧美国家并无正式的外交关系,相互之间的政治交往也没有像贸易那样频繁,但随着海上丝绸之路的发展,西方国家以积极主动之态派遣使团、人员甚至军队到中国,寻求进一步的接触与发展关系,中国与欧美国家的政治交往也日渐增多。2013 年关于中外政治交往的研究成果不多,学者们除了继续关注中英之间的政治交往外,也把目光投向了荷兰、葡萄牙等原先不太受关注的国家。

英国尽管不是最早来到中国的西方国家,但因其对近代中国的发展影响深远,中国学者一直非常重视鸦片战争前中英关系的研究。2013 年对鸦片战争之前的中英政治关系研究主要集中在英国两次遣使访华问题与中英关于西藏的冲突上。马戛尔尼使团使华是中国古代对外交往中的一件重大事件。1793 年马戛尔尼使团访华主要是为了与中国进行通商,开展商业贸易。在此期间,中西双方因礼仪等问题产生冲突。最终,马戛尔尼使团访华的预期目的并未达成。学术界的传统观点是把使团使华失败主要原因归咎于清政府的"闭关锁国"政策。马晓丹在《马戛尔尼使团使华任务失败之再思考》(《今日中国论坛》2013 年第 7 期)一文中对使团使华任务失败背景下的中国和英国的不同社会背景和社会结构及统治者治理国家的主导思想进行再讨论和反思,认为此次访华对中国和欧洲都产生深远影响,中国丧失了一次与世界接轨的机会,而欧洲则改变了对中国的看法。与马戛尔尼使团使华类似,阿美士德使团访华也是一个值得关注的历史事件,以往关于这方面的研究成果不少,2013 年亦有相关的成果发表。江滢河以阿美士德访华为中心,考察了这一时期英国的全球战略与澳门的关系(《英国的全球战略与澳门——以 1816 年阿美士德访华为中心》,《广东社会科学》2013 年第 2 期)。作者认为,澳门作为当时中西交往的前沿阵地,在此次英国使团的准备和使华过程的不同阶段发挥了多种不同的作用。围绕澳门所发生的中英交涉深刻体现出在以西方势力为主导的全球化进程初期,西方游戏规则并非处处适用,澳门在中国外交体制从"华夷之辨"到所谓"平等外交"的艰难转变中所起到的作用是耐人寻味的。此外,亨利·埃利斯所著的《阿美士德使团出使中国日志》2013 年由商务印书馆再版。该书作者亨利·埃利斯作为使团书记官同时也是使团的副使,在这本私人日志中,埃利斯记录了使团出使一路上的见闻,为后世重新考察这一历史事件提供了宝贵的第一手资料。还有一些学者对使团访华的相关状况进行了分析,如胡梦飞的《西方来华使团视野中的清代京杭大运河》(《濮阳职业技术学院学报》2013 年第 5 期),刘丽丽、李丰的《英国使团访华期间中英交流的重要人物——福康安》[《剑南文学》(经典教苑)2013 年第 10 期],等等。

关于近代英国与中国西藏地区的交往也引起学者的关注。李若虹在《论六世班禅进京前后与东印度公司的交往》(《中国藏学》2013 年第 1 期)一文中利用已有的研究成果以及藏文、满文资料,总结了学者们对六世班禅和东印度公司的交往所作的研究,强调这一时期的西藏并非一处闭塞之地,而是早期全球化不可分割的一部分。虽然东印度公司努力计划以西藏为通道来打开清朝的贸易大门,但是由于这一计划的进行缺乏对西藏和清朝的充分了解而终致破产。而随着 18 世纪 90 年代西藏大门的关闭,东印度公司穿越喜马拉雅山的宏大计划终未能实现,这一地区的早期全球化的交流自此也告一段落。东印度公司从此放弃了从西藏进入中国内地、而后打开庞大的中国市场的初衷,他们转而以广州的通商口岸为基地,用坚船利炮从沿海地区打开中国的贸易大门。李若虹的研究为我们了解 18 世纪后半期的西藏和清廷以及双方的关系提供了一个全新的视角。

2013 年对郑成功与荷兰人关系的研究方面有新的进展。郑荷双方作为 17 世纪中期东亚海域最重要的两股势力,一直受到学术界的重视。陈思的《17 世纪中叶荷郑台海军事力量对比评述》(《台湾研究集刊》2013 年第 4 期)一文从军事角度分析了 17 世纪中叶荷郑台海军事力量的对比。荷兰东印度公司拥有强大的海、陆军,其武器装备代表着当时的世界先进水平;而郑成功领导下的郑氏海商集团,虽然军队武器装备不如荷军,但在人员数量、训练水平、作战经验、战略战术指挥等各方面都要比荷军更具优势。郑氏海商集团正是充分发挥了这些军事上的优势,才能在 17 世纪中叶的台海霸权争夺中屡次挫败荷兰东印度公司,并最终从其手中收复我国神圣领土台湾。陈晓岚以荷兰文古籍《荷兰东印度公司使节第二及第三次出访(大清)中国记闻》为依据,分析了此古籍所记载的历史背景,进一步探讨了 17 世纪荷、清联合征郑的演变过程及其结果[《从〈荷兰东印度公司使节第二及第三次出访(大清)中国记闻〉看荷据时期两岸关系》,《华章》2013 年第 19 期]。作者认为,荷兰连续多次在华军事活动,耗资巨大,但并没有得到清政府允许其在中国沿海自由贸易的允诺,也没能借清军之力重新占领台湾,清政府最终还是依靠自身力量收复台湾,实现国家统一。王昌在《试论郑成功抗荷的举措》[《山西大学学报》(哲学社会科学版)2013 年第 5 期]一文中认为,在 17 世纪中叶东亚的海上竞争中,针对西方海洋强国侵占大员、不平等贸易及海盗行为,郑成功始终坚持对大员的主权要求,并采取了交涉、索赔、禁航、签订条约等对外举措,不仅维护了中国的海洋权益,在传统中国以"朝贡体系"为主体的对外关系中亦十分罕见,体现了以海洋社会经济为基础的郑成功及其海上政权的运作特性。对郑荷关系的研究一般集中在双方的军事冲突,王昌的研究弥补了原来研究中的不足。

葡萄牙人最先来到中国,在中西交往中担任了特殊的角色。徐素琴在《清政府"夷务"管理制度中的澳门葡人》(《广东社会科学》2013 年第 4 期)一文引用了大量档案文献资料,对澳门葡人在中西交往中的作用进行了深入探析。作者认为,鸦片战争前清政府为严"华夷之别",禁止官员及民人与洋人直接接触,为此在构建管理制度时,将熟悉"夷情"的行商和居澳葡人直接推到中外交涉的前沿。但无论"官事民办",还是"官事夷办",显然都是制度缺陷,在中西贸易规模不大时,这种以行商、"夷人"为中介处理中外交涉事件的模式尚可奏效,然而随着中西贸易日益发展,规模越来越大时,清政府已无法运用这一模式有力、有效地解决越来越频繁、越来越严重的中外冲突。该文资料翔实,观点新颖,有重要的学术意义。孙建伟在《禁止"番妇"入关的天朝旧闻》(《档案春秋》2013 年第 6 期)一文中分析了禁止"番妇"入关的事件与原因,从一个侧面反映了近代中西交往状况。

2013 年学术界对近代中俄关系也比较关注。17 世纪后俄国人向东方进行殖民扩张，又向北京派出了一批又一批使团，努力探寻与明、清两朝建立外交、商贸关系，中俄关系进入新的阶段。欧阳哲生在《来自北极熊的窥探——十七世纪俄罗斯遣使的"北京经验"》(《中国文化》2013 年第 2 期)一文中，以 17 世纪俄罗斯使团回国后留下的报告、日志和回忆录等文献材料为基础，分析了俄罗斯使团的使命、地理收获、对北京城的观察与记录、与华商贸往来情况，为我们了解俄罗斯使团的来京过程提供了较为完整的历史材料。作者认为，17 世纪俄罗斯赴华使团对俄方来说具有颇为重要的意义。首先，在 17 世纪中俄关系史或交往过程中，俄罗斯始终处于主动，中国处于被动，这既反映了俄罗斯探求与中国发展外交、贸易关系的要求，也表现了俄罗斯向东方殖民拓展、向中国渗透的利益需求。其次，俄国使团提供的各种材料说明，"俄国在 17 世纪已经掌握了中国完整而且基本可信的形象"。其次，俄国使团探明了走进中国的陆上、海上路线，这是他们的一项实际收获。最后，经过俄国使团的努力，俄罗斯与中国建立了贸易关系。该文引用大量档案资料，对 17 世纪俄罗斯使团来京情况有比较全面深入的阐释，有重要的学术意义。王继庆、王闯的《17 世纪张诚日记之尼布楚行程与谈判》(《学术交流》2013 年第 2 期)根据张诚日记，分析了尼布楚行程与谈判情况。张诚日记不但描述了北京至河北、山西、内蒙古、蒙古直到俄罗斯的旅途自然景观、气象变化，也书写了沿途蒙古部落生活中的衣着、食品、宗教、习俗等人文现象，从中显示中国进入蒙古再入西伯利亚的陆路和水路通道对中俄贸易和文化交流发挥了极大作用。此外，还有一些学者的研究涉及近代中俄交往状况，如阎国栋的《遥远的记忆与诱人的传闻——17 世纪中期前俄国的中国形象》(《俄罗斯研究》2013 年第 3 期)。

三、物种流通及其他

随着海上丝绸之路的发展，也促进了不同地区之间的物种流通。自明朝中叶开始，原产美洲的农作物如玉米、番薯、马铃薯、烟草、花生等传入中国，对中国的经济与社会生活产生了巨大的影响。1949 年之后，国内学术界就比较重视美洲作物在中国的传播问题，研究的重点是粮食作物。但这一时期受多方面条件所限，论文数量有限，研究范围比较狭窄，内容不够深入，结论也流于表面化。"文革"期间研究中断。从 20 世纪 80 年代开始，随着中国改革开放的推进，关于美洲农作物的研究开始蓬勃发展，研究方法以及研究领域也有较大突破。除了粮食的传播达到深入研究外，中国学术界也越来越重视中外经济作物的传播与影响，取得了丰硕的成果。2013 年关于中外物种流通的研究主要集中在对南瓜、辣椒、蔬菜、玉米以及烟草等研究上。

2013 年对南瓜的研究比较突出。李昕升等发表系列文章,比较全面地考察了南瓜传入中国的时间、在欧亚的传播状况以及南瓜名称的由来[《南瓜传入中国时间考》,《中国社会经济史研究》2013 年第 3 期;《航海科技的发展与南瓜在欧亚的传播》,《山西农业大学学报(社会科学版)》2013 年第 3 期;《南瓜名称考释》,《山东农业大学学报》(社会科学版)2013 年第 2 期]。作者引用了大量古代文献资料,认为南瓜应该不是原产于中国,迄今为止尚没有南瓜的野生种在我国被发现。南瓜不可能在元代以前就传入我国,至迟是在元末我国开始栽培南瓜。在地理大发现时代,由于航海科技的发展,欧洲人将活动范围延伸到了美洲和印度洋、太平洋,大海成了畅通无阻的交通干线,南瓜从美洲传播到欧亚地区,逐渐成为世界上最重要的蔬菜作物之一。此外,作者也从南瓜不同名称的读音、形义等角度出发,结合训诂、考据、民俗学等研究方法,对南瓜的不同名称进行考释,以厘清其命名原由等问题,以更好地认识南瓜在我国的发展传播史、南瓜在我国的引种和本土化过程,尤其是深入理解我国不同地区的南瓜栽培史。这些文章,促进了对南瓜流传的研究。

国内对蔬菜作物的历史研究成果不少,且多是研究具体某种蔬菜的栽培史,尚无专门研究中国古代夏季蔬菜的品种,2013 年这方面的研究有所发展,李昕升等发表了系列相关论文[《明清夏季蔬菜品种及其引进管窥——基于〈救荒月令〉的史料考察》,《湖南农业大学学报》(社会科学版)2013 年第 3 期;《中国古代夏季蔬菜的品种增加及动因分析》,《古今农业》2013 年第 3 期]。作者基于《救荒月令》相关史料,考察了明清夏季蔬菜品种及其引进。中国夏季蔬菜较为缺乏,在明清时期引种才形成规模并呈现较为完善的以茄果瓜豆为主的夏季蔬菜格局。而明清夏季蔬菜的引进和品种急剧增加,很大程度上归因于对美洲大陆夏季蔬菜品种的大量引进和人们对夏季蔬菜的迫切需求。他们还详细考察了中国古代夏季蔬菜的品种增加历史,认为中国古代夏季蔬菜的品种增加原因是多方面的。第一,不断拓展新的交通路线,新的夏季蔬菜品种通过不同的渠道渐次传入。第二,明代之前,夏季是中国古代的蔬菜供应淡季,"园枯"现象时有发生。第三,满足了中国对夏季蔬菜的需求,不单是从域外引进的夏季蔬菜的功劳,也归功于充分发掘本土蔬菜或较早引进的蔬菜作为夏季蔬菜的可能性,最终在清代形成了以茄果瓜豆为主的夏季蔬菜结构。第四,南方商品经济发展较快,人口增加较快,除了粮食作物外,对蔬菜作物的要求也日益增加,促进了各种适宜夏季食用的蔬菜的发展。第五,中国优越的自然条件是引进自不同地区夏季蔬菜能够引种栽培、本土化、完成以点到面过程的基本原因。张艺凡、朱宏斌在《辣椒传入中国的地域文化影响》（《农业考古》2013年第1期）一文中考察了辣椒传入中国的地域文化影响，认为辣椒作为美洲引种的域外园艺作物，自传入伊始，仅被认为是一种观赏性植物，在被人们发现了它的可食用性以及丰富的营养价值后，辣椒迅速融入中华饮食文化大家庭，并且改变了中国古代传统饮食的五味格局。辣椒不仅在日常饮食中受到人们的青睐，同时在族群认同、审美取向和文化趋向方面也产生了深刻的影响。王兴华、许世霖则在《小议海外农作物的传入及对我国社会生产的影响》（《吉林蔬菜》2013年第7期）中详细列举了海外农作物的品种及其影响。作者认为，宋代以前我国引入的农作物多为果树和蔬菜。唐代中期以后，随着国家经济中心的南移，海上丝绸之路迅速发展，不断有新的农作物引进，其中美洲作物的引进和推广则占据了相当大的比重。这些海外作物的传入，不仅增加了我国作物的种类，同时对我国的社会生产也产生了十分重要的影响。这篇文章尽管比较笼统，但对海外农作物的种类及其在中国的种植状况有比较全面的介绍。

对于烟草的引入问题，20世纪50年代就已有研究，重点是探讨烟草传入中国的时间和途径问题。由于条件所限，这一阶段的论文数量有限。20世纪80年代之后，继续对烟草的传入时间和途径及其所带来的社会影响进行深入探讨。2013年裴影萍在《烟草传入中国溯源》（《文史月刊》2013年第7期）认为烟草传入中国应该是在1549年以前，由葡萄牙人传入。邓启刚、朱宏斌在《明清时期烟草的本土化改造与适应》（《农业考古》2013年第3期）一文中认为，烟草作为一种域外作物引种至中国，但其种植和推广面临着风土不适、技术缺失、文化冲突等障碍，随着"有风土而不唯风土"理论的梳理、种植加工技术的改造与创新、文化的包容与接纳，烟草经历了一个逐渐引入、消化和吸收的本土化过程，最终适应了中国的自然环境、技术环境和人文环境，从而迅速成为明清时期重要的经济作物之一。此外，学者对其他农作物的引入与发展状况展开了论述，如雷文顶、李世涛等的《明清时期外来作物的引入对贵州经济发展的影响》（《经济研究导刊》2013年第1期），辛世彪的《海南玉米引进的时间与路线》（《海南日报》2013年5月27日），向顺华的《中国古代外来农作物的引入与推广》（《生物学通报》2013年第6期），郑南的《美洲作物番薯的传入及在黑龙江地区的引种与栽培》（《楚雄师范学院学报》2013年第8期），田力的《新大陆的礼物》（《光明日报》2013年11月21日），等等。

从2013年的研究成果来看，关于中西贸易的研究最为突出，既有对中西贸易总体发展的研究，也有对具体物品贸易状况的探析，并且对相关的港口、航线、西洋货币以及贸易机构与人员进行了比较深入的研究。2013 年关于中西政治交往的研究成果不多,关于中外物种流传的研究同样缺乏有影响和研究深度的成果,期待学术界能有更多的关注,能发表一批资料翔实、观点鲜明、有理论深度的论文,推动海上丝绸之路、中外文化交流研究的发展。

(本章作者周莉萍,宁波大学人文与传媒学院副教授)

第五章　海上丝绸之路与中西文化交流

古代中国与西方通过海上丝绸之路而进行的文化交流历史可以上溯到古希腊罗马时代。进入 16 世纪,新开辟的海上航路将中国与西方直接联系起来,中西文化交流也随之进入一个全新的时代。16 世纪之后西方的扩张是全方位的,包括海外探险、殖民活动、商品贸易、文化输出等。特别是大批天主教传教士沿着海上丝绸之路纷纷来到中国,他们既传播基督教,也输入西方先进的科学文化。在"西学东渐"的同时,中国文化也通过海上丝绸之路不断传播到西方。"西学东渐"和"东学西传",对东西方社会都产生了重要的影响。20 世纪 80 年代之后,随着改革开放的不断深入,学术界对海上丝绸之路和中西文化交流的研究也日益升温。关于天主教传教士、西学东渐、东学西传、西方汉学、基督新教在华传播等问题的研究,成了学术界的热点。2013 年,关于海上丝绸之路与中西文化交流问题的研究取得了新的进展。

一、传教士与"西学东渐"

(一)关于天主教在华传播问题的研究

15—16 世纪,随着新航路的开辟,西班牙、葡萄牙殖民者在开辟新航路的过程中热衷于传播天主教,同时 16 世纪西欧各国进行的宗教改革,使天主教在西欧的势力缩小,面对基督教新教的冲击,天主教内部产生了一股维新改革的思想,耶稣会成立也是这个势力的一部分。耶稣会是天主教修会之一,1534 年西班牙贵族依纳爵·罗耀拉在巴黎创立,之后,随着葡萄牙、西班牙等早期的侵略扩张,耶稣会士先后来到亚洲、非洲和美洲各地。1583 年(明万历十一年),意大利耶稣会士利玛窦、罗明坚进入广东肇庆定居传教,标志着耶稣会士在华传教活动的开始。明清之际,耶稣会士在中国非常活跃,他们的活动不仅影响了当时中国的政治、经济、文化、军事和外交等方面,也影响到当时的中西文化交流,正如学者张西平所说:"我们必须承认入华传教士实践着一项非常艰巨的事业,他们是人类文化交流史上第一批试图打通中西方文化的内核,他们留给我们的困境就是他们的贡献。"①对来华耶稣会士为代表的天主教传教士的研究,历来为中外学者所关注,2013 年中国学者更是在原有的基础上不断深入,研究角度也不断扩大更新。

凡研究天主教东传史或中西文化交流者,绝不可忽视澳门历史。从 16 世纪中期开始,澳门成为中国与欧洲诸强交往,东西方文化交流碰撞的重要舞台,由此也形成了澳门独具特色的历史文化。而研究澳门历史,又无法回避圣保禄学院。1751 年,印光任、张汝霖纂的《澳门纪略》开始,历代研究澳门历史文化著作,或多或少都会提到圣保禄学院。圣保禄学院(Saint Paul College of Macao,1762 年关闭,1835 年雷击起火烧毁,残留了学院大门,现称"大三巴")是澳门第一所大学,也是中国第一个西式高等教育机构,被称为远东耶稣会传教士的"摇篮",其辐射力达到整个东南亚地区,在天主教东传史上具有毋庸置疑的独特地位。

一般学者认为该学院的创办,是因为 1584 年利玛窦和罗明坚成功地进入内地的传教活动,引起了欧洲天主教的极大关注,于是继续派遣大批耶稣会士经澳门进入内地传教。耶稣会总会汲取罗、利两氏以汉语传教的成功经验,规定凡入华传教的耶稣会士,一律先在澳门学习汉语,熟习中国的礼仪与文化,以便进一步开展传教活动。②而李向玉在《汉学家的摇篮:澳门圣保禄学院研究》一书中认为,该学院的创办的一条原因,是为了耶稣会能在日本进一步发展而设立的。由于学院设立在澳门,客观上也为耶稣会培养入华传教士创造了条件。③

2013 年 6 月,社会科学文献出版社出版戚印平所著的《澳门圣保禄学院研究——兼谈耶稣会在东方的教育机构》一书,该书通过对澳门圣保禄学院的建立及相关争议、人员构成及其组织体制、教学机制、财务问题等的分析与研究,考证并分析澳门圣保禄学院及其相关历史的重要意义。在当时背景下,范礼安在澳门建立圣保禄学院的主要动机,"还是着眼于日本方面的传教需要。在他看来,在澳门建立学院不仅能使正在日本神学院中学习的日本学生规避动荡不安的政治局面,而且可以使他们在一个远离传统'陋习'的域外之地,与葡萄牙人迅速打成一片,并成长为耶稣会士所希望的'新人'。当然,在'中国港口建立完备的神学院',也可以使'来自于欧洲和印度的人','根据分派不同的传教地,学习日本或中国的

---

① 张西平:《中国与欧洲早期宗教和哲学交流史》,东方出版社 2001 年版,第 123 页。
② 黄启臣:《澳门第一所大学:圣保禄学院》,《岭南文史》1995 年第 1 期。
③ 李向玉:《汉学家的摇篮:澳门圣保禄学院研究》,中华书局 2006 年版。

语言'，'如果中国传教门户如愿以偿地敞开'，这种语言学习的神学院的存在'就更为重要了'"[1]。

明清时期来华耶稣会士人数众多，中国学者对其中的主要人物进行了研究，其中对利玛窦(Matteo Ricci)研究最为丰富。1910年，意大利马哆拉达诚举办了一场利玛窦纪念大会，当时意大利公使照会清外务部，邀请中国派遣有关人员与会，此可谓中国人接触利玛窦研究的肇始。[2] 1949年后，中国学者对利玛窦等明清耶稣会士的研究，除了个别批判性的文章和著作外，并不多见。随着中国的改革开放，学界也打破禁区。1979年11月4日，《人民日报》发表了吕同六《沟通中西文化的先驱——利玛窦》一文，认为利玛窦"为我国和西方的交流作出了宝贵的贡献。因此，在意大利有人称他为'沟通中西文化第一人'"。"这是中国官方报纸首次对耶稣会士作出的肯定，此后的30多年里，中国学界掀起了'利玛窦研究热'。"[3]2013年延续这一态势，成果丰硕，主要围绕以下几个方面：

首先，对利玛窦评价类文章。张西平在《利玛窦与中西文化交流》(《贵州文史丛刊》2013年第1期)一文中认为，利玛窦拉开了中西文化双向交流的序幕，他与之后来华的西方传教士汤若望、南怀仁等，在中国传播西方文化的同时，也积极把中国文化传播到西方，由此西方的思想、文化、科技、诸如语言学、地理学、数学、天文学、美术等传入中国，而以儒学为代表的中华文化也流入欧洲。曾峥、孙宇锋的《利玛窦的中西文化交流之理念和价值》(《江西社会科学》2013年第9期)认为，利玛窦是中西文化交流的先驱，他在中国传教期间，开展了一系列中西文化及科学技术的交流和传播活动。这些活动对以后天主教在中国的"学术传教"策略产生了深刻的影响，也为明清两朝注入了西方的世界观和方法论，在中国近代社会发展史中具有特殊的地位和价值。张祖群的《利玛窦墓地的历史变迁与中西文化交流意义》(《浙江工商大学学报》2013年第4期)一文以利玛窦陵园碑刻文献考察为起点，通过对相关文献的核查，追述利玛窦来华过程并阐述"利玛窦经验"，分析利玛窦墓地的文化变迁，总结利玛窦于中西文化交流的意义。

其次，对利玛窦传记、经历和著作的整理、考证与甄别。暨南大学叶农的《从〈利玛传〉到〈畸人传〉——明清时期耶稣会士利玛窦传记探略》(《北京行政学院学报》2013年第1期)将明清时期完成的明刘承范撰《利玛传》、明韩霖、张赓撰《利玛

---

① 戚印平所:《澳门圣保禄学院研究——兼谈耶稣会在东方的教育机构》，社会科学文献出版社2013年版，第61页。

② "义公使巴厘纳理为意马哆拉达城举行利玛窦三百年纪念会请派员入会事与外务部来往照会"，参见张先清:《被遗忘的历史——1910年的晚清朝廷与利玛窦逝世三百周年纪念会》，《学术月刊》2010年7月。

③ 详见林金水、代国庆:《利玛窦研究三十年》，《世界宗教研究》2010年第6期。

窦》、明张维枢撰《大西利西泰子传》、明艾儒略(Julio Aleni)撰《大西西泰利先生行迹》、清张廷玉等撰《明史·意大利亚传》、清阮元编《皇清经解》之《畴人传》卷七《利玛窦》等利玛窦传记进行了比较研究。他认为,刘承范《利玛传》为利玛窦离开肇庆迁居韶阳的原因提供了新解释;张维枢与艾儒略的利氏传记,从中国士大夫与来华传教士的两个不同角度,对利玛窦的生平进行了阐述;韩霖、张赓之作,则展现了中国普通文人与信徒对利玛窦的认识;《明史·意大利亚传》提供了清政府的官方看法;阮元《畴人传》主要介绍了利玛窦在天文学与几何学方法所传播的新知识及其贡献。

利玛窦进入中国后,在岭南生活了 13 年左右,对于究竟是什么原因导致利玛窦最终离开肇庆?一般说来,学界都认同事件的发生,与当时新任两广总督刘继文联系起来,并在解释原因中,多数都是依据利玛窦回忆录。黎玉琴《利玛窦离开肇庆原因再探析》(《肇庆学院学报》2013 年第 7 期)一文认为,这样得出的结论过于简单,利玛窦离开肇庆的原因比迄今为止的有关看法要复杂得多,不仅利玛窦本人对此看法实际上存在一个变化的过程,刘继文决定让耶稣会传教士利玛窦等人离开肇庆北上韶州绝非仅仅是为了占有他们的肇庆会院,而是既有刘继文等时任朝廷官员自保的考虑,也有传教士追求接近北京的深层需求。王苏娜的《利玛窦的家庭教育及耶稣会人文主义教育背景》(《北京行政学院学报》2013 年第 1 期)分析 1573—1577 年利玛窦就读耶稣会罗马公学院文学院和哲学院期间,罗马公学院耶稣会文学院《教学大纲》与《哲学院教学大纲》,研究利玛窦早期成长环境及学习经历,丰富了利玛窦早期研究的内容。

《天主实义》是利玛窦最负盛名的著作,自 20 世纪 90 年代以来,较多学者对《天主实义》作了专题研究。[①] 2013 年这一研究热点依然延续。谭杰的《〈天主实义〉之成书过程再考辩》(《北京行政学院学报》2013 年第 4 期)在前人研究的基础上,进一步讨论,认为《天主实义》在结构和内容上多有因袭罗明坚《新编西竺国天主实录》和范礼安的《日本教理手册》,特别是可能属于初稿的前四篇的大部分章节。

2010 年,在纪念利玛窦逝世四百周年之际,牛津大学出版社出版的由美国宾夕法尼亚州立大学历史系讲座教授、台湾"中央研究院"院士夏伯嘉所著《紫禁城的耶稣会士:利玛窦(1552—1610)》,对于利玛窦研究,无疑是一个重要贡献。对

---

① 宋荣培:《利玛窦〈天主实义〉与儒学的融合和困境》,《世界宗教研究》1999 年第 1 期;张晓林:《天主实义与中国学统——文化互动与诠释》,学林出版社 2005 年版。

于此著英文版几个片段,宋黎明在《英文版〈紫禁城的耶稣会士:利玛窦(1552—1610)〉纠误》(《肇庆学院学报》2013 年第 4 期)一文中进行点评,主要围绕着罗明坚的汉语水平、利玛窦在南昌铁柱宫的遭遇、李贽在《与友人书》中对利玛窦的疑问、及罗马耶稣会档案馆珍藏的一份官方文件等等。张志刚的《"宗教概念"的观念史考察——以利玛窦的中西方宗教观为例》(《宗教与哲学》第二辑,社会科学出版社 2013 年版)一文立意于"宗教观念史",以"利玛窦的中西方宗教观"为例,探讨作为一种"外来思想观念"的"宗教概念"是怎么产生的,其思维定式对当今中国宗教研究和中西方宗教比较研究的影响。

对其他耶稣会士的研究也有进展。德国传教士卫礼贤身兼传教士、翻译家、汉学家三重身份,在中华典籍翻译传播和中学西渐方面作出了巨大贡献,成就斐然。但至今学界对这位德国汉学家的研究还远远不够,吴钧的《从传教士到汉学家——论中学西传的开拓者卫礼贤》[《西北师大学报》(社会科学版)2013 年第 2 期]是在这方面的努力尝试。

艾儒略在闽生活 25 年,广交青衿儒士,以社交促传教。刘成峰、李丹萍的《艾儒略与晚明福建诗人之交往与思想交流》(《兰台世界》2013 年第 30 期)考察他与福建诗人及诗人团体交游的历史缩影。文章认为艾儒略积极践行"自我儒化"的路线虽然赢得诗人的普遍好感,却增强了他们的文化自负,为传教设置了一定的障碍。冯军的《乾隆朝耶稣会士刘松龄述论》(《丝绸之路》2013 年第 14 期)概述了刘松龄(1703—1774)的一生。刘松龄 1703 年出生于斯洛文尼亚的卢布尔雅那的一个旧贵族家庭。1721 年,在奥地利教区加入耶稣会。1736 年,被派往中国传教。1739 年,入职清政府钦天监。1746 年,升补钦天监监正,成为清钦天监第八任洋人监正。此后,刘松龄接替戴进贤主持对南怀仁康熙十三年编纂的《灵台仪象志》的修订工作,1752 年,奉旨主持制造"玑衡抚辰仪",并负责迎送葡萄牙使臣巴哲格。刘松龄在清政府钦天监任职长达 30 年,直至 1774 年病逝于北京,安葬在北京阜成门外的传教士公墓。意大利人晁德莅作为晚清知名传教士,在华生活数十载。刘钊的《意大利传教士晁德莅文化贡献浅析》(《兰台世界》2013 年第 18 期)概述了晁德莅在华的传教事业,及客观上为中西文化交流作出的贡献。

韦羽的《清代中叶华籍神父的研究——以李安德神父(1692—1774)为例》(《中国天主教》2013 年第 2 期)研究了中国基督教史上最为著名的华籍神父之一——李安德。他是清代中叶天主教神职人员本土化的最杰出的代表人物之一,也是中国历史上唯一一位使用拉丁语写日记的人。无论在教会的维持方面,还是对神职人员的选拔和培养,或者是信徒的管理和信仰的加强上,又或是对礼仪风俗的禁令与规定方面,李安德神父都有所作为。

2013年学界对来华耶稣会士的传教方法和策略的研究关注较多。16世纪末,以利玛窦为代表的天主教传教士入华传教,利玛窦最初试图利用佛教来帮助天主教进入中国社会,但后来发现,在中国社会占统治地位的是儒学。1594年他脱去和尚的袈裟,改穿儒服,研读中国儒学经典,自称"西儒"。他认为,儒家思想是一种建立在自然理性基础上的齐家治国理论,与天主教没有任何相冲突的地方。他尊重中国传统文化习俗,但也不讳言天主教可以补儒思想的先天不足,并翻译中国经典,以基督思想来诠释。利玛窦的这种传教方法被称为"驱佛补儒"。一些学者认为耶稣会士易儒服除了需要向耶稣会上级报告外,更重要的还要获得"明朝社会各界,尤其是儒生阶层的认可,这才是真正的症结所在"①。戚印平、何先月的《再论利玛窦的易服与范礼安的"文化适应政策"》[《浙江大学学报》(人文社会科学版)2013年第3期]认为,利玛窦多次易服不仅是仿效日本同行的类似举动,其过程还受制于修会内部的传教策略之争的复杂矛盾。形象改变的本质意义在于获得生存与发展的通行证和护身符,是范礼安"文化适应策略"的具体表现,所谓"合儒、补儒"既非利玛窦的初衷,也是从未实现的文化神话。

利玛窦去世后,他的继承人龙华民(Nicolas Longobardi,1559—1654)开始发起礼仪之争,导致传教士内部的分裂。在这些分歧之中,法国耶稣会的"索隐派"②传教士,采取了一种缩小儒耶差异、沟通中西文化的方法,即索隐法(Figurism)。这种方法形成于17世纪末至18世纪初,本属于圣经类型学(typology)范畴。类型学主张《旧约》与《新约》相互印证,法国入华耶稣会士将这一原属于《圣经》本身的方法,应用在中国古代典籍的诠释上,在先秦儒家经典中寻找天主教上帝启示的痕迹。这种方法始于白晋的研究,而后的傅圣泽和马若瑟等继续发展。其目的是为了说服中国人相信天、儒二学本原一致,减轻传教阻力。③ 从17世纪上半叶开始,伴随着耶稣会士在华的传教活动,对于他们如何传扬基督论,一直存在着质疑的声音。20世纪80、90年代,关于这个问题讨论仍很热烈。在这样的背景下,意大利的柯毅霖博士著《晚明基督论》④一书,该书以基督论为主线,展示了晚明社

---

① 计翔翔:《关于利玛窦衣儒服的研究》,《世界宗教研究》2001年第3期。
② 索隐思想是一种神学阐释方法,认为世界各民族都本源于基督教,后来的人类历史也都在《旧约》中有所预示。其思想由来已久,最初可追溯到犹太人寓意释经的传统。这一传统在希腊后期的犹太宗教与希腊思想相调和的氛围中出现,将寓意释经法推至极致的是希腊化犹太教思想家斐洛。他希望调和犹太教信仰和希腊哲学,采用寓意方式解释圣经,认为《圣经》和柏拉图哲学并无矛盾,两者本质相同。文艺复兴时期,索隐派思想在费奇诺《MarsilioFicino》那里复兴,继起者有伯里耶(Paul Beurrier)和基歇尔(Athanasius Kircher)。
③ 王硕丰、张西平的《索隐派与〈儒家实义〉的"以耶合儒"》,《北京行政学院学报》2012年第5期。
④ 〔意〕柯毅霖:《晚明基督论》,王志成、思竹、汪建达译,四川人民出版社1999年版。

会中基督教与中国文化相遇和对话,也展示了中西两种文化曾经发生深层次上的冲突。特别是该书引用了大量翔实的来自梵蒂冈图书馆、耶稣会档案馆、意大利国立图书馆、城市大学图书馆阿维拉的方济各会档案馆等地第一手资料。刘星的《晚明基督论概貌》[《重庆交通大学学报》(社会科学版)2013 年第 4 期]对这部专著作了详尽介绍和分析。

肖清和的《礼物与明末清初天主教的适应策略》(《东岳论丛》2013 年第 3 期)则考察了明末入华的耶稣会士通过礼物所构建人际网络,他认为礼物传教是传教士"适应"策略的具体体现,也是天主教本土化的尝试。耶稣会传教士通过向士大夫、官员甚至皇帝赠送礼物的方式,适应中国环境来传播宗教,为天主教寻求保护者和构建高端人际网络,是明末清初天主教成功移植中国的有效方式。肖清和的另外一篇文章《救赎与教化:明清天主教儿童慈善活动探析》[《暨南学报》(哲学社会科学版)2013 年第 9 期],梳理了明末清初传教士对中国儿童的关注,探讨了向儿童传教方式、效果,分析了天主教与儒家蒙学之间的对话。传教士向儿童的传教改变了明清社会儒家士大夫对儿童教育的主导权,引发了明清社会反教人士的怀疑与攻击,从而导致各种谣言的出现。明清天主教的儿童慈善活动,应该被视为明清慈善历史的一部分。

同样,2013 年学界对明清时期天主教徒及天主教传播情况关注较多,研究细致入微,视野更加开阔。在明末天主教与中国的文化交流中,产生了一种儒耶融合后的具有相对排他性的 Cunfucian Catholicisim(儒化天主教);相应地,也出现了一种与此相关的中国天主教徒对他们信仰的委身。孙尚扬的《从〈口铎日抄〉看明末福建天主教徒的宗教委身》[《杭州师范大学学报》(社会科学版)2013 年第 6 期]考察了这种委身的结构、表现形式及其特点。《口铎日抄》是记录明末天主教信徒的宗教生活的重要文献,文章对《口铎日抄》中明末福建天主教徒的客观宗教委身与主观宗教委身之形成与特点进行深度描述后发现,这个宗教群体注重客观委身胜于注重主观委身,其对天主教正统实践的强调则暗合中国政府对正统实践的注重,并认为这是明末天主教能获得长足发展的重要原因之一。冯尔康的《雍乾时期天主教徒的宗教情结》(《安徽史学》2013 年第 4 期)则关注教民信教有着多种原因及民间社会的因素。他认为信仰缘由,一为深入了解教义,力图认识世界和人生奥秘;二是一般性地获知天主教对个人今生来世的影响;三是入教治病减灾;四是穷人为得到些许经济实惠;五为信仰成本低;六是神职人员传教士人品具有吸引力。这六个方面的一个或两个因素,就会使人产生对天主的崇拜,步入教门,然以第二种原因为多。中国民间社会恰有为天主教传播利用的条件,如家族意识和父权家长制，人们的从众心态，佛道早已传播的地狱观念，都是促成教民信仰天主教的社会因素。信徒由于对教义的了解和人生的寄托，宗教生活的习惯，对教会的依附心理，形成深厚的宗教情结，相当执著，以致宁死不改变信仰，对官方禁教采取面革心非态度，甚而接隐西洋传教士。由此可知，政治强力的禁教，不会达到预期的效果，只有改变、消除教徒从教的那些社会因素，才可能消解教民的宗教情怀，而这是清朝政府万难做到的，是以天主教传教活动和民间信教不会消失。

清雍正二年(1724)至乾隆十一年(1746)，雍正帝、乾隆帝先后下令禁止天主教的传播，谕旨得到认真的贯彻，尤其是雍正帝的禁教，被天主教传教士视为灾难性打击。然而，传教士并没有停止在中国的活动，如欧麦尔·德格里杰斯所说："在19世纪接连不断的艰难中，基督教群体通常在秘密状态下得以幸存。"[①]所以，才有清政府的一再禁教的政令。冯尔康以《雍乾禁教中天主教的传播与信众》(《安徽史学》2013年第1期)为题，叙述这两次禁教，以及在禁教前后西洋传教士潜匿、潜入内地，从事隐蔽的传教活动，致使老教徒继续宗教生活，出现一批新教徒，产生一些华人神职人员和天主教骨干成员；在禁教中，他们不畏刑罚惩处，坚持信仰。文章侧重于传教士的传教活动和信徒的社会成分、奉教原因、诚挚态度。笔者还提出了讨论性问题：如何看待民间的天主教信仰，君主专制主义的以信教为犯罪行为的不合理性何在？宗教信仰能够使用法律强制手段解决吗，能够使它消失吗？宗教的魅力究竟在哪里？由牛津大学东方研究学院沈艾娣撰写，常利兵翻译的《试论1624—1939年间山西省的天主教人口状况》[《山西大学学报》(哲学社会科学版)2013年第3期]一文以丰富的天主教统计档案为基础，考察分析了从晚明至第二次世界大战时期天主教在山西省传播过程中人口发展变化的状况，进而从人口的角度探讨了天主教村民讲述有关他们信教历史的论断问题。

有的学者从更深的层面探讨过天主教思想在中国的传播问题。例如，天主教称义思想牵涉到人蒙恩得救的基本途径，传统上存在着"神人合作说"与"神恩独作说"之间的长期论争。当明清之际天主教被引入中国时，耶稣会传教士是如何传播其称义思想的？具体而言，他们所传播的是"神人合作说"，还是"神恩独作说"？他们在传播这些理论时又是如何与中国的国情相调试的。林中泽、林诗维在《明清之际在华耶稣会士中文论著中的称义思想》(《海陆交通与世界文明》，商务印书馆2013年版)一文中对此进行了细致的研究。

---

① ［法］伊夫斯·德·托马斯·德·博西耶尔著：《耶稣会士张诚——路易十四派往中国的五位数学家之一》，辛岩译，大象出版社2009年版，第5页。

2013 年对《圣经》中译方面的研究也有进展。在早期来华天主教传教士中，罗明坚（Michel Ruggirri，1543—1607）、郭居静（LazareCattaneo，1560—1640）、龙华民（Nicolas Longobardi，1559—1654）等都曾翻译和介绍了天主教传教手册和神哲学著作。1601 年入华的耶稣会士阳玛诺（Emmanuel Diaz Junior，1574—1659）在《圣经》翻译方面也进行过努力，他的主要代表作是《圣经直解》。不过，在天主教传教士中，真正翻译《圣经》的人很少。有不少学者对此进行过探讨。[①] 张西平在《明清之际〈圣经〉中译溯源研究》（《海陆交通与世界文明》，商务印书馆 2013 年版）一文中，梳理了 17 世纪来华天主教传教士的圣经翻译历史，他提出两条重要原因：一是宗教改革后，基督新教强调《圣经》在信仰上的地位和作用，从而鼓励对《圣经》的翻译；二是来华耶稣会士面对丰富的中国古代文化典籍，若取得中国士大夫的认同，用中文翻译好《圣经》也并非易事。

　　在讲到《圣经》的汉译问题时，不能不提到三个人。第一个人是法国巴黎外方传教会传教士白日生（Jean Basset，1662—1707）。他 1685 年以传教士身份经暹罗后到中国，1689 年到达广州。入川后与一位叫徐若翰的中国神父合作，从 1704 年到 1707 年 12 月期间，他们翻译了《新约》，这本译稿并未出版，但其译本长期一直被转抄，手稿也一直未被发现。直到 19 世纪他的译本才浮出水面，20 世纪才确定这个译本的作者。目前发现白日生《圣经》翻译抄本有三处：一份是在罗马的卡萨纳特图书馆藏本（B）iblioteca Casanatense；一份是大英博物馆抄本；一份是在英国剑桥大学所藏。近年来对白日生的这三份文献的研究，学术界也有了进展。[②] 第二个人是基督新教传教士马礼逊（Robert Morrison，1782—1834）。他是英国伦敦会（London Missionary Society）派往中国的第一位传教士，他入华有三大使命：学习中文、编撰中英文字典、翻译圣经。1814 年出版了《新约》。后米怜来中国后，参与了《旧约》的翻译。1819 年 11 月，中文版《圣经》全部译完。第三个是基督新教传教士马士曼（Joshua Marshman，1768—1837）。他是英国浸礼会传教士，曾在印度开始学习中文，并将《圣经》翻译成中文。马礼逊公开承认他所翻译的《圣经》得益于藏在英国博物馆的一本中文《圣经》的抄本。那么马礼逊所抄录《圣经》的中文翻译来自何人之手？这个中文译文与明末清初来华耶稣会士诸公的《圣经》的部分翻译和介绍有何关联？张西平等学者的文章中，也探讨了这些问题。例如，

　　① 钟鸣旦：《〈圣经〉在十七世纪的中国》，《世界汉学》2005 年第 3 期。
　　② 蔡锦图：《白日生的中文圣经抄本及其对早期新教中文译经的影响》，《华神期刊》2008 年第 1 期；宋刚：《以史证经：艾儒略与明清四福音书的传译》，《天主教研究学报》2011 年第 2 期；曾阳庆：《白日生"四史攸编耶稣基利督福音之合编"之编辑原则研究》，《成大宗教与文化学报》2008 年第 11 期，见张西平：《明清之际〈圣经〉中译溯源研究》，《海陆交通与世界文明》，商务印书馆 2013 年版。

他们将白日生译本与阳玛诺译本进行对比,认为白日生和他的助手是读过《圣经直解》的,阳玛诺译本对白日生的《圣经》翻译产生了一定影响,而白日生译本又直接影响了马礼逊和马世曼《圣经》译本。就此而论,将阳玛诺的《圣经直解》视为中文《圣经》的源头之一是合理的。

（二）关于"礼仪之争"的研究

17、18世纪中国礼仪之争的主要内容是"祭礼之争"和"译名之争",主要围绕三大问题进行争论:对孔子和祖先的崇拜;对天的祭祀;关于天主的名称及内涵问题。自1610年利玛窦去世后不久,耶稣会内部就"上帝"、"天"的译名展开争论,到1742年教皇本笃十四颁布"自上主圣意"对礼仪之争作出最终裁决,整整延续一个多世纪。礼仪之争初期范围仅限于天主教中国教区内部。而后,其范围由天主教中国教区的内部争论扩大罗马教廷七位教皇,清廷两代皇帝康熙与雍正、葡萄牙、西班牙、法国等国国王,宗教裁判所、传信部枢机团、巴黎大学神学院、詹森主义者以及有关修会和团体,还有两位教皇特使、路易十四忏悔师和启蒙思想家伏尔泰、莱布尼兹等等,都卷入了这场纷争。其结果导致,中国清政府对天主教的严厉禁止,对中西方历史影响甚巨。对礼仪之争的相关研究成为十分丰富,其主要集中于如下的研究。一是关于讨论礼仪之争背后的权力之争的问题。[①] 如林金水的《明清之际士大夫与中西礼仪之争》一文分析了17至18世纪中西历史上就中国祭祖祭孔礼仪的大争论后,指出"礼仪之争的神学分歧是次要的,政治上的向背才是本质"。二是讨论礼仪之争的文化含义、思想含义,强调礼仪之争的根源是文化差异和文化诠释中的困难。[②]

赵克生的《明清时期天主教中国教区的"祭孔之争"——一种礼仪视角的考察》(《社会科学集刊》2013年第2期)则依靠《耶稣会罗马档案馆明清天主教文献》,对明清之际天主教中国教区内的传教士与部分教徒有关祭祀礼仪的争论,从礼学和明清中国祭祀文化两个方面剖析祭礼之争,认为利玛窦及其继承者在"礼仪之争"中采用了掩饰性技巧,传达给欧洲许多并不真实的中国礼仪知识,最终导致了利玛窦传教策略的失败。

"利玛窦规矩"是1716年康熙召见在京传教士,面斥德里格时提出,他说:"论

---

① 林金水:《明清之际士大夫与礼仪之争》,《历史研究》1993年第2期;吴莉莉的《中国礼仪之争:文明的张力与权力的较量》,上海古籍出版社2007年版。

② 孙尚扬:《基督教与明末儒学》,东方出版社1994年版;顾卫民:《中国与罗马教廷关系史略》,东方出版社2000年版;张国刚:《从中西初识到礼仪之争:明清传教士与中西文化交流》,人民出版社2003年版。

中国规矩,若不随利玛窦规矩,便利玛窦两百年以后的传教不得,西洋人也留不得。"①黄佳的《詹森派视野中的"利玛窦规矩"——以〈耶稣会士的实用伦理学〉第二卷为中心》(《浙江社会科学》2013 年第 9 期)一文,以法国詹森主义者康布·德·本特夏托批判耶稣会在华传教策略的论争文献《耶稣会士的实用伦理学》第二卷为研究个案,文本资料上,詹森主义者详尽掌握着 1652 年以前欧洲有关中国礼仪之争的材料;价值立场上,他们更认同多明我会士和方济各会士的传教方式。文章认为,詹森主义者对中国礼仪和耶稣会在华传教策略的贬抑和排斥根源上是由于双方在神学理论和伦理学体系上的差异决定的,但詹森主义者用以衡量、评判耶稣会在华传教策略的严格主义道德立场在 17、18 世纪清教主义盛行的法国社会和奉行教会自主原则的法兰西教会内赢得了为数众多的支持者,使詹森派在与耶稣会的争论中在舆论上获得了极大的成功,产生了很多影响,而詹森主义者对"利玛窦规矩"的批判态度反过来也助长了法兰西教会对耶稣会一直保持的敌对态度。

马晓宁的《"礼仪之争"中的权力交锋》(《濮阳职业技术学院学报》2013 年第 3 期)认为各方权力的交互抗争而使得礼仪之争整个过程显得异常复杂,权力的干涉并没有消弭这场争论,最终导致双方两败俱伤。侯成国《"译名之争"之诠释学视域下的解读》(《金陵神学志》2013 年第 1 期)将礼仪之争看作是基督教传教士如何在中国诠释基督福音信仰的诠释学问题,这同时说明基督信仰在汉语语境诠释过程中所遇到的困境。

(三)关于"西学东渐"的研究

"西学东渐"是指西方学术思想和文明成果向中国传播的历史过程,新航路开辟后,天主教传教士入华传教,当时西方正处于启蒙运动、工业革命的前夜,传教士带着传教使命来到中国,同时,以西学知识来助其传教,使西方的科技与思想传播于中国社会的上层,在中国掀起了"西学东渐"的高潮。西学涉及了非常广泛的领域,包括数学、天文学、地理学、机械学、生物学、哲学、逻辑学、伦理学、心理学、西方文学、西方美术、语言学,等等。

梁启超曾把"明清西学"与"晋唐佛学"同列为中国历史上两次"中外知识线"大接触。他说:"要而言之,中国知识线和外国知识线相接触,晋唐间佛学为第一次,明末的历算学便是第二次(中国元代时和阿拉伯文化有接触,但影响不大),在这种新环境下,后此清朝一代学者,对于历算学都有兴味,而且最喜欢谈经世致用

---

① 顾卫民:《中国天主教编年史》,上海书店出版社 2003 年版。

之学,大概受利、徐诸人影响不小。"①梁启超这一认识为后来的学者所广泛继承。

两种文化的相遇,是以文字为桥梁,以翻译为手段。文字本身也承载着中西文化交流的内容,反映出中西不同的思维方式,从一定程度来说,中外文化交流是从文字对译开始的。早期来华传教士在中国传播西学的同时,在文字翻译方面两个领域较为重要:一是科技方面;二是宗教方面。

较之来华传教士在科技方面翻译的研究,传教士在宗教哲学方面的成果不多。2013 年 8 月由社会科学文献出版社出版的由雷雨田、万兆元主编的《宗教经典汉译研究》,这部著作系 2012 年 5 月在广州举办的"宗教经典翻译的理论与实践"学术讨论会的论文选集。文集从语言学、历史学、社会学、诠释学、比较宗教学等多个角度,对宗教经典翻译的理论共性和实践多样性进行了深入探讨,其中既有对传统翻译理论的梳理,也有对当代翻译的审视,具体涉及翻译过程、翻译思想、翻译方法、译本传播、文化交流等多个方面。其中穆雷、欧阳东峰的《从翻译史研究方法透视传教士译者研究》一文,通过梳理传教士译者研究的现状和问题,指出翻译研究视域下的传教士译者应根据翻译史研究方法的演变,面对材料中的研究问题,尝试不同的学科视角和研究方法,为传教士译者研究赋予新的意义。张西平的《简论罗明坚和利玛窦对近代汉语术语的贡献——以汉语神学与哲学外来词为中心》(《贵州社会科学》2013 年第 7 期),以罗明坚、利玛窦为代表的第一代传教士所撰写的中文著作为文献,来考察汉语基督宗教哲学术语的创立,试图从语言学的角度,揭示出两种文化相遇的真实境遇。

2013 年关于天主教传教士在科技方面汉译的研究也有丰硕的成果。王吉会的《特殊历史条件下开启的明末清初科技翻译高潮》(《中国科技翻译》2013 年第 8 期)回顾了明末清初西方科学技术书籍大规模汉译,形成中国历史上第二次翻译高潮的历史。与唐朝的佛教翻译和"五四"时期西学翻译均为走出去的"取经"和"译经"不同,明末科学技术翻译的肇始阶段可以看作是中西方科技、文化的意外邂逅,是中国在特殊历史背景下迎来的一次机遇。在封闭的混沌时期,中国少数睁眼看世界的知识分子抓住机会,掀起了实学的科技翻译高潮,最终得以开启意义深远的西学东渐。纪志刚的《汉译〈几何原本〉的版本整理与翻译研究》[《上海交通大学学报》(哲学社会科学版)2013 年第 3 期]则在中西文化交流的背景下,分析了《几何原本》整理与研究的历史意义,对《几何原本》进行了细致的版本梳理,并揭示主要版本的递变关系。以《几何原本》卷一"界说"为例,与拉丁语底本进行

---

① 梁启超著,朱维铮校注:《梁启超论清学史两种》,复旦大学出版社 1986 年版,第 99—100 页。

翻译比对,认为无论是语义还是文体,汉译《几何原本》的"界说"基本上做到了用切近而自然的对等语再现了原文信息。利玛窦和徐光启用汉语重构了西方古典几何学的推理逻辑和公理化体系,在中西文化交流史上具有重要的里程碑意义。

1687年,以洪若翰、张诚、白晋、李明、刘应为代表的五名博学的耶稣会士以法国"国王数学家"之身份,带着科学仪器、礼品、年金和国王下达的"改进科学和艺术"的敕令来到中国,并于1688年2月7日抵达北京皇宫。而此前不久,1688年1月28日,晚明来华的耶稣会士南怀仁去世。王银泉、胡大平的《明清入华耶稣会士科学译介活动新论》[《云南大学学报》(社会科学版)2013年第4期]以科学译介活动为主线,以人物活动为中心,以标志性事件而非朝代更迭为界限,对明末清初入华耶稣会士的科学翻译活动进行了全新的分期,提出以1687年为耶稣会士科学译介的分水岭这一全新命题,强调了法国耶稣会士在之后确立的优势地位,并且论述了他们取得的突出成就及其对中西文化科技交流的重要影响。陈世锋的《西学东渐下的科学与宗教》(《自然辩证法》2013年第3期)一文将西方科学、中国科学、西方宗教、中国宗教四者连到一起,从而为"视域融合"式的研究打开了一个富有启示和扩展性的问题群落,不仅考虑了中西体用等中西对话中静态的定位问题,更关注格义比附、潜隐外化、互镜创新等动态的历史发展问题。

明清时期来华传教士也出版了大量的中文著作,这些著作涉及宗教神学、教育学、伦理学、逻辑学、语言学、心理学、哲学、文艺学、音乐学、美术学、天文学、医学、物理学、数学、植物学和动物学等众多学科,在中西文化交流史、明清思想史和学术史上,都有不容忽视的价值。2013年6月,中华书局出版了由黄兴涛、王国荣主编的《明清之际西学文本——50种重要文献汇编》,对不少重要而珍贵的西学文本进行了"整合",如《齐家西学》、《治平西学》、《斐录答汇》等,使其中多部得以"完璧"的形式出现。为避免重复,朱维铮先生已编辑出版的《利玛窦中文著译集》所收作品和已经横排标点出版的西学文本,没在收录。

叶隽的《晚明学域与观念交易——知识视野中的"汉文西学"》(《中国图书评论》2013年第7期)一文认为邹振环在《晚明汉文西学经典:编译、诠释、流传与影响》提到的"汉文西学经典"感念宏达,超出翻译之狭隘范畴,勾连出更复杂多元的"知识变异"形态。此著对学术重要贡献在于:(1)追溯自明代西学汉译之经典化过程,对汉语思想之形成具有极为重大作用。"这些被称为经典的汉文西学……无论是自然科学,还是人文科学的内容,在跨文化的中西交流中……都是所属学科的第一部,具有学术开创性意义。在中国西学东渐史上……显示出其在西学传播方面的首创性、涵盖面的广阔性,其部分著述所体现出的思考之深邃性,也成了之后中国社会与文化发生重要变迁的精神资源。"①（2）借用美国学者勒温（K. Lewin，1890—1947）"场论"与法国学者布迪厄的"场域"概念，提出了"西学知识场"的重要概念。用理论的眼光重新理解西学知识在中国历史上的形成。"16世纪末以来，来华西方耶稣会士面对着晚清这一'知识场'，通过种种努力，在汉语语境中构筑起晚清知识大'场域'和'次场域'（sub-field）——西学知识场。"（3）提出并贯彻了"知识史"的研究路径。而后进一步指出，如果在此基础上，能够借助更多的理论思维，则可百尺竿头更进一步。

明末清初，耶稣会传教士在其著述中介绍了欧洲法律，并将拉丁文国际法著作《法律及神作为立法者》译成中文，开启了国际法在华的传播。王超杰的《论耶稣会士与国际法初入中国》（《丝绸之路》2013年第2期）一文认为，国际法输入中国并非一个单向的过程，而是传统中国以天下观为中心的对外秩序与西方国家主导的近代世界秩序碰撞和消长的过程。1689年，中俄签署《尼布楚条约》，是近代中国和外国之间的第一个条约，使西方国际法得到了某种程度的运用。庞博、赵文婧《明清传教士与中西法律文化交流》（《学理论》2013年第11期）认为西学东渐，西方法律文化打破并逐步渗透到了中华法系内，而在这个过程中传教士起到了举足轻重的作用。

明末清初西学东渐重要领域之一是天文学、历法。崇祯二年（1629）五月，徐光启奏请采用西法修订已沿用近260年的大统历，七月奉旨修历，在宣武门内旧首善书院建立历局，九月历局正式开始运作。数年成书《崇祯历书》，然因明亡而未得颁行，入清后汤若望更其名为《西洋新法历书》终获颁布，影响深远。潘鼐先生评价《崇祯历书》："取十六世纪与十七世纪初的西方天文学，译西为中，卷帙浩繁，是历局人员与传教士同心协力、共同努力的巨大成果。做出贡献的人很多，其中最主要的是徐光启、罗雅谷《Jacques Rho，1593—1638》和汤若望（Jean Adam Schall Von Bell，1591—1666）三人，其次可推李天经、龙华民、郑玉函（Johann Terrenz，1576—1630）、陈于阶、邬明著等五人。此外，可列入名单的约有五十人左右。"②所列举参与八人，学界多有研究，唯邬名著事迹不显。董少新的《明末奉教天文学家邬明著事迹钩沉》（《海陆交通与世界文明》，商务印书馆2013年版）勾勒邬明著修历与奉教事迹，进而凸显历局成员所构成的天主教网络及其对天主教在华传播的作用。

---

① 邹振环：《晚明汉文西学经典：编译、诠释、流传与影响》，复旦大学出版社2011年版。
② 徐光启编纂，潘鼐汇编：《崇祯历书》（崇祯历书附西洋新法历书增刊十种），上海古籍出版社2009年版。

第谷(Tycho Brahe,1546—1601)对月亮理论的发展是他最重要的天文学贡献之一。他通过长期观测发现了月亮运动的新差数,并率同弟子建立了新的理论,大大提供了月亮理论的精度。明朝末年传教士编撰《崇祯历书》时采用了第谷的月亮理论,这部分内容在清康熙年间又成为编纂《历象考成》中月亮理论的基础。褚龙飞、石云里《第谷月亮理论在中国的传播》(《中国科技史杂志》2013 年第 3 期)一文认为,《崇祯历书》对该理论的介绍存在混乱与矛盾:所用的月亮理论以及计算月亮位置的方法是以第谷月亮理论的完整版本为基础的;然而,关于第谷月亮理论的文字描述不仅全然略去了对第谷发现的二均差的明确描述,而且竟然错误地以哥白尼月亮模型来解释该差数表的计算方法。清康熙年间编纂的《历象考成》提出了一个与第谷月亮模型不同、但却完全等效的月亮模型,且该模型与《崇祯历书》及《历象考成》的月亮表可以吻合。文章进一步指出,这一模型极有可能是中国天文学界通过研读《崇祯历书》而自创的结果。

17、18 世纪,一批欧洲光学玩具通过耶稣会会士等途径传到大清国,不仅被带入宫廷,而且在民间也得到广泛流传。它们同望远镜一起在清朝的社会文化中留下了明显的印记。望远镜在明代的传播状况,很早便有学者研究。1942 年方豪《望远镜传入中国考》(《方豪六十自定稿》上,学生书局 1969 年版)一文为其开端。20 世纪 80 年代以来,相继出现一批相关研究。[①] 主要围绕着传教士传入望远镜或中方特别是历局所代表官方对西学的吸收与回应两方面展开的,对其在民间的发展状况则着墨较少。王锦光、洪震寰在《中国光学史》一书中认为民间研制望远镜,当以孙云球为先驱,而薄珏创造性地将望远镜用在自制的铜炮上,这是世界上将望远镜用于大炮的最早记录。[②] 李约瑟认为:"当薄珏还年轻时,中国文化已经有了伽利略天文学的相对多的传播,以及西方光学知识的相当少的传播,遗憾的是,关于薄珏或者孙云球什么时候接触过耶稣会这一点,至今没有任何证据","在1550—1610 年间,至少有六个人利用双凹以及双凸透镜进行过二重透镜状组合,并且得到了远离物体的惊人的放大效应。如果承认这点,那么薄珏本人是这些人之中一个的可能性就是非常有理由的。"[③]王士平等人的《薄珏及其"千里镜"》明确提出薄珏的望远镜系独立完成,且是开普勒式的而不是伽利略式的,薄珏最早把

① 李迪:《关于徐光启制造望远镜问题》,《自然科学史研究》1987 年第 4 期;江晓原:《关于望远镜的一条史料》,《中国科技史料》1990 年第 4 期;王川:《西洋望远镜与阮元望月歌》,《学术研究》2000 年第 4 期;戴念祖:《明清之际望远镜在中国的传播与制造》,《燕京学报》2000 年第 9 期;王广超、吴蕴豪、孙小淳:《明清之际望远镜的传入对中国天文学的影响》,《自然科学史研究》2008 年第 3 期。

② 王锦光、洪震寰:《中国光学史》,湖南教育出版社 1986 年版。

③ 李约瑟:《江苏的光学技艺家》,潘吉星主编:《李约瑟文集》,辽宁科学技术出版社 1986 年版。

望远镜用于军事指挥,是作为观察指挥用具,而非用作大炮本身标准的仪器。"到目前为止,人们还没有发现薄珏同耶稣会士有(直接或间接的)联系","薄珏是开普勒望远镜的独立发明家"。[①]

纪建勋的《我国制造望远镜第一人薄珏及其与西学关系之考辩》(《史林》2013年第1期)对薄珏其人其事进行了研究。首先尝试理清望远镜在明末的传播脉络,认为是汤若望将第一架望远镜传入中国,时间为1622年。而后,对薄珏生平重新加以梳理。文章认为薄珏所处的时代正是明末西学东渐的一个高潮期,包含光学在内的西学大量输入,且江南也是与西学交接的重镇之一。薄珏在科技方面的学问受西学影响很大,其实为明季望远镜之学由官方向民间流播的过渡人物。依据新发现史料,薄珏制造望远镜是受到了汤若望《交食历指》一书的直接影响,并受汤氏《远镜说》一书的间接或直接的影响,其对西方的光学知识又有所发展而创制开普勒望远镜。

余三乐《望远镜与西风东渐》(社会科学文献出版社2013年版)系统地介绍了望远镜在欧洲的发明、发展的过程以及传入中国的经过。作者以其间的重要人物为主线,从荷兰眼镜商人利普赫到意大利科学家伽利略,从汤若望到徐光启。

石云里的《从玩器到科学——欧洲光学玩具在清朝的流传与影响》(《科学文化评论》2013年第2期)试图再现这些玩具在中国的传播过程,同时展现它们在不同社会文化中所发生的角色转换,并认为在一般中国士人和公众眼中,这些异国奇珍确实具有足够的吸引力,以至变成了文学创作的主题以及节日民俗中的仪式道具与娱乐工具。而在清朝的工匠和科学家手中,这些"西洋奇器"所承载的知识不仅仅只是好玩或吸引眼球那么简单,工匠们成功地对这些知识进行了提取、复制;科学家则将这些知识通过书本传入的西方科学知识混合起来,开始了一场有趣的知识发酵,最终导致了《镜镜詅痴》特殊光学系统的建立。而作为这批玩具最早和主要传播媒介的耶稣会士对清朝的光学发展作出了超出我们原来想象的特殊贡献。

此外,在医学、生物学等方面的研究也有进展。陈明的《中古医疗与外来文化》(北京大学出版社2013年版)从文化交流史的角度,将具体的医疗活动放到广阔的中外文化背景中去考察,利用古希腊、罗马、波斯、阿拉伯、印度的医学典籍或宗教文献中的相关记载,追溯隋唐医籍中的外来理论、药物用法、胡方的本来面貌,乃至宗教观念在医疗活动中的具体体现。以"从希腊到长安"的视域,通过对

---

① 王士平、刘恒亮、李志军:《薄珏及其"千里镜"》,《中国科技史料》1997年第3期。

源与流的比较,加深了对隋唐社会生活史的认识,从而揭示了本土对外来文化的曲折改造过程,综合展现了隋唐医疗的复杂面貌,深化了对中外医学文化交流史的研究。杨奕望、李明、胡蓉、陈丽云的《晚明时代"脑主记忆"说的源流与传播》(《中国中医急症》2013 年第 4 期)考察了利玛窦用中文所著《西国记法》中所提出的"脑囊为记含之室",即"脑主记忆"说。中国传统文化历来主张"心主神明",认为"心是记忆的主宰",随着与外国传教士接触日益密切,金声、方以智等晚明士人,逐渐接纳"脑主记忆"的观点,并使之流传、发展。梁从国的《晚清道咸时期西方生物学知识在华传播考察》[《广西民族大学学报》(自然科学版)2013 年第 2 期]通过对西方传教士创办的学校、医院、出版机构和期刊信息梳理,重建历史丰富的场景;并认为晚清西方生物学在华传播的时间起点应是 1833 年《东西洋考月统纪传》的创办。

明清之际,随着欧洲天主教的传播,西洋绘画开始传入中国。据史记载,西班牙籍方济各会士阿尔法罗最早将西洋画携来中国。明神宗万历七年(1579),他将几幅手绘画带到广东肇庆,揭开了西洋画在中国传播的序幕。万历二十九年(1601),利玛窦将几幅宗教画像晋献给明朝皇帝,使西洋画进入中国宫廷。何问俊、赵雪的《明清之际西洋画在中国的传播及衰落原因探析》[《天津大学学报》(社会科学版)2013 年第 4 期]概述了西洋画在中国传播的过程,经历明末初步传入、清初深入发展及清中叶的传播兴盛与衰落过程。文章认为导致西洋画在中国传播衰落的主要原因是:中国当时自给自足的封建经济对文化交流的限制和束缚,还有强化的君主专制统治对思想文化的控制、西洋绘画的主要传播者的身份与目的的冲突以及文化艺术的传播规律使然。

郎世宁(Giueppe Castiglione,1688—1766)生于意大利米兰,清康熙五十四年(1715)作为天主教耶稣会士来中国传教,被重视西洋技艺的康熙帝召入宫中,作为宫廷画家,历任康、雍、乾三朝,在中国从事绘画 50 多年。曹天成《郎世宁与乾隆帝关系新考》(《美术观察》2013 年第 11 期)通过比较郎世宁在雍正和乾隆年间所获赏赐的频率、内容,以及郎世宁工作室在不同时期的装修、维护情况,并考察乾隆帝赏赐给其俸禄的特殊时机、背后可能隐含的政治目的,综合郎世宁的耶稣会士身份,指出二人关系并非如某些研究所指的那样超乎寻常。此外,李宁的《历经三朝的洋画家——郎世宁》(《收藏家》2013 年第 4 期)、柯孟德的《比郎世宁更早来到中国的清廷艺术家马国贤》(《收藏》2013 年第 2 期)则分别概述了郎世宁和马国贤的一生经历。

铜版画是西方绘画的重要组成部分,随着传教士进入中国,西方铜版画利用光影的三维效果,令当时国人为之叹服,并在清廷绘画中有重要地位。清代宫廷出现了一批上乘铜版画,其始于康熙年间马国贤制作的《避暑山庄诗镜图》,止于道光年间《平等回疆得胜图》,期间创作有大量的铜版画,并以乾隆时期居多。蔡杰的《清代宫廷铜版画探微》(《兰台世界》2013 年第 1 期)和潘擎的《清代宫廷铜版画的历史特征与发展》(《兰台世界》2013 年第 30 期),考察了清代铜版画发展的历史和特点。

明清之际,西学东渐研究的一个重要方面,是西学传入中国后在这一时期的影响和接受。这是明清思想史研究的一个重要课题。民国时期,学者对清代主体学术受西学影响已有一定共识,但鲜有具体深入的研究。20 世纪 80 年代,朱维铮在《十八世纪的汉学与西学》一文提出"汉学与西学"的关系。他认为王学藐视宋以来的礼教传统,其异端气质在客观上创造了一种文化氛围,使得近代意义的西学得以在中国立足。清代汉学亦属于近代文化,在内容上与西学合辙之处,在方法论上汉学家与近代西方实证科学更是有相同之处。① 90 年代以后,在李天纲、马勇、陈卫平、徐海松、张西平等诸多学者的共同努力下,相关研究取得很大进展。他们不仅在材料整理和理论分析上更为精细,而且试图从宏观上整体把握清代经学与西学之关系。② 同时,以学者和学术流派作为个案进行分析,也是这一时期研究的重要特点。黄宗羲、方以智、戴震、焦循等学者得到了较多的关注。③ 浙东学派在思想学术史上的贡献历来为学者所瞩目,近年来,浙东学派与西学的关系也得到较多学者的关注,王慕民、龚缨晏等诸多学者从具体史料入手,来研究浙东学人与西学之关系。④

许苏民的《晚明西学东渐与顾炎武政治哲学之突破》(《社会科学战线》2013 年第 6 期)一文,研究了在晚明西方政治哲学东渐的背景下,顾炎武在其影响和启迪

① 朱维铮:《十八世纪的汉学与西学》,《走出中世纪》,上海人民出版社 1987 年版。

② 李天纲:《清代儒学与"西学"》,杨念群、黄兴涛、毛丹主编《新史学》(上),中国人民大学出版社 2003 年版;马勇:《乾嘉汉学与西学的内在关联》,《东西方文化道路的交融与选择》,四川人民出版社 1993 年版;陈卫平:《第一页与胚胎——明清之际的中西文化比较》,上海人民出版社 1992 年版;徐海松:《清初士人与西学》,东方出版社 2000 年版;张西平:《明清间入华传教士对亚里士多德哲学的介绍》,《江海学刊》2000 年第 6 期,张西平:《明清间西方灵魂论的输入及其意义》,《哲学研究》2003 年第 12 期。

③ 许苏民:《戴震与中国文化》,贵州人民出版社 2000 年版;张晓林:《戴震的"讳言"——论〈天主实义〉与〈孟子字义疏证〉之关系》,《华东师范大学学报》2002 年第 4 期;刘瑾辉:《焦循评传》,广陵书社 2005 年版;程刚:《〈几何原本〉对儒家思想学术的影响:以徐光启与焦循为例》,《清代学术讲论》,广西师范大学出版社 2005 年版;彭林:《从〈畴人传〉看中西文化冲突中的阮元》,《学术月刊》1998 年第 5 期。

④ 王慕民:《明清之际的浙东学人与西学》,《明清浙东学术文化研究》,中国社会科学出版社 2004 年版;龚缨晏:《明清之际浙东学人与耶稣会士》,《浙江大学学报》2006 年第 5 期。

下形成独特的理论创造。其一,他以"合天之私以成天下之公"来规定"王政"之本质,虽与传教士宣传的亚里士多德的"王政"理论相通,但在表述上却显示了比传教士更高的概括能力和直探事物本质的理论思维水平。其二,他以"法从人"与"人从法"来规定"人治"与"法治"的本质区别,与传教士宣传的西方法治理论相通,其依据法治理念提出的建立官员财产申报制度的主张,更是一个重大的制度创新。其三,他特别热衷于论述的"君、臣、民"政治平等观念和权力制衡学说,与传教士宣传的西方政治哲学理念有惊人的相似和对应之处。

许苏民的另外一篇《黄宗羲与儒耶哲学对话》(《北京行政学院学报》2013年第4期),则试图从外缘性的史料搜求进入儒耶哲学对话的文本分析,从学理上来说明黄宗羲何以会从儒耶哲学对话中意识到"天人之际,先儒有所未尽",从而展开其援耶入儒理论探索。他认为黄宗羲"平生心得,为先儒之所未发者",几乎都是对儒耶哲学对话争论的主要问题的回应。在本体论方面,他吸取了西方哲学关于上帝存在的本体论证明来阐明中国古代的上帝观,但反对基督教赋予上帝以人格神意义,并试图调和上帝信仰与儒家孝道的冲突;在人性论和人生哲学方面,他吸取了西方哲学的方法论,提出了"论性之一本万殊"新解,确认志士仁人灵魂不灭;在认识论方面,他对阻碍科学发展的象数迷信和以先验道德秩序附会自然的主观臆说作了全面系统的批判,主张"推物理之自然",深究"所以然之理",确立了"一本而万殊"的多元学术史观。面对中西文化冲突,黄宗羲既具有鲜明而坚定的中国文化本位立场,又对"先儒有所未尽"具有清醒的意识,通过借鉴和吸取西方哲学来丰富和发展中国文化之"体"与"用",其理性态度值得肯定。

针对西洋人传播西方科学的目的,儒者们提出了"西学中源说"。所谓西学中源,就是说,西方科学的源头在中国。这样,传教士就没有什么可神气的了,他们的那一套源头在中国,中国人是信儒教的,因此,儒教比天主教高明。黄爱平《明清之际"西学中源"》(《光明日报》2013年1月28日)认为,从根本上说,"西学中源"说对中西文化的认知是不正确的。它没有认识到古代中学与近代西学的本质差异,而是笼统地将近代西学的源头附会到中国的古代,这也是长期以来学术界对其多持批评否定的原因,但应历史、客观地看待"西学中源"说产生、流传,及其作用和影响,其所体现的中华传统文化的包容精神,所反映的对待外来文明的吸纳、融会、开放的心态,是应当值得我们重视并肯定的。

二、欧洲早期汉学

汉学(Sinnology)是欧洲人的术语,其希腊语词根的本义是指秦始皇建立起来的秦国。按照中国学术界的习惯,汉学主要指外国人"有关中国历史文化、语言文学等方面的研究"①。

欧洲早期汉学大致可以分为游记汉学和传教士汉学两个时期,前一个时期是从古代到明末,期间有不少欧洲旅行家来到中国,留下对中国的印象记,著名的《马可·波罗游记》便是代表作。明末以后,大批欧洲传教士来华,进行了大量有关明清帝国的历史、地理、社会生活等方面的调查和研究,他们写下了关于中国的报道、著作,并把这些关于中国的著述传回欧洲,这些来华的天主教传教士,有实际的中国经验,他们奠定了欧洲早期汉学的主题和谱系基础。

(一)关于欧洲对中国认知变化的研究

中世纪欧洲对中国的认知经历了由想象到褪色、由模糊到逐步清晰的演变过程。

赵欣的《英国人的契丹认知与航海探险》(《外国问题研究》2013 年第 1 期)探讨了英国人对契丹认知的历史过程。契丹是中国古代北方的少数民族,曾于 916 年建立辽国,统治中国北方大部分地区长达 200 余年。辽灭亡前,辽皇族耶律大石曾为躲避金兵,帅余众遁至漠北,1124 年在中亚起尔漫城(在乌兹别克斯坦的布哈拉与撒马尔罕之间)建立哈剌契丹新政权,之后耶律大石又率部西征,先后降服高昌回鹘王国、东西两部喀喇汗王朝、花剌子摸。耶律大石于 1131 年在叶密立城(今新疆境内)称帝,突厥语称之为葛儿汗,建立强大的西辽政权。穆斯林和西方史籍称之为哈剌契丹。1141 年耶律大石在中亚河中地区卡特万(Qatawan)打败塞尔柱突厥苏丹·桑加尔(Sultan Sanjar),迫使塞尔柱退出了河中地区。这个信息传到西方后引起极大震动,由于耶律大石"葛儿汗"的读音与"Johan"接近,所以被西欧社会想象为拯救基督教世界的"约翰长老"(Presbyter Johannes),"约翰长老"打败苏丹的胜利的消息在西方社会被人民所传颂,找到他及契丹国共同抗衡塞尔柱突厥,是欧洲在海上探险的重要动因。15 世纪末,具备了远航能力的信奉新教的英国航海者梦想通过东北或西北海域以找到一条通往东方契丹的捷径,打破天主教势力对通往东方航道的垄断。这种寻梦型的海外探险持续了三个世纪,

---

① 李学勤:《国际汉学著作提要·序》,江西教育出版社 1996 年版。

虽未打通去东方的新航路,英国人却因寻找契丹而收获了大量的财富和领地,最终认识到所谓的契丹就是中国。

1145 年欧洲出现了约翰长老的传说,认为他是东方最强大的国王。1165 年前后,欧洲出现了"约翰长老来信",学术界至今无法确定此信的作者和写作意图。13 世纪前期,欧洲人曾把成吉思汗视为约翰长老。13 世纪中期,欧洲人不再认为约翰长老是东方最强大的国王,而仅仅是中亚某个聂斯托礼派的首领。从 14 世纪开始,欧洲人转到非洲去寻找约翰长老。17 世纪末,欧洲人才彻底认识到约翰长老是个虚幻的人物。[①] 约翰长老故事的演变过程,反映出中世纪欧洲的东方观,也折射出西欧的社会心理。姬庆红的《中世纪西方对东方认知的历史演变——以基督教长老约翰传说为例》(《贵州社会科学》2013 年第 3 期)认为约翰长老实际上是一个东西方传说与历史混合的产物,是欧洲人以"自我"为中心,根据自我需求臆想东方的结果。随着欧洲人对东方认识的不断加深,约翰长老的人物原型及其王国位置不断发生变化,该传说诱发了欧洲人对未知领域的向往,激发了欧洲君主们对海外探险的兴趣,推动了地理大发现的到来。

欧阳哲生《欧洲与中国文明对话的新开端——以西人在元大都"汉八里"的经验为中心的考察》[《北京大学学报》(哲学社会科学版)2013 年第 5 期]从欧洲与中国在元代交往要地元大都"汗八里"为中心展开,通过对蒙高维诺、鄂多立克、马梨诺里等方济各会士留下的游记、书信的梳理、解析,展现元朝时期西人的"北京经验"和当时中欧交往的状况,并勾勒出西方的"汗八里"形象。

16 世纪以来,欧洲社会上流行的是正面的中国形象,启蒙时代中国更成为多数思想家讴歌的对象,但是 18 世纪晚期欧洲许多思想家都对中国持批评态度。张国刚在《18 世纪欧洲对于中国的认知——欧洲进步观念的确立与中国形象的逆转》一文中认为:"中国形象发生颠覆性的转变,归根结底是看待中国时的坐标已经斗转星移,从尊敬古代变为肯定当今,从崇尚权威变为拥戴理性,从谨慎地借古讽今变为大胆地高扬时代精神。"[②]张国刚和吴莉苇合著的《启蒙时代欧洲的中国观——一个历史的巡礼与反思》中强调研究的视角是"打破这种因为置身'外部'叙述而造成生硬与零碎化,致力于寻找 16—18 世纪欧洲思想界和知识界变迁的线索,用这条线索将他们对中国的各种言论联系起来,整合出一个随着欧洲社会变化而变化的整体性的中国印象"。张国刚认为,欧洲人的中国观实际上是欧洲

————————

①　龚缨晏、石青芳:《约翰长老:中世纪欧洲的东方幻象》,《社会科学战线》2010 年第 2 期。

②　张国刚:《18 世纪欧洲对于中国的认知——欧洲进步观念的确立与中国形象的逆转》,《天津社会科学》2005 年第 3 期。

人在特定环境下的文化意识、思想意识和民族意识的折射。"欧洲初次认识中国以来,中国就一直被欧洲放在它的对立面以便不时地鉴照自己或反思自己;而18世纪欧洲的'中国热'实乃欧洲旧的社会制度体系衰落瓦解和欧洲人全球扩张所造成的'欧洲人'意识上升的结果,是文化本位主义的一种隐蔽但却生动的体现。"①

北京大学历史系教授许平在2013年3月19日《光明日报》发表的文章《欧洲人认识中国的拐点》,认为欧洲人向现代转型的历史,伴随着一个对"他者"文化的发现、借鉴和批判的过程。15—16世纪地理大发现的动力来自对东方的向往,而在17—18世纪,当欧洲本土的封建制度和文化精神露出衰败的端倪,需要新的想象中的伊甸园来支撑自己、表达自己的时候,欧洲兴起了史无前例的"中国热"。正是这场借助于中国文化的解读而实现自我批评和更新、为现代欧洲的破茧成蝶准备条件的文化变革之后,欧洲人对中国认识发生变化,从马可波罗时代开始的连续几个世纪对中国文化的崇拜和美化渐行渐远。启蒙运动为东西方二元对立的世界秩序提供了进步与落后、文明与野蛮的文化价值标准,世界被一分为二了。启蒙运动前期,中国文化是被当做理想的标杆和批判的武器来实现欧洲的自我救赎,而后,中国文化被作为历史的起点和批判的对象,来衬托欧洲的进步和欧洲的世界中心地位。现实的欧洲与思想的欧洲同步,中国也就随即成为帝国主义扩张的目标了!

此外,2013年3月,人民出版社出版了唐纳德·拉赫(Donald F. Lach)著、周宁校的《欧洲形成中的亚洲》(Aisa in The Making of Europe),该书是作者花费30年的时间和心血完成,是20世纪一部无论就资料丰富还是思想深刻而言都可谓"经典"的著作。全书分为《发现的世纪》(第一卷)、《奇迹的世纪》(第二卷)、《发展的世纪》(第三卷),共三卷九册,翔实地考察和梳理了欧洲和亚洲之间的错综复杂的关系,全面研究了新世界现代史中欧洲的亚洲知识以及亚洲文化对欧洲的影响,内容几乎涵盖了16—18世纪欧洲所有有关亚洲的文献资料。这些文献详尽描述了亚洲的生活与社会状况,构建了完整的亚洲形象;同时,也分析了欧洲文学艺术与其他文本中表现出的亚洲文化的影响,提出了新的世界现代历史观念,在西方影响东方的同时,东方也直接影响到西方,对西方的现代化历史起到推动性作用。正如史景迁在《纽约书评》中谈到的,"公允地说,拉赫先生生产出了迄今为止西方认知前现代亚洲的最为综合的作品"。

---

① 张国刚、吴莉苇:《启蒙时代欧洲的中国观——一个历史的巡礼与反思》,上海古籍出版社2006年版。

王芳的《孟德斯鸠看中国传统法律文化——以〈论法的精神〉为基准》(《法学研究》2013 年第 1 期)认为,18 世纪法国启蒙思想先驱孟德斯鸠在构建自己理论体系的同时,汲取了中国文化的丰富滋养,并由此塑造出他心目中的中国形象。在他《论法的精神》中,更是使用了大量文字评述中国法律传统的一些基本特征,虽有不可避免的"误读"、"误释",但由于孟德斯鸠对中国的这种偏见与卓识、现象与智慧同在的互为矛盾的文化观及构成这种文化观的否定思维和哲学价值,从而使其对中国法律的阐述不仅影响法国人对中国传统法律文化的看法,也决定了他在中法关系史上所占据的历史地位。

中国人民大学国学院的吴莉苇在 2013 年 4 月 3 日《中国社会科学报》发表的文章《传教士眼中的中国古代真神——理雅各与利玛窦的异同》,以今日眼光衡量,理雅各对孔子的评价更为合理。利玛窦的论述有明显的特殊目的,即在中国构造出一个由权威人士担纲的一神信仰继承者群体,把一神信仰塑造为中国的高端认识或主流认识,以此作为在中国奉行适应性传教策略的基础。从理雅各开始,新教传教士呈现一种新的倾向——相信一神信仰是中国传统的一部分,只是他沉沦暗淡,并为诸多纷杂迷信所遮掩。

张诚(Jean-Francois Gerbillon,1654—1707)法国耶稣会士,1684 年被法国国王路易十四选派到中国传教,被授予"国王数学家"、法国科学院院士。1688 年张诚、洪若翰、白晋、刘应和李明等五人到达北京,是法国耶稣会在华传教团体的第一任总会长。张诚与白晋被康熙帝留用宫中,讲授西学,编译《几何原理》、《哲学原理》等著作。1689 年,奉康熙之命同徐日升一同参加清政府使团,与俄国进行《尼布楚条约》谈判,担任译员。1707 年,在北京逝世。张诚曾先后八次前往蒙古地区旅行,做了大量有关蒙古历史、地理、社会风貌等方面的考察及研究,留下了详细的记述。这些记述后来由杜赫德编入《中华帝国及其所属鞑靼地区的地理、历史、编年纪、政治及博物》,简称《中华帝国全志》刊印出版。李晓标的《耶稣会士张诚眼中的蒙古地区》[《内蒙古社会科学》(汉文版)2013 年第 4 期]一文,记述张诚八次前往蒙古的情况,他在蒙古地区的经纬度测量、游历见闻、对时局及社会众生形象的记述构成他对蒙古的认知,张诚将这种认知传递回欧洲,成了 18 世纪西方获得蒙古相关知识的主要来源,使欧洲有了对蒙古地区的整体认知,为西方对蒙古地区及蒙古民族的关注及研究起到了承上启下的作用。

16 世纪到 18 世纪的西方传教士也第一次向西方讲述对西藏的认知,从无稽可考的传说带回到现实世界,使西藏渐为欧洲所知晓,同时也为后人研究当时的西藏社会留下了难得的历史资料。韩小梅的《传教士的西藏叙事——以葡萄牙传教士安多德为中心》(《时代文学》2013 年第 4 期)以西方进入西藏的第一人葡萄牙传教士安多德的报告和书信为资料,认为他及稍后的传教士在解构了西方千年以来荒诞无稽的西藏叙事同时,又建构起另一种截然不同的西藏叙事。

李真的《清初耶稣会士笔下的东方帝都——以〈中国新志〉为中心》(《贵州社会科学》2013 年第 7 期)一文,以明末清初来华的葡萄牙籍耶稣会士安文思(Gabriel de Magalhes,1609—1677)的代表作《中国新志》(Nouvelle Relation de la Chine)为研究中心。《中国新志》是西方早期汉学名著,它的重要特点是对当时的北京城进行了非常翔实的介绍和描述,是研究北京史和北京地方志以及明末清初中西文化交流史的重要历史文献。文章认为《中国新志》所提供的视角,多有中国史料不具备的内容和角度,颇有特色,不仅留下了当时西方人观察北京的亲历经验,成为当时世界了解北京的第一手珍贵材料,而且为考察明末清初的北京形象提供了在中文文献中不易见到的另一面。

明清时期的京杭大运河是南北交通的大动脉,不仅促进了南北物质的交流和沿线城镇聚落的兴起,也便利了人员的往来,在中外文化交流中发挥着重要的作用。一些外国使节、传教士、旅行者等多取道于此,成为外国人观察中国物质文明和地域文化的窗口。2013 年 4 月 18 日胡梦飞在《中华文化报》发表的《外国人视野中的明清京杭大运河》,描述了外国人,特别是欧洲天主教传教士怀着新奇眼光审视京杭大运河,其生动体现了中外文化的交流与碰撞。

明清时期来华传教士还对中国的植物、草药等非常关注,如对大黄的关注,体现了传教士在中西文化交流中的重要作用。林日杖的《论明清时期来华传教士对大黄的认识——关于明清来华西人中药观的断面思考》(《海交史研究》2013 年第 1 期)论述了天主教、东正教、基督教新教传教士留下的有关记述,认为鸦片战争前,西方社会对有关大黄的信息,主要是来华天主教士提供的,其中耶稣会士起到关键作用。但东正教传教士并没有向西方社会提供多少有关大黄的新知识,明清之际,基督教新教传教士开始进入中国沿海一带活动。伦敦会、公理会、内地会等差会的传教士通过各种途径获得了对大黄的认识。探讨传教士对大黄等中国特色药材的认识,有利于对传教士及来华西人的中医中药观提供更合理的解释。

冬虫夏草在中国是一种著名的药材,芦笛的《20 世纪初以前西方学者对中国冬虫夏草的记载和研究》(《菌物研究》2013 年第 4 期)一文认为最早记录冬虫夏草的文献是 15 世纪藏医籍《千万舍利》和成书于 1736 年的雍正《四川通志》,随着法国传教士巴多明(Parennin)于 1723 年把冬虫夏草标本从北京寄到法兰西科学院,西方学术界开始了对这种中国药材的认识和研究的历程。

西方人眼中的中国形象一直是中西学术界研究的热点问题,然而大部分研究都集中在中国整体形象上,潘娜娜《十九世纪西方人眼中的中国女性形象解读》[《福建师范大学学报》(哲学社会科学版)2013 年第 2 期]以 19 世纪西方人眼中的中国妇女形象为议题,认为传教士、外交官和文学家、诗人写实作品和虚构文学作品中塑造了愚昧落后、狡诈无耻而又封闭麻木的中国小脚女人形象。这一形象既是中西权力关系互动的结果,又是意识形态的文本建构的结果。直到今天,这一形象还有一定的市场,形成了西方观察中国妇女的"套话",影响了其对中国女性的正确认知。

(二)关于"东学西传"的研究

明末清初以来,在"西学东渐"的过程中也有一股"东学西传"之风,"东学西传"是指中国古代先进的科技文化向西传入欧洲并对其社会历史进程产生重大影响的一种文化现象。而 17、18 世纪的欧洲正经历着社会大转型、思想大变革,"东学西传"以及由此兴起的早期汉学,在一定程度上参与了这场思想变革。

中学西传的研究较之于西学东渐的研究不多。以朱谦之的《中国哲学对欧洲的影响》为开端,这部著作从"耶稣会士宋理学之反响、中国哲学与启蒙运动、中国哲学与法国革命、中国哲学与德国革命"四方面论述了中国哲学对欧洲的影响。[①]范存忠的《中国文化在启蒙时期的英国》对中国与英国文化关系进行探讨,上溯乔叟作品中的中国形象,下迄威廉·琼斯对中国经典的翻译与解读,跨越数百年,深入分析了众多中国文化元素传入启蒙时期的英国后,对英国各界发生的复杂影响。[②]林金水的《明清之际朱熹理学在西方的传播与影响》承续了朱谦之《中国哲学对欧洲的影响》一书所开创的研究方向,对于明清之际朱熹理学通过来华耶稣会士这个特殊文化载体传入西方及在西方哲学界引发的深层影响作了积极探索。[③]

张西平的《中国与欧洲早期宗教和哲学交流史》则以双向互动与文化转型的目光来描写明末清初的中西文化交流,强调"回到中西平等对话的原点",作为一个崭新的理论提出。他认为"中国的传统并不是完全与近现代社会相冲突,中国宗教和哲学思想并不是与现代思想根本对立的,在我们的传统中,在我们先哲的思想中有许多具有同希腊文明一样的永恒东西,有许多观念同基督教文明一样具

---

①　朱谦之:《中国哲学对欧洲的影响》,福建人民出版社 1985 年版。

②　范存忠:《中国文化在启蒙时期的英国》,上海外语教育出版社 1991 年版。

③　林金水:《明清之际朱熹理学在西方的传播与影响》,《朱子学刊》1994 年第 1 辑、1995 年第 1 辑,黄山书社 1994 年版、1995 年版。

有普世性"。① 之后，一批学者对于中学特别是儒学在欧洲的命运及对欧洲的影响进行深入探讨。②

此外，一些西方学者的重要论著已经翻译成中文，如比较早期的由朱杰勤先生翻译德国学者利奇温（Adolf Reichwein）的《十八世纪中国与欧洲文化的接触》、德国学者赫德逊（G. F. Hudson）的《欧洲与中国》、法国学者艾田蒲（René Etiemble）的《中国文化西传欧洲史》和维吉尔·毕诺（Virgile Pinot）的《中国对法国哲学思想形成的影响》，等等。③

2013 年"东学西传"研究依然热络，关于中国经典在西方的传播方面的研究。王宏超的《中国索隐派与西方易学研究的兴起》（《云梦学刊》2013 年第 3 期）考察了中国索隐派即白晋、傅圣泽、马若瑟、郭中传等核心人物，他们把研究重点放在《易经》上，此外从中介绍中国古代上帝的信息。晚清来华新教传教士理雅各以译介中国经典而著名，他对于《易经》以及其他中国古代典籍的一个重要观点是，这些书籍中的"上帝"，即是基督教的 God。理雅名的思想可视为中国索隐派的后继者。文章认为，易学在西方的兴起，与这些来华的传教士，特别是中国索隐派有密切之关系。麦丽芝翻译的《易经》是英语世界第一部公开出版的全译本，而且麦丽芝也是英语世界朱子学的先驱，但鲜有学者对它进行全方位的研究。李伟荣的《麦丽芝牧师与英语世界第一部〈易经〉译本：一个历史视角》（《中华文化与文论》2013 年第 3 期）依据当时知名期刊，诸如《教务杂志》、《中国评论》和《爱丁堡评论》等原始资料和麦丽芝所翻译的《易经》及《英译朱子性理合璧》，评价麦丽芝在西方易学史和早期英国汉学史中的学术地位。

崔华杰的《晚清英国传教士赫真信与〈孔子家语〉译介》（《齐鲁学刊》2013 年第 2 期）一文认为传教士赫真信对《孔子家语》的译介，在中国儒学西传史与西方汉学史的双向轨迹中具有重要意义。赫真信译本是西方汉学史上相对完整的《孔子家语》英文翻译文本，它所使用的注释亦基本代表了当时传教士的汉学研究特点，侧面体现出他们从传教士向早期汉学家的身份过渡与变化。

《墨子》在海外汉学研究中日益受到重视，戴俊霞的《〈墨子〉的海外流传及其英译》[《安徽工业大学学报》（社会科学版）2013 年第 1 期]一文，考察《墨子》的英

① 张西平：《中国与欧洲早期宗教和哲学交流史》，东方出版社 2001 年版，第 492 页。

② 张成权、詹向红：《儒学在欧洲 1500—1840》，安徽大学出版社 2010 年版；李晓偲、樊勇：《17—18 世纪的儒学西传及其对欧洲哲学的影响》，《昆明理工大学学报》（社会科学版）2008 年第 10 期。

③ ［德］利奇温：《十八世纪中国与欧洲文化的接触》，商务印书馆 1963 年版；[英]赫德逊：《欧洲与中国》，中华书局 1995 年版；[法]艾田蒲：《中国文化西传欧洲史》，商务印书馆 2000 年版；[法]维吉尔·毕诺：《中国对法国哲学思想形成的影响》，商务印书馆 2000 年版。

译及其在海外的流传,推动了英语世界的人们对墨子及墨学的认识,扩大了《墨子》的世界影响,形成英语世界对《墨子》的关注与国内墨学复兴的呼应。此外,杨静的《中国哲学典籍英译史研究:回顾与展望》[《湖北民族学院学报》(哲学社会科学版)2013 年第 5 期]对中国哲学典籍英译的历史进行了回顾与展望。

在中国科技史中,明代科学家兼思想家宋应星是重要的代表人物,其《天工开物》是世界古典名著。"天工开物"意思是将自然力与人力互补,通过技术开发万物,即以天工补人工、开万物,宋应星以此表述其技术哲学思想。自 1771 年出现第一个外国刊本以来,《天工开物》以多种文字传布各大洲。2013 年 1 月 28 日,潘吉星在《北京日报》发表的《〈天工开物〉在国外的传播和影响》,追溯《天工开物》在国外的传播与影响。

此外,"海外汉籍"越来越受到学界重视。刘亚轩的《意大利米兰昂布罗修图书馆的汉文文献》(《图书馆理论与实践》2013 年第 8 期)介绍了米兰昂布罗修图书馆文献收藏情况。米兰昂布罗修图书馆创建于 1607 年,其创始人为"文艺复兴时代晚期最著名的人文主义者"费理德安·波罗缪(1561—1631),米兰昂布罗修图书馆是意大利第一个汉语研究中心,同时也是海外为数不多的拥有大量汉文书籍的图书馆。

朱希祥、李小玲的《"东学西渐"现象及相关问题的简析》(《杭州师范大学学报》2013 年第 3 期),对跨文化对话过程中遇到的悖论以及汉学家在本国的文化活动进行再审视与反思,可以获得有效传播中国文化的一些启示。从中国文化对国外文化的具体影响反观与反思中国文化的精髓,研究中国文化进入国外的直接和间接的途径与传播对策:(1)国外学者对中国经典文化的全新诠释与应用;(2)国外文艺单纯模仿中国创作手法的现象;(3)国外文艺工作者受中国文化影响,结合本国的自身特点进行改变与再创造;(4)国外文艺人士受中国文化之影响,参照东方文化进行新的创作;(5)国外文化在交流和传播中互动传播、相互吸收。

(三)关于欧洲早期汉学的研究

利玛窦被视为欧洲汉学的开创者,故中国学者在研究欧洲汉学时,均会突出利玛窦的地位和作用。2013 年学界也关注了利玛窦在汉学领域的相关研究。胡昌成的《"中学西传"的重要使者——利玛窦》[《宁德师范学院学报》(哲学社会科学版)2013 年第 2 期]认为,明朝后期,耶稣会传教士在将欧洲科学文化介绍到中国的同时,潜心研究中国文化、制度、风俗、人情等。文章认为利玛窦"中学西传"的贡献在于他将中国文明融以自己的思考,以拉丁文的形式记载,使欧洲人可以直接接触到中国的"道德哲学"和典章制度,使"中学西传"达到一个新的高度。梅谦立的《利玛窦佛教观的日本来源及其在中国儒家上的应用》(《孔子研究》2013 年第 1 期)的研究视角有新意。文章认为,从 16 世纪起,西方传教士就试图理解佛教,并以他们对日本佛教的理解塑造他们对亚洲其他地区佛教的理解,更旁及对其他宗教及学派的理解。因此,利玛窦关于对中国佛教的理解不仅仅在他跟中国僧侣的来往被塑造起来,而且也受到了在日本传教的其他耶稣会士的影响。利玛窦按照范礼安的思想框架来理解中国佛教,并采用同一个框架来理解宋明理学。不过对中国古代儒家,利玛窦摆脱了这种框架,他在四书五经中找到了对应"天主"的"上帝"、对应"灵魂"的"鬼神"。虽然"上帝"和"鬼神"与西方思想观念存在很大差异,然而,利玛窦认为它们完全符合西方的哲学神学的思想体系,由此从儒家经典中找到一些依据来肯定中国的古代文化宗教。

学术界普遍认为欧洲汉语辞书编纂始于罗明坚与利玛窦在 1584—1586 年编于广东肇庆的《葡汉辞典》。如果从中外文化交流和中西文化碰撞发生地的先后来看,中华文化早在汉代就已经到达东南亚,与南洋交流密切。欧洲资本主义的兴起促进了地理大发现,葡萄牙人沿非洲西海岸绕过好望角,首航东方,1511 年占领马六甲,而后,西班牙、荷兰、英国等殖民者相继东来。其中,西班牙统治菲律宾近三个半世纪的时间,即从 1565 至 1898 年;荷兰 1596 年入侵爪哇岛万丹,先后统治印度尼西亚 330 多年,并于 1641 年入主马六甲王国;英国分别在 1786 年、1819年占领槟城和新加坡、马六甲。南洋群岛成为中西文化的交汇地。对此,张西平在《传教士汉学研究》中认为,欧洲人早期汉语辞书编纂同其攻破南中国海即南洋群岛之天然屏障有直接关系。[①] 张嘉星的《欧洲人汉语辞书编纂始于闽南语辞书说》[《福州大学学报》(哲学社会科学版)2013 年第 3 期]认为闽南语是跨越地域和国界的汉语方言,既分布在福建南部的漳州、泉州和厦门,也流传至台湾岛和南洋群岛。欧洲人研习闽南话始于 16 世纪后期西班牙天主教会,传教士拉达《华语韵编》编于菲律宾,成书时间是 1575 年,比罗明坚与利玛窦完稿于 1584—1585 年的《葡汉辞典》早约 10 年。17 世纪,西班牙天主教会在菲律宾共编纂 10 多部班华、华班闽南语词典。因此,文章认为欧洲的汉语辞书编纂是开源于闽南语辞书的。

17 世纪中叶,汉学的研究中心是意大利、葡萄牙和西班牙,此后法国开始逐步取而代之,成为欧洲汉学研究的领袖。[②] 但这一时期,德国汉学在欧洲汉学史上有着特殊的地位,那时整个欧洲本土汉学仍在传教士汉学的笼罩之下,欧洲关于中

---

① 张西平:《传教士汉学研究》,大象出版社 2005 年版,第 202—203 页。
② 张西平:《欧洲早期汉学史》,中华书局 2009 年版;阎宗临的《传教士与法国早期汉学》,大象出版社 2003 年版;许明龙的《孟德斯鸠与中国》,国际文化出版公司 1989 年版。

国的研究主要依据是耶稣会士的著作,而德国开启了欧洲本土的汉学研究。17 世纪欧洲汉学的代表人物是:基歇尔、米勒、门采尔、巴耶尔。①

阿塔纳修斯·基歇尔(Athanasirs Kicher,1602—1680)是 17 世纪欧洲著名的学者,耶稣会士。1602 年出生于德国的富尔达(Fulda),1618 年加入耶稣会,以后在德国维尔茨堡(Wurzburg)任数学教授和哲学教授。德国三十年战争中,他迁居罗马生活,在罗马公学教授数学和荷兰语。基歇尔著述繁多,但《中国图说》应该是他一生中最有影响的著作,这也是西方早期汉学发展史的链条上一个重要环节。张西平在 2013 年 6 月 17 日的《北京日报》上发表了《基歇尔:汉字西传第一人》,文章认为,"基歇尔是第一个较系统在欧洲介绍中国文字的,从这个角度看,他是汉字西传第一人"。1667 年在阿姆斯特丹出版了的《中国图说》,全中文名为《中国宗教、世俗和各种自然、技术奇观及其有价值的实物材料汇编》,引起很大反应。它的内容后来被许多书籍广泛采用,特别是书中插图精美,以至于许多藏有《中国图说》的图书馆中,这本书的插图不少都被读者撕去,法国学者艾田蒲对此评论道"《耶稣会士阿塔纳修斯·基歇尔之中国——附多种神圣与世俗古迹的插图》的法文版是 1670 年,尽管编纂者是一个从未去过亚洲的神父,但此书的影响,比金尼阁的《游记》影响还要大。"《中国图说》1986 年英文版译者查尔斯·范图尔说:"该书出版后的二百多年内,在形成西方人对中国及其邻国的认识上,基歇尔的《中国图说》可能是独一无二的最重要的著作。"

巴耶尔(Gottlieb Siegfried Bayer,1694—1738)是 18 世纪欧洲最伟大的汉学先驱之一。他曾仔细研究过米勒、门泽尔等人的中国学成就,他的主要兴趣是探讨中国文字的结构系统。他还研究过中国的历法,编纂过一部《中文小百科》,可惜这部辞书和他的其他许多汉学著作一样均未能梓行于世。张国刚的《逝去的童话——早期德国汉学家巴耶尔的中国猜想》(《中国文化》2013 年第 1 期)一文,认为 17、18 世纪的欧洲汉学其实是西方社会大变革时期寻求自我认识、自我诠释的一个路径,其思想意义大于学术意义。巴耶尔的中国研究算是比较严格的,但是今天看来,至多也只是一种关于中国文化的猜想。这种郢书燕说式的研究构成了中西文化交流的一种特殊形态。

基督新教传教士马礼逊是中西文化交流史上的一位杰出人物。谭树林的《马礼逊广州商馆汉语教学活动述论》[《暨南学报》(哲学社会科学版)2013 年第 10

① 张西平:《17 世纪德国汉学研究——以基歇尔、米勒、门采尔、巴耶尔为中心》,《中国文化研究》2008 年冬之卷。

期]考察了马礼逊的汉语教学工作,认为其教学方式、教学语言、教学内容对19世纪英国汉语教学乃至英国汉语的发展起到一定推动作用。李伟芳《论英国专业汉学史上马礼逊的奠基之功》(《兰台世界》2013年第3期),也论述了马礼逊在汉学方面的贡献。

中国早期的汉英词典滥觞于来华传教士。19世纪初,英国传教士马礼逊编纂了历史第一部汉英词典——《华英词典》。此后近一个世纪,中国还出现了麦都思、司登得、卫三畏和翟理斯等人编著和出版的汉英词典,这些词典不仅是实用的语言工具书和中西文化交流的媒介,同时也为后世汉英词典在读者定位、收录内容、编纂体例、检索方式和排版发行等方面提供了基准和参照。李伟芳《中国早期汉英词典的编纂与发行》(《出版发行研究》2013年第3期)以19世纪出版汉英词典为例,梳理早期汉英词典在编纂和出版发行方面的特点。

早期汉学的发展和西方世界中国观的形成与演变,也是逐步引起学界关注的重要问题。伦敦会的传教士艾约瑟是19世纪重要的汉学家之一,在汉语和中国宗教方面均有独到的研究。目前学界对其在西学东渐过程中的贡献已有颇多论述,但对其汉学研究不多。陈喆的《东方学传统与传教士汉学——艾约瑟对上古中国宗教的阐释》[《中山大学学报》(社会科学版)2013年第1期]阐释艾约瑟对上古时代中国人宗教信仰状况的构想,认为艾约瑟对上古中国宗教的理解,在很大程度上沿袭了西方传统中已有的观念和方法。他对中国宗教的研究始终遵循着以解决民族学问题为导向的早期东方学的方法和思路,即以比较语言学和比较宗教学为手段,建构出一套汉民族和中国文明源自西方的理论,从一个侧面反映传教士和早期汉学家在研究中国文化时所受到的西方学术文化传统的影响。

通过海上丝绸之路输入中国的外来宗教不仅有基督宗教(包括天主教和基督新教),而且还有佛教、伊斯兰教、摩尼教等。2013年,学术界对这些宗教都进行了研究。上面介绍了关于基督宗教在华传播问题的研究情况,本书第三章"海上丝绸之路南海航线研究"介绍了关于佛教及伊斯兰教在华传播问题的研究情况,下面顺便介绍一下学术界关于摩尼教在华传播问题的研究情况。

摩尼教(Manichaeism),又称明教、明尊教等,是公元3世纪中叶波斯人摩尼(Mani,约216—274)在拜火教的基础上,吸收了基督教、佛教等教义思想所创立的一种世界性宗教。摩尼及其信徒曾在波斯北部传教,期间曾取海陆前往印度,后又返回波斯,兴盛一时,因受波斯王瓦拉姆一世(274—277)的残酷迫害,教徒流徙四方。摩尼教在长达1000多年的时间里,从北非到中国福建,在整个欧亚大陆上传播,文献使用过叙利亚文、中古波斯文、帕提亚文、粟特文、汉文、回纥文、希腊文、拉丁文等十余种文字,与所经之地的宗教思想和文化都有深入的交流。

摩尼教在唐时期进入中国,唐末、五代时传入福建,与福建的民间信仰相结合,开始在下层民众之间流传。宋元时期,摩尼教取得合法地位,迅速崛起,盛极一时,并逐渐演变成具有地方特色的一种宗教信仰。明清时期,由于封建统治者的迫害,摩尼教迅速走向衰亡,最终融入白莲教的罗教。① 可以说,摩尼教是一种混同型的外来宗教,在南方汉族地区,更是会通了儒、道、佛教和民间宗教的信仰的方式,成为在历史上极有影响的"明教"。

20世纪以前对摩尼教的研究,主要是依据间接资料,即一些基督教徒、伊斯兰教徒的记载,研究具有很大局限性。随着20世纪初,吐鲁番、敦煌等地相继发现摩尼教文献残卷,为认识和研究摩尼教在回鹘人中的传播等问题提供宝贵的资料,中国学者对回鹘摩尼教史的研究日益引起学界的重视,出现了一批专题研究。② 学界对福建摩尼教的研究早在20世纪初便开始,法国汉学家伯希和撰文《福建摩尼教遗迹》③对宋元时期摩尼教在中国东南沿海尤其是福建省盛行一事进行探讨。而后,学者们从不同角度对福建摩尼教进行研究,成果丰硕,其讨论问题主要集中于摩尼教传入时间和途径,由何人传入及传播情况等几个方面。以传入途径问题的讨论为例:一说为"海路说",王国维认为,福建摩尼教"寻其缘起,别出三山。盖还舶贾商之传,非北陆大云之旧矣",后得到了庄为玑、杨湘贤等学者的支持。④ 一说为陆路说,陈垣发现明人何乔远《闽书》卷七的记载:"会昌中汰僧,明教在汰中,有呼禄法师者,来入福唐,授侣三山,游方泉郡,卒葬郡北山下",据此云"福建摩尼教是唐宋之余绪,应来自陆路"。⑤ 林悟殊在《宋元滨海地域明教非海路输入辨》(《中山大学学报》2005年第3期)一文中力主此说。

2008年11月,福建省霞浦县第三次全国文物普查组到柏洋乡上万自然村复查明代三佛塔石刻佛像,发现该佛像与晋江草庵摩尼光佛石像有相似之处,后林氏在京宗亲林鋆先生、中国社会科学院世界宗教研究所推动下,在福建霞浦县发

①　廖大珂:《摩尼教在福建的传播与演变》,《中国文化研究》2005年秋。

②　陈垣:《摩尼教入中国考》,《国学季刊》1923年第1卷第2号,收入《陈垣学术论文集》第1辑,中华书局1980年版;许地山:《摩尼之二宗三际论》,《燕京学报》1928年第3卷;林悟殊:《摩尼教在回鹘中复兴的社会历史根源》,《世界宗教研究》1984年第1期;林悟殊:《摩尼教及其东渐》,中华书局1987年版;等等。这些成果详见刘戈:《回鹘摩尼教研究综述》,《西域研究》1991年第3期;杨富学:《回鹘摩尼教研究百年回顾》,《敦煌学辑刊》1999年第2期。

③　[法]伯希和著,冯承钧译:《福建摩尼教遗迹》,《西域南海史地考证译丛九编》,中华书局1958年版。

④　庄为玑:《泉州摩尼教初探》,《世界宗教研究》1983年第3期;杨湘贤:《我国仅存的摩尼教寺》,《文物天地》1984年第2期。

⑤　陈垣:《摩尼教传入中国考》,《国学季刊》1923年第1卷第2号。

现数量可观的唐以降历代摩尼教遗迹及文物，包括始建于北宋初年的龙首寺、姑婆宫，明代正德年间的三佛塔和始建于明初的飞路塔等；摩尼教科仪所用的法器，如"圣名净宝"铜印、"五雷号令"银章、青铜角端、圆锥形金钟罩、摩尼光佛木雕像、摩尼教科仪文书等。此次还发现了大量摩尼教科仪文书，有《摩尼光佛》、《高广文》、《冥福请佛文》、《乐山堂神记》、《明门初传请本师》、《借锡杖文》、《借珠文》、《四寂赞》、《送佛文》等，此外，还有上万村部分林氏宗谱等资料，内容非常丰富。随着新史料的逐步披露，成为国内外宗教学、汉学和中西文化交流学者关注的焦点，有关福建摩尼教最新的研究成果不断涌现。①

　　马小鹤将霞浦文献与波斯中亚等地出土的文献相比对，探析霞浦摩尼教与西域、中亚等地摩尼教之间的来龙去脉，②追溯天使雅各之根源实为《旧约》中以色列人之祖雅各，探讨天使雅各在犹太教文献、法术与灵智派（Cnosticism）文献中的流变，论证汉文摩尼教文献中的耶俱孚相应于《九姓回鹘可汗碑》粟特文碑文和摩尼教伊朗语文献中的天使雅各，以确定耶俱孚的来龙去脉。即雅各从以色列人之始祖逐步演化为中国民间宗教护法的曲折过程，作者认为这是中西文化交流史引人入胜之一例。马小鹤在《摩尼"想威感波斯"——福建霞浦民间宗教文书阅读笔记》（《西域研究》2013年第1期）一文中梳理摩尼在萨珊波斯帝国出生、活动与殉教的历史地理，并从各种语言的数据中收集分析了摩尼及其门徒宗教活动涉及的省份、城镇与地区的数据。

　　霞浦文献的发现推进了对摩尼教"耶稣"、"五佛"等相关神灵的研究。"耶稣"是摩尼教借自基督教的一个重要神灵，在摩尼教文献中甚为常见。一些学者认为耶稣可分为光明耶稣、受难耶稣、使者耶稣三个主要方面，也有学者认为可以分辨出六个方面。③ 马小鹤在《摩尼教中的夷数（耶稣）——福建霞浦文书研究》[《传统中国研究集刊（第十一辑）》，上海人民出版社2013年版]一文中，根据霞浦文书将

---

　　① 陈进国、林鋆：《明教的发现——福建霞浦县摩尼教事迹辨析》，《不止于艺——中央美院"艺术课堂"名家讲演录》，北京大学出版社2010年版；林子周、陈剑秋：《福建霞浦明教之林瞪的祭祀活动调查》，《世界宗教文化》2010年第5期；马小鹤：《摩尼教十天王考——福建霞浦文书研究》，《西域文史》第5辑，科学出版社2010年版；元文琪：《福建霞浦摩尼教科仪典籍重大发现论证》，《世界宗教研究》2011年第5期；林悟殊：《霞浦科仪本〈下部赞〉祷文辨义》，《世界宗教研究》2012年第2期；马小鹤：《从"平等王"到"平等大帝"——福建霞浦文书〈奏申牒疏科册〉研究》、《从"五明性"到"五明大供"》，《史林》2010年第4期、2012年第1期；樊丽莎、杨富学：《霞浦摩尼教文献及其重要性》，《世界宗教研究》2011年第6期；等等。

　　② 马小鹤：《摩尼教耶俱孚考——福建霞浦文书研究》，《中华文史论丛》2012年第2期。

　　③ 德国伊朗学家宗德曼（Werner Sundermann）将耶稣分六个方面：光明耶稣（Jesus the Splendor）；受难耶稣（Jesus Patibilis）；使者耶稣（Jesus the Apostle）；审判者耶稣（Jesus the Judge）；青年耶稣（Jesus the Youth）；月神耶稣（Jesus the Moon）。弗兰兹曼（M. Franzmann）在 "*Jesus in Manichaean witings*，London；New York；T&TClark，2003"中，将耶稣分六个方面。

夷数（耶稣）分为三个方面：（1）敦煌文书中的夷数佛是十二大神之一，而在一些霞浦文书中，夷数和佛上升为三大主神之一。（2）使者耶稣是光明耶稣的化身，降临拂林（罗马帝国），在一些霞浦文书中，他被称为"四佛夷数和"，与"一佛那罗延"、"二佛苏路支（琐罗亚斯德）"、"三佛释迦文（释迦牟尼）"、"五佛摩尼光"和称"五佛"。（3）在符咒中，"再甦夷数伕"具有驱邪斩魔的能耐。芮传明的《摩尼教"光辉者耶稣"文书译释与角色考辩》[《传统中国研究集刊（第十一辑）》，上海人民出版社 2013 年版]译释有关"光辉者耶稣"的若干文书，认为尽管目前尚无相当充分的资料，清楚描绘出耶稣诸角色之间的确切关系，以及他们的演变轨迹，但有一点可以肯定："光辉者耶稣"是其中最主要者和最重要者。所以，首先梳理和研究"光辉者耶稣"的方方面面，将有助于更正确地理解基督教要素"耶稣"在摩尼教中的地位与作用。

芮传明的另外一篇文章《摩尼教俗世创生观文书译释》（《海陆交通与世界文明》，商务印书馆 2013 年版），选择摩尼教俗世创生观相关内容的主要文书，予以翻译、注释和研究。作者梳理了摩尼教的俗世创生观，并探讨了它的文化渊源。摩尼教的"宇宙创生论"汲取了希腊、伊朗、印度等古代文化中的某些因素，又融入自己独创的说法，遂形成了颇为奇特的宇宙创生论。其主要包括两大方面：一是天体的创造，一是俗世的创造；而后一部分则主要是指俗世生物，及人类和动植物的创生。

有关"五佛"，《佛祖统纪》、《金刚经》都有提及，但"五佛"到底为哪"五佛"，霞浦文书《摩尼光佛》中明确记录。汉地摩尼教事奉的"五佛"是"一佛那罗延、二佛苏路支、三佛释迦文、四佛夷数和、五佛摩尼光"。马小鹤依次考证，明确地确定为：婆罗门教的那罗延、拜火教的琐罗亚斯德（苏路支）、佛教的释迦牟尼（释迦文）、基督教的耶稣（夷数），以及摩尼教的创始人摩尼。第五佛摩尼，被仍然崇拜"光明"的信徒崇拜为"最后光明使"，故此宗教称为"摩尼教"。马小鹤在《明教"五佛"考——霞浦文书研究》[《复旦学报》（社会科学版）2013 年第 3 期]一文中指出，10—19 世纪的中国知识界将琐罗亚斯德教及其变种祆教、基督教东方教会（旧称涅斯托利教派）和摩尼教混为一谈，与此同时，欧洲基督教对不同的异教也混淆不清。摩尼教承认一系列先知，把婆罗门教先知、琐罗亚斯德、佛陀和耶稣都视为自己的先驱。霞浦文书对五大外来宗教的概括条理清楚，体现了中国古代民间对世界宗教的认识水平。"四寂法身"是摩尼教的重要术语，段培华的《摩尼教"四寂法身"研究》（《西域研究》2013 年第 4 期）一文，在主要辨析"四寂法身"词意基础上，研究"四寂法身"的神祇与深层义理。

粘良图的《霞浦县明教（摩尼教）史迹之我见》（《海陆交通与世界文明》，商务印书馆 2013 年版）回顾了霞浦县明教史迹发现的所闻、所见，认为当地所发现与明教有关的科仪文本很有价值，从当地的宗教活动情况看，此类资料的分布应该不局限于霞浦一带，还可以在原福宁州辖地的临近县城进行搜集，同时，应对现存法师组织及活动模式加以关注调查，将更有助于对当地明教传承演变的了解。

随着霞浦摩尼文献的发现，关于摩尼教传入福建及发展的研究也有新进展。杨富学的《回鹘摩尼僧开教福建补说》（《西域研究》2013 年第 4 期）是在其 2010 年发表的《〈乐山堂神记〉与福建摩尼教——霞浦与敦煌吐鲁番摩尼教文献的比较研究》（《文史》2011 年第 4 期）一文的基础上，随着研究的深入及新资料的涌现之补充。文章认为，从霞浦新发现的摩尼教文献看，其始祖为呼禄法师，霞浦摩尼教是由回鹘直接传入的。文章认为福建摩尼教系经由海陆传自西亚，及早在会昌法难以前即已出现的观点都属推想，没有确证，难以成立。

摩尼教则会昌灭法遭到禁止以后，南迁闽浙，逐渐演变为民间宗教后，与农民起义相结合，成为宋元时期影响东南沿海局势的一股重要势力。学界对宋元时代东南沿海摩尼教与农民起义关系研究不辍，成果颇丰，霞浦文献可以极大填补宋元明清乃至民国及当今摩尼教研究史料的不足。杨富学、史亚军的《摩尼教与宋元东南沿海农民起义——研究述评与展望》（《宗教学研究》2013 年第 2 期）指出，在深入研究摩尼教之华化的同时，运用新发现的材料，结合前贤的他山之石，对宋元乃至明清以来摩尼教（明教）与"吃菜事魔"等秘密教派以及与同期东南沿海农民起义之关系的重新思考，深层次研究宋元以后摩尼教之走向，实为当务之急。

霞浦柏杨乡盖竹上万村乐山堂，建于宋太祖乾德四年（966），元代改名乐山堂。杨富学认为乐山堂是福建最早的摩尼教寺院，但具有明显的堂口性质，摩尼教彻底华化在宋元时期已经完成。① 黄佳欣的《霞浦科仪本〈乐山堂神记〉再考察》（《海陆交通与世界文明》，商务印书馆 2013 年版）对《乐山堂神记》（以下简称《神记》）进行了再考察，对《神记》的性质、用途及形成进行新的探讨，还将《神记》与《明门初传请本师》的传教世系进行了比较，得出结论是："《神记》所依托之乐山堂，认为依据现有资料，尚不足以确认其为明教遗址；《神记》所标榜的传教世系疑为颇多，不足征信；该科仪本不过是清代，甚或清季的产物。不过，《神记》标榜明门，在所请众多神灵中，如学者所提示的，确有若干名可与唐代摩尼教或宋代明教

① 杨富学：《〈乐山堂神记〉与福建摩尼教——霞浦与敦煌吐鲁番摩尼教文献的比较研究》，《文史》2011 年第 4 期。

挂钩,这倒有助于说明波斯摩尼教在华的最后历史归宿:汇入乡土民间信仰。"此外,文章最后还附录了《明门初传请本师》的释文,对霞浦摩尼教科仪文书提供了新的研究资料。林悟殊先生在文后所纂"跋《〈乐山堂神记〉再考察》"指出:"一般而言,对于新资料的使用,更需要的是按学术规范进行冷静的探讨。一就资料的真伪、来源、产生年代、文本的性质等等作比喻的考察。"并认为,通过《明门初传请本师》和《乐山堂神记》这两个科仪本,不难看到,就霞浦"新明门"之神谱而言,其特色在于奉摩尼光佛为教主,而以林瞪为教门"祖师"、"都统",在当地传统信仰的神谱之上,添加若干衍化自唐代摩尼教、宋代明教甚或其他夷教之神灵。

　　浩瀚的海洋把中国与世界分割开来,同时又将中国与世界连接起来,海上丝绸之路,就是连接中国与世界的纽带。通过海上丝绸之路,五彩缤纷的外来文化源源不断地传入中国,丰富了中国文化的内涵;博大精深的中国文化漂洋过海传向四方,推动了世界文明的进程。在 21 世纪,古老的海上丝绸之路必将焕发出新的生机和活力,中国与世界的文化必将因此而更加绚丽辉煌。

　　(本章作者谷雪梅,宁波大学人文与传媒学院副教授)

第六章　海上丝绸之路与中国博物馆事业

　　长达 2000 多年的海上丝绸之路，对中国文明进程产生了巨大的影响，并且留下了丰富历史文化遗产。与海上丝绸之路相关的遗址、遗迹、文物，遍布辽阔的中国大地上。在中国沿海，有许多与海上丝绸之路密切相关的城市（以下简称"海丝城市"）。在这些"海丝城市"的博物馆中，集中地收藏了关于海上丝绸之路的各类文物（下以简称"海丝文物"）。蓬莱、南京、扬州、宁波、福州、泉州、漳州、广州、北海等九个"海丝城市"的博物馆还建立了稳定的协作机制，共同推进对海上丝绸之路的研究与宣传工作。2013 年，在建设海洋强国的背景下，中国各地的博物馆在"海丝文物"的考古发掘、学术研究、藏品展出、宣传普及等方面都取得了很大的进展。

一、申报世界文化遗产

　　1972 年在法国巴黎召开的联合国教科文组织第 17 次会议通过了《保护世界文化和自然遗产公约》。1976 年，在联合国教科文组织内成立了世界遗产委员会，负责《保护世界文化和自然遗产公约》的实施。1985 年，我国正式成为《保护世界文化和自然遗产公约》的缔约国。

　　1991 年 2 月 14 日，正好是马可·波罗离开泉州返国 700 周年纪念日，来自 30多个国家和地区的 100 多名外交官、学者、记者来到泉州，开始为期 6 天的考察与学术研讨，拉开了"海上丝绸之路"申报"世遗"的帷幕。从 2001 年起，泉州开始筹备"海上丝绸之路——泉州"申报世遗。与此相对应，宁波于 2001 年举办首届"海上丝绸之路"文化周，从而开始了"海上丝绸之路"申遗之路，而每年不间断举办一次的"海上丝绸之路"文化周（节）也成为宁波宣传"海上丝绸之路"、实现"海上丝绸之路"遗产保护社会化、全民化的重要方式，也极大地推动了"海上丝绸之路"的申遗进程。就在同年(2001年),中国中外关系史学会等单位举办的"宁波'海上丝绸之路'文化国际学术研讨会"在宁波举行,与会专家建议中国古代三大"海上丝绸之路"始发港宁波、泉州、广州联合申遗。此次会议并发表了21世纪的"海上丝绸之路"申遗重要文献《宁波共识》,这也是联合申遗理念的最早共识。2006年12月,宁波和泉州作为海路部分,进入"丝绸之路中国段"申遗预备名录。2009年,国家文物局在无锡召集福建、广东、浙江、江苏、山东五省文物局,以及泉州、宁波、广州、扬州、蓬莱五城市文化遗产保护和研究机构,就"海上丝绸之路"申遗事宜进行座谈,而泉州、宁波、广州、扬州、蓬莱五城市也被纳入"海上丝绸之路"申遗计划。

2011年4月,蓬莱、扬州、宁波、泉州、广州等五个"海丝城市"博物馆馆长齐聚宁波,共商海上丝绸之路联合"申遗"之计。会议一致决定打破传统旧格局,建立"海丝申遗"的联合运作机制,有效整合相关城市的资源,实现优势互补,共同搭建一个开放、融合、共享、发展的新平台,有效地推动"海丝申遗"进程。这个新颖的开放平台,受到了其他"海丝城市"的重视。不久,北海加入到这个联合平台中。11月,在宁波博物馆召开了中国"海上丝绸之路"六城市联席会议,蓬莱、扬州、宁波、泉州、广州、北海等六城市的文物(文化)局局长、博物馆馆长参加了会议。这次会议的一个重要背景就是国家文物局发布的《关于更新〈中国世界文化遗产预备名单〉的通知》。根据这一通知精神,与会六城市一致决定"海上丝绸之路"统一撰写申遗文本,联合捆绑申报世界文化遗产。12月,"海上丝绸之路与世界文明进程国际论坛"在宁波举行,蓬莱、扬州、宁波、泉州、漳州、广州、北海等中国"海上丝绸之路"城市政府的分管领导聚首宁波。论坛期间,七城市共同签署了《新机遇、新挑战、新跨越——中国"海上丝绸之路"七城市联合申遗行动纲领》(以下简称《行动纲领》)。《行动纲领》强调:"建立融合共享、联动协作的长效机制,构建政府、文物管理部门、博物馆'三位一体'具有中国特色的运作平台,统筹中国'海上丝绸之路'七城市文化遗产研究、保护、利用和联合申遗工作;以北海、广州、漳州、泉州、宁波、扬州、蓬莱'海丝城市'为一个整体,统一编制申遗文本,统一制定申遗计划和阶段性目标,在分别编制文化遗产保护规划基础上,统一规范与标准,分别精心组织实施,以期中国'海上丝绸之路'早日列入世界文化遗产名录。"《行动纲领》可以说是2001年《宁波共识》的延续和进一步深化,它将对"海上丝绸之路"联合申遗的呼吁转化为实际的行动,对联合申遗以及与之相关的建立联席会议制度、统一"海上丝绸之路"和"海丝城市"品牌、举办"海上丝绸之路"联展、共同开展学术研究等多个方面提出了具体可行的要求,扎实有效地推动了"海上丝绸之路"申遗进程,有力地扩大了"海上丝绸之路"的影响。稍后,福州也签署了《行动纲领》,并加入到联合申遗中来。

2012年11月,在北京召开的全国世界文化遗产工作会议上,国家文物局宣布了重新设置的45项中国世界文化遗产预备名单。其中,"海上丝绸之路"作为"丝绸之路"海上部分进入预备名单,城市有联合申报的蓬莱、扬州、宁波、福州、漳州、泉州、广州、北海以及单独申报的南京等九个城市。同年12月,九城市在宁波召开联席会议。会议强调:九城市应该根据国家文物局建议共同做好预备名单表格备案、遗产点价值评估等工作,接受国家文物局的指导和监测管理,学习"陆上丝绸之路"申遗的经验和工作历程;根据申遗要求,在保护、研究、调查、传承等方面做好基础性工作,并以联席会议机制为平台加强之间的交流合作与信息共享,积极开展对外文化交流和海外寻珍;加强宣传,增强中国"海上丝绸之路"的社会关注度和文化影响力,彰显"海丝城市"的文化自觉与文化自信,推动全社会对中国"海上丝绸之路"的文化认知。

二、"海丝文物"的展览

2011年4月,蓬莱、扬州、宁波、泉州和广州等五个"海丝城市"的博物馆馆长在宁波召开会议。会议一致决定共同举办关于"海上丝绸之路"的联合展览。同年在举行"海上丝绸之路与世界文明进程国际论坛"期间,蓬莱、扬州、宁波、泉州、漳州、广州、北海等七城市召开了新闻发布会,向社会和新闻媒体介绍联展及相关筹备情况。2012年3月,福州作为申遗城市加入联展。

2012年5月18日国际博物馆日,"跨越海洋——中国'海上丝绸之路'八城市文化遗产精品联展"在宁波博物馆举行开幕。展览立足"海上丝绸之路"最新研究成果,从全球性的前瞻视野,首次整合中国"海上丝绸之路"主要城市的文化遗产资源,以"海上丝绸之路"发展历史为背景和脉络,突出强调蓬莱、扬州、宁波、福州、泉州、漳州、广州、北海等八个始发港主要城市在"海上丝绸之路"发展历史中的地位和作用,点面结合,重点突出,既全面描绘了"海上丝绸之路"的全貌,又将八城市集中展现出来,从而全面反映了古代"海上丝绸之路"辉煌历程,彰显了"海上丝绸之路"对世界文明及中国文化的贡献。展览定位于"海上丝绸之路"的普及化,即以专业化为指导,将"海上丝绸之路"相关知识和内容以通俗、易懂的方式展现出来,让更多的人认识"海上丝绸之路"、了解"海上丝绸之路",借此进一步促进社会公众文化认同,树立公众遗产保护意识,弘扬"海丝"精神,推动"海丝"申遗进程。

从总体架构上来看,联展以每一"海丝城市"为一个展示单元,蓬莱、北海置于最前面,使这两个位于中国海岸线南北两端的早期"海丝城市"遥相响应。其他城市按地理位置从北至南排列。第一部分为序厅,展示"海上丝绸之路"发展全貌;第二部分为登州,展现蓬莱唐宋之前"海上丝绸之路"北方大港、遣唐使北方主要登陆地和元明清时期登州向海防、海漕职能转变等三大重要特征;第三部分为北海,展示北海"海上丝绸之路"早期南海主要港口以及由此遗存的大量海外舶来品等特征;第四部分为扬州,突出扬州地处长江出海口及长江运河交汇处的地理优势、繁荣的手工业以及作为国际港城的扬州等三大主要特征;第五部分为宁波,展示宁波大运河入海口的地理优势、繁荣的江南福地以及代表性商品越窑青瓷;第六部分为福州,展现福州七闽之冠在五代以来的海外贸易;第七部分为泉州,展示泉州承前启后的元代大港、繁荣的阿拉伯文化等主要特征;第八部分为漳州,突出漳州全球化初期在海上贸易中的地位;第九部分为广州,展示广州作为"海上丝绸之路"南海始发港和枢纽港且延续千年等主要特征。同时,展览还将徐福东渡等重要内容以"专辑"的形式置于每个单元之后,做到点、线结合。因此,本展览既以城市为单元,又完整展现了古代海上丝绸之路的整个历程。整个设计充分吸收学术研究最新成果,高度提炼各城市的特点,精心选择既具有代表性又具有互补性的展品,使展览富有故事性与可看性。

联展的举办标志着中国"海丝城市"在海上丝绸之路联合"申遗"上迈出了实质性的一大步。

2012年9月至2013年1月,"跨越海洋——中国'海上丝绸之路'八城市文化遗产精品联展"在福州展出。国家文物局副局长童明康、福建省文物局局长郑国珍等出席开幕式并参观展览。童明康指出,"海上丝绸之路"是一条连接东西方的贸易之路、开放之路、文明交往之路,沟通人类物质文明和精神文明的对话之路。本次联展的成功举办,说明"海上丝绸之路"主要城市在考古发掘、调查、整理、研究等方面已经做了大量的工作,是对相关研究成果的阶段性汇报。本次展览是中国"海上丝绸之路"主要城市建立联合协作机制、迈出实质性步伐的第一步,真实展示了作为最具价值的中华民族文化品牌之一的中国古代"海上丝绸之路"文化线路的神奇魅力。①

---

① "跨越海洋——中国'海上丝绸之路'八城市文化遗产精品联展"在福州开幕,中国文物信息网,http://www.ccrnews.com.cnplusview.php? aid=15973.

2013 年 4—6 月,"跨越海洋"移师扬州。由于南京也参加了这次展出,所以展览的名称改为"跨越海洋——中国'海上丝绸之路'九城市文化遗产精品联展"。江苏及扬州的媒体对此次展览进行了不少报道。

2013 年 7—10 月,"跨越海洋——中国'海上丝绸之路'九城市文化遗产精品联展"在蓬莱展出。蓬莱市委、市政府对此次联展高度重视,拨付了专项资金对登州博物馆内部展厅进行了升级改造,展品中的"中国元素、海洋元素、外来文化元素兼容并蓄,让观众在海洋的气息中品味到持续创新、冒险开拓、开放包容等深层次的'海丝精神'"。① 展出期间,召开了中国"海上丝绸之路"九城市联席会议,蓬莱、南京、扬州、宁波、福州、泉州、漳州、广州、北海等九城市的文物局(文广新局)、博物馆负责人参加了会议。这次会议重点研究了联展的进一步深化问题。

2013 年 10 月 23 日,"跨越海洋——中国'海上丝绸之路'九城市文化遗产精品联展"在南宁的广西民族博物馆开展,展览于 2014 年 3 月结束。此次展览开幕式期间,九个"海丝城市"的文化部门及博物馆领导在南宁举行了联席会议,对过去几年的工作进行了总结,同时深入讨论了下一步的"海丝"工作。

"跨越海洋——中国'海上丝绸之路'九城市文化遗产精品联展"是由蓬莱、南京、扬州、宁波、福州、泉州、漳州、广州、北海等九城市中国"海丝城市"联合举办的。此次联展从 2012 年开始,一直将延续到 2015 年。如此多的城市共同围绕着海上丝绸之路这一主题,联合举办如此大规模的展览,而且持续的时间又如此之久,这在中国博物馆发展史上还是首次。

2013 年,另一个以"海上丝绸之路"为主题的大型联合展览"丝路帆远——海上丝绸之路文物精品七省联展"也被隆重推出。这个联展由福建博物院牵头,联合了江苏、浙江、福建、山东、广东、广西和海南等七个沿海省份的 45 家博物馆,荟萃近 300 件"海上丝绸之路"遗存精品,形象地展示了"海上丝绸之路"的辉煌历程。这个联展于 2013 年 10 月 18 日在福建博物院拉开序幕,此后还到中国其他城市进行了展出。

在中国"海上丝绸之路"发展史中,最为著名的事件当推明朝的郑和下西洋(1405—1433 年)。2012 年 7 月,为纪念郑和下西洋首航 607 周年,主题为"感知郑和,拥抱海洋"的中国航海日主会场活动在南京隆重举行。为配合此次活动,南京市博物馆推出了精心策划的《郑和时代特别展》,以纪念这位伟大的航海家。这个

---

① 中国古代"海上丝绸之路"九城市文化遗产精品联展辉耀仙境蓬莱,《大众日报》,2013-07-18,http://paper.dzwww.comdzrbcontent/20130718/Articel04007MT.htm。

展览受到了公众的欢迎,在南京本地的展览结束后,又于当年9月被镇江博物馆引进展出。2013年3月,《郑和时代特别展》赴常熟博物馆进行了为期两个月的巡展。展出的近百件文物中,包括明初永宣青花、永乐白釉、龙泉青瓷以及金银玉器等,不少精品出土于南京明朝开国功臣、王公贵族及其家族墓中。这些跨越了历史长河遗留至今的文物弥足珍贵,见证了郑和生活过的辉煌年代,见证了中国与海外贸易的往来。这一展览为广大观众提供了近距离感知郑和精神,追思郑和伟绩的平台,人们不仅可以从这些珍贵的文物中寻觅郑和时代航海贸易的踪迹,也能走近经济繁荣、文化昌明的永乐、宣德两朝,感受郑和时代博大包容的开放精神。

2007年,广州博物馆推出了"海贸遗珍——清代广州外销艺术品"(广州博物馆对外交流精品展)。该展览甄选逾百件(套)独具岭南工艺特色、融合东西文化的广彩外销瓷、牙雕、丝织品、外销画等明清时期广州外销工艺品,以及19世纪中期刊登在英国《伦敦时事画报》的反映广州风土人情的铜版画和数十张反映清代广州贸易盛况的历史照片。通过这些造型独特、工艺精湛的外销艺术品以及相关图照,真实再现了18、19世纪广州口岸辉煌的对外贸易历史,有力说明了广州在海上丝绸之路中的重要地位。由于该展览视角独特,展品珍稀,所以很受欢迎,曾先后赴甘肃省博物馆、江西省博物馆、沈阳故宫博物院、内蒙古博物院、宁夏固原博物馆、新疆维吾尔自治区博物馆等多家省、市级博物馆交流展出。2013年,"海贸遗珍——清代广州外销艺术品"(广州博物馆对外交流精品展)又在东莞市博物馆、济南市博物馆、云南楚雄彝族自治州博物馆展出。

2013年12月18日,"从南越王赵佗到孙中山大总统——广州文物瑰宝展"在首都博物馆开幕。该展览由首都博物馆、广州博物馆、广州艺术博物院、南越王宫博物馆、辛亥革命纪念馆、广东民间工艺馆等十多家博物馆共同主办。展览分为"岭南都会"、"海上丝路"和"革命之源"三个主题,共展出200余件文物精品,集中展示了广州的悠久历史和灿烂文化。其中关于"海上丝绸之路"的文物30余件(套),不仅包括两汉时期远舶来粤的香料、玻璃碗等文物,还有17世纪以降适应西方人审美需求的外销广彩瓷、通草水彩画等文物。这些珍贵文物充分说明了广州在古代海上丝绸之路中发挥着不可取代的作用,同时也反映了广州是东西方文化交流融合的重要窗口。

2013年6月16日至10月31日,泉州海外交通史博物馆与台湾阳明海运文化基金会共同举办了"诗情画意访古船展"。该展览以古船为主题,结合古诗、书法、油画、船模,在展览的形式及内容上进行了创新。这个展览生动地展示了博大精深的中国传统文化、丰富多彩的中国海洋文化，并且使人们真切地感受到两岸文化的同宗同源。

2013年年初，泉州文物还走出国门，在新加坡举办了"蓝海福建"文物大展。该展览由新加坡福建会馆与泉州市文广新局联合举办，参展的文物有600多件，其中60多件展品来自泉州海外交通史博物馆。该展览集中体现了泉州在海上丝绸之路中的地位与影响，特别是泉州与东南亚地区的海上联系。这个富有特色的展览，受到了新加坡民众的欢迎。

2013年12月，北海市合浦汉代文化博物馆举办了《"碧海丝路·璀璨明珠"海丝路文物展》，展出合浦汉墓出土的海上丝绸之路文物127件，并把该展览定为基本陈列展览，常年对外免费开放。

三、学术会议

2013年，中国几个"海丝城市"博物馆主办或参与主办了一些关于海上丝绸之路的学术会议，其中比较重要的有以下几个（按时间先后排列）。

（一）漳州月港遗址考古学研究座谈会

6月15日，由国家文物局水下文化遗产中心主办，龙海市博物馆承办的"漳州月港遗址考古学研究座谈会"在漳州市博物馆召开。共有30多位专家学者及相关领导参加了会议。他们分别来自国家文物局水下文化遗产中心、国家博物馆水下考古中心、法国远东学院、中国社会科学院、北京外国语大学、福建博物院、闽南师范大学、泉州文保中心、漳州市文物保护研究所、龙海市文化体育新闻出版局、龙海市博物馆等单位。

这次会议重点研究了月港遗址及福建沿海水下考古问题。龙海市博物馆郑云结合漳州月港的"申遗"情况，全面介绍了月港遗址的现状和保护规划。泉州文保中心的姚洪峰就月港地区海港设施的测绘问题作出简要的说明。福建博物院栗建安报告了漳州窑遗址的考古发现与研究现状，包括窑址调查与资料整理、窑业技术在国内外的传播及影响、漳州窑的学术价值等。国家博物馆水下考古中心赵嘉斌通过分析福建沿海水下考古发现及文物普查资料，研究了各类沉船遗址及相关遗存的时代问题。福建博物院考古所羊泽林介绍了漳州海域的水下考古进展，特别是2000—2004年围绕东山冬古湾明末清初战船遗址所进行的考古调查与发掘情况，以及2008—2010年以龙海半洋礁海域为中心而开展的陆地调查和水下探摸等工作。漳州市文物保护研究所阮永好以生动的实例讲述了漳州水下文化遗产的概况,介绍了漳州各县(市)边防派出所破获的多起水下文物盗窃案件,同时分析了漳州地区番仔楼的建设结构和建筑风格。

还有学者从不同的角度对相关问题进行了讨论。法国远东学院柯蓝(Calanca Paola)通过研究漳厦地区明代海防设施,探讨了中国古代海防问题,包括城墙堡垒等海防设施的建造、海防士兵的生活和工作、海防对政府及社会的影响等。国家文物局水下文化遗产中心水下考古所所长姜波讨论了漳州月港在海上丝绸之路中的地位,并且介绍了古代波斯人的海上活动遗迹以及元代龙泉窑荷叶盖罐的外销情况。北京外国语大学金国平以葡萄牙史料为主要依据,着重考察了"漳州瓷"通过海上丝绸之路的外销问题。他指出,明清时期,粗瓷器一般是指砂坯粗糙的缸、坛、瓶等大型瓷器和盘、碗、碟、盏等小型日常生活用器。但葡萄牙人、西班牙人及荷兰人在贩卖中国瓷器时所说的粗瓷器,则是指质量稍逊于景德镇瓷器的"漳州瓷"。金国平还认为,应当从地理文化和海商文化两个方面对月港进行动态的研究。闽南师范大学苏惠苹以月港周边地区的民俗调查为基础,讨论了海上丝绸之路对民俗风情的影响。她认为,明末清初,由于荷兰人东来、海寇商人频繁活动以及清郑对峙等诸多因素的共同作用,中国东南海洋环境发生着巨大变迁,海洋秩序陷入混乱之中;为了生存与发展,老百姓以"从戎"、"出洋"等方式来应对时势,继续书写海洋人的生命传奇;在个人和家族获得发展之后,他们还积极投身于各类地方公共事务之中,如修路造桥、兴修水利、通广米以济漳饥等活动,从而有力地推动了海洋社会的共同发展。

本次会议认为,漳州月港在古代中国海上丝绸之路上有着重要的地位,促进了中国人民和东南亚及欧美国家人民的贸易往来;今后应当加强收集整理相关文献记载和文物资料,努力做好陆上和水下遗址的考古调查、发掘工作。中国社会科学院历史学部主任刘庆柱在对本次会议的总结中,进一步指出,中国资本主义萌芽的出现与"海上丝绸之路"的发展有着不可分割的关系。

(二)第十五届明史国际学术研讨会暨第五届戚继光国际学术研讨会

2013年8月19日,由中国明史学会主办、蓬莱旅游度假区管委会承办的"第十五届明史国际学术研讨会暨第五届戚继光国际学术研讨会"在山东省蓬莱市召开。出席本次会议的明史专家共有140多位,分别来自中国大陆、台湾、香港、澳门和法国、韩国、日本等。中国明史学会名誉会长张显清、中国明史学会会长南炳文、台湾地区明代研究会理事长邱仲麟、蓬莱戚继光研究会会长滕建英等也参加了会议。蓬莱籍学者、蓬莱戚继光研究会名誉会长阎崇年发来了贺信。

本次会议共收到论文130余篇,分成四组,讨论了明代政治、军事、经济、思想、文化等诸多领域。其中涉及对外交往的专门类论文有 8 篇,分别是郑洁西的《沈惟敬赴日行实考》、马顺平的《明代海外贡豹考》、岑玲的《明代史料所见之琉球国的物产状况——以琉球漂流船为中心》、王竹敏的《明代中国与暹罗国的外交往来》、庞乃明的《欧洲势力东渐与晚明学术流变》、李媛的《明末清初耶稣会传教士关于中国祭礼问题的讨论》、刘凤鸣的《〈纪效新书〉传入朝鲜半岛的背景及影响》、李毓中的《一个华人雇佣兵、两个教士与一个卸任菲律宾总督:迈向另一场全球微观史》等论文。这些论文,从不同的视角探讨了与"海上丝绸之路"相关的学术问题。据悉,此次会议论文集将于 2014 年正式出版。

(三)登州与东方海上丝绸之路暨《落帆山东第一州》中韩学术研讨会

8 月 28—29 日,登州与东方海上丝绸之路暨《落帆山东第一州》中韩学术研讨会在山东蓬莱召开,来自中、韩两国的 30 多位专家学者出席了会议。本次会议专门针对《落帆山东第一州——明代朝鲜使臣笔下的登州》一书进行研讨。该书通过研究明代朝鲜使者路经山东半岛登州时撰写的日记和诗歌,说明古代朝鲜使者不仅把登州作为了解中国社会的一个重要窗口,也把其作为中朝友好往来和文化交流的一个重要基地。这些朝鲜使臣在"山海景富"的登州真切地感受到了"中国人的信义和仁厚",同时向登州文人表达了"地隔言虽异,心同道已亲"的心情。众多朝鲜使臣还根据自己的亲自经历,记载了明代登州的城市风貌和社会风情,不仅为研究明代中朝文化交流提供了宝贵的依据,而且还为研究明代社会留下了独特的史料。专家们认为,明代朝鲜使节留下的日记和诗歌,有力地说明了明代登州与朝鲜半岛之间密切的文化联系,再一次证明了古登州在海上丝绸之路中的重要地位和作用。

研讨会上,蓬莱市相关领导表示,传承和弘扬历史文化始终是蓬莱市委、市政府的一项重要工作,蓬莱市人民政府将进一步保护好、弘扬好这一历史文化瑰宝,为中外友好交往作出更大的贡献。鲁东大学副校长刘焕阳则介绍说,鲁东大学胶东文化研究院致力于东北亚海上贸易及文化交流的研究,尤其是以登州蓬莱为中心的山东半岛与韩国、日本之间的海上往来。通过这些研究,进一步彰显登州蓬莱在中国对外关系中,特别是在中国对东亚诸国的关系所扮演的重要角色。

(四)"中国海外交通史研究会第七次会员代表大会"暨"历史上中国的海疆与航海"学术研讨会

中国海外交通史研究会成立于 1979 年 4 月 4 日,是"文化大革命"十年浩劫结束后最早成立的全国性学术团体之一,也是中国研究"海上丝绸之路"的主要学术团体,目前拥有来自全国的会员 600 多人。2013 年 10 月 27—30 日,"中国海外交通史研究会第七次会员代表大会"暨"历史上中国的海疆与航海"学术研讨会在泉州海外交通史博物馆召开。这次会议由中国海外交通史研究会、南京大学"中国南海研究协同创新中心"、泉州海外交通史博物馆联合举办。谢必震当选为新一任会长,丁毓玲当选为秘书长。

"中国海外交通史研究会第七次会员代表大会"暨"历史上中国的海疆与航海"学术研讨会规模较大,有来自比利时、香港、澳门、北京、福建、广东、上海、浙江等地的学者 160 多人,提交会议的论文有 70 多篇,内容涉及钓鱼岛、南海等专题的研究,以及中国与周边海洋国家的关系、海图与航海针路簿的研究、中国航海贸易史、闽南人与海洋文化等专题的研究与讨论。中国新闻网、凤凰网等多家媒体对这些会议作了报道。

在这次会议上,许多学者通过大量史料的发掘和考证,以无可辩驳的事实论证钓鱼岛、西沙群岛、南沙群岛自古归属于中国,为捍卫我国的领土主权作出了重大的贡献。例如,刘迎胜在《宋元时代的南海航线与东、西洋概念的形成——对所谓西菲律宾海命名的回应》一文中指出,"东洋"与"西洋"是中国土生土长的海外地理概念,南海是中国人自行命名的海域,并得到国际社会的认同,因为这是一片中国邻接的海域,位于中国之南,历史上往来于此海域的商使的主要目的,是从事与中国有关的活动;在 15 世纪之前,记载南海海洋活动史的主要是汉文史料,这一时期绘制南海及其周边地区舆图的也主要是中国人。"西菲律宾海"的命名是不会被接受的。李金明在会议报告中分析说,菲律宾早在 1946 年就对南沙群岛表现出兴趣,但其对南沙群岛的侵占野心还是通过克洛马实现的;1978 年,菲律宾政府把南沙群岛部分岛礁命名为"卡拉延群岛",声称为"菲律宾领土的一部分",此后又分别于 1997 年和 2012 年两度挑起"黄岩岛事件",遂使中菲南海争议的现状很不乐观。

此外,还有人带来了一幅由美国纽约图书公司于 1908 年出版的地图,图上明确标明黄岩岛位于菲律宾国界线(东经 118°)的西侧,不属于菲律宾。这幅地图引起了与会者的浓厚兴趣,不少学者指出,"菲律宾当时是美国的殖民地,这张图由美国制作的,这就意味着,当时的美国也承认黄岩岛并不属于菲律宾"。

四、学术研究、对外交流及其他

2013 年,由中国海外交通史研究会和泉州海外交通史博物馆主办的《海交史研究》杂志继续刊发了关于海上丝绸之路的高质量文章。中国博物馆界的许多研究者也撰写了不少关于海上丝绸之路的研究论著,而且,不同博物馆的研究者还根据本馆藏品的特点,发表了富于特色的论文。例如,泉州海外交通史博物馆以收藏丰富的外来宗教(包括伊斯兰教、景教、印度教、天主教)文物而著称于世,该馆研究人员对这些宗教文物的研究,也成为泉州海交史博物馆的一个特色。2013年,李静蓉就发表了以下这些论文:《泉州景教石刻与佛教关系发微》(《东南学术》2013 年第 1 期)、《元代泉州基督教丧葬艺术的多元融合》[《福建师范大学学报(哲学社会科学版)》2013 年第 1 期]、《从云纹看泉州基督教石刻中的道教元素》(《福建宗教》2013 年 5 期)。陈丽华发表了《大德八年出使异域兵部侍郎许静山墓志考》(《福建文博》2013 年第 3 期)。地理大发现后,大量的欧洲银币通过"海上丝绸之路"流入中国。漳州博物馆以收藏这些外来银币为特色,该馆研究人员也围绕外来银币而撰写了多篇论文,如林南中的《漳州外贸兴盛的佐证》(《中国收藏》2013 年第 1 期)、《葡萄牙货币如何来到闽南》(《收藏》2013 年第 3 期)、《闽南发现的早期法国货币》(《东方收藏》2013 年第 6 期)、《闽南发现的早期英国硬币》(《收藏》2013 年第 8 期);高炳文的《漳州市发现的"番银"考析》(《福建文博》2013 年第 1 期)等。从 18 世纪中期到鸦片战争前,清政府实行广州一口通商政策,将中国与欧洲的海上贸易限定在广州。通过广州,大量的中国绘画被销往欧洲。这些中国外销画,是广州博物馆收藏与研究的特色。2013 年,广州博物馆研究人员发表的论文有程存洁的《东方手信——19 世纪中国外销通草水彩画》(《中国之韵》2013年总第 55 期)、《"广州彩"耀西洋》(《文物天地》2013 年总第 259 期)、《天神之国的艺术——清代广州外销艺术品》(《文物天地》2013 年总第 270 期);曾玲玲的《唐代"广州通海夷道"与海外贸易》(《文物天地》2013 年总第 270 期)、《洋船、洋商与洋货——略论广州的十三行贸易》(中国博物馆协会城市博物馆专业委员会、上海市历史博物馆编:《城市文化的共享——中国博物馆协会城市博物馆专业委员会论文集》,上海交通大学出版社 2013 年版)。20 世纪 60 年代,在广州发现了明代市舶太监韦眷的墓葬,墓中出土了一枚 15 世纪的威尼斯银币,这种银币目前世界上十分罕见。刘斌在《明代市舶太监韦眷墓出土的威尼斯银币》(《文物天地》2013 年总第 270 期)一文中,对这枚银币进行了探讨。这些结合馆藏特色而进行的学术研究,不仅促进了对海上丝绸之路的研究,而且推动了博物馆事业。

2013年,中国的博物馆界"走出去、请进来",积极参与国际学术活动。6月5日,韩国驻青岛总领事馆黄胜炫总领事、吴世天领事访问了蓬莱古船博物馆。他们饶有兴致地参观了博物馆中关于古代中朝文化交流的文物,并且作了高度的评价。他们还表示,要多方推动韩国相关方面与蓬莱古船博物馆之间的合作,深化友好关系,开展定期交流。7月9日,韩国OBS电视台摄制组为了拍摄关于晚唐时期新罗学者崔志远的专题片,专程来到蓬莱阁景区进行拍摄。8月20日,出席第十五届明史国际学术研讨会暨第五届戚继光国际学术研讨会的国内外专家,特地参观了蓬莱古船博物馆。

由沙特阿拉伯政府一年一度主办的沙特杰纳第利亚遗产文化节,是海湾地区乃至阿拉伯世界最重要的艺术节之一。2013年,沙特政府特意邀请中国担任主宾国。4月3日,中国文化部部长蔡武出席了中国主宾国活动的开幕式。龚缨晏代表宁波博物馆,参加了随后几天举行的中沙学者交流活动,并且作了关于古代中国与阿拉伯世界"海上丝绸之路"的学术报告。

2013年,泉州海外交通史博物馆的对外交流活动也非常频繁。

9月4—8日,肖彩雅馆员受邀参加由韩国国立海洋文化财研究所、木浦大学校岛屿文化研究院主办的"中世纪东亚细亚的海洋防御设施"国际学术研讨会。

9月3—9日,费利华副研究员受邀参加由东亚文化遗产保存学会主办在韩国庆州召开的"东亚文化遗产保存学会第三次学术年会",提交论文《泉州湾宋代海船保存现状的调查研究》。

10月27—31日,陈小茜副研究员受邀参加由韩国木浦海洋大学主办的"第二届海洋文化政策研讨会",主题为利用现存海洋文化遗迹搞活海洋观光旅游——李舜臣和高下岛,并提交了论文《中国海洋文化旅游资源的特色开发——以泉州石文化和民俗文化为例》。

11月4—8日,丁毓玲(副局长)受邀参加由韩国景教历史研究院主办的"第4届亚洲基督教、景教学术研讨会",发表论文《中国泉州的景教遗物考察(泉州中心)》。

11月8—13日丁毓玲(副局长)受邀参加由日本鹿儿岛大学国际岛屿教育研究院主办的首届"亚太岛屿未来的挑战"国际研讨会。

11月21—23日,陈丽华研究员受邀参加由韩国木浦大学校岛屿文化研究院主办的"2013年东亚西亚海港城市国际研讨会",提交论文为《地理历史文化视野下的泉州与台湾》。

　　2013 年 11 月 18 日,"日中漳州窑国际学术交流会"在日本大阪召开。这次会议由日本漳州窑研究会、中国古窑调查研究会共同主办,出席交流会的有日中双方陶瓷专家 30 多人。漳州市博物馆陶瓷专家吴其生等应邀出席,并在会上做《漳州市博物馆珍藏漳州窑瓷器》的专题发言。交流会上,日中双方就漳州窑的生产、外销等共同研究的课题进行了深入的探讨,并对今后的研究达成了合作意向。

　　从上述实例中可以看出,2013 年,一方面,中国博物馆界努力研究、宣传"海上丝绸之路";另一方面,通过研究、宣传"海上丝绸之路",也有力地促进了中国博物馆事业的发展。

　　(本章作者莫意达,宁波博物馆海上丝绸之路研究中心主任)

论著索引

说明：

1. 本索引主要收录关于 1840 年之前古代海上丝绸之路的论著,同时收录关于 1840 年之后关于中外海上交通的部分论著;

2. 本索引以中国内地的出版物为主,也收录香港、澳门、台湾地区的部分论著,同时还收录一些外文论著;

3. 本索引所收录的著作,包括 2013 年首次出版的中文著作和外文译著,以及在 2013 年再次出版、修订出版的著作;

4. 本索引按作者姓名汉语拼音顺序排列。

一、著　作

[英]埃利斯.阿美士德使团出使中国日志.刘天路,等译.北京:商务印书馆,2013.

[日]仓石武四郎.日本中国学之发展.杜轶文译.北京:北京大学出版社,2013.

陈春声.海陆交通与世界文明.北京:商务印书馆,2013.

陈得芝.蒙元史与中华多元文化论集.上海:上海古籍出版社,2013.

陈佳荣,朱鉴秋.渡海方程辑注.上海:中西书局,2013.

陈明.中古医疗与外来文化.北京:北京大学出版社,2013.

[日]村田忠禧.从历史档案看钓鱼岛问题.韦平和,等译.北京:社会科学文献出版社,2013.

[日]大庭修,V. A. 索高罗夫,I. A. 唐涅利.《唐船图》考证·中国船·中国木帆船.朱家骏,陈经华译.陈延杭,王锋校.北京:海洋出版社,2013.

福建师范大学闽台区域研究中心.钓鱼岛:历史与主权.北京:海洋出版社,2013.

复旦大学文史研究院,中华书局编辑部.腷启户明.北京:中华书局,2013.

高津孝,陈捷.琉球王国汉文文献集成.上海:复旦大学出版社,2013.

何高济,陆峻岭.域外集.北京:中华书局,2013.

黄伟宗,司徒尚纪.中国南海海洋文化史.广州:广东经济出版社,2013.

黄兴涛,王国荣.明清之际西学文本——50种重要文献汇编.北京:中华书局,2013.

[日]井上清.钓鱼岛的历史与主权.贾俊琪,于伟译.北京:新星出版社,2013.

雷雨田,万兆元.宗教经典汉译研究.北京:社会科学文献出版社,2013.

李理.近代日本对钓鱼岛的非法调查及窃取.北京:社会科学文献出版社,2013.

李庆新.海洋史研究(第五辑).北京:社会科学文献出版社,2013.

刘军,王询.明清时期中国海上贸易的商品:1368—1840.大连:东北财经大学出版社,2013.

刘志强.中越文化交流史论.北京:商务印书馆,2013.

宁波市文物考古研究所.句章故城——考古调查与勘探报告.北京:科学出版社,2013.

朴元熇.崔溥漂海录校注.上海:上海书店出版社,2013.

戚印平.澳门圣保禄学院研究——兼谈耶稣会在东方的教育机构.北京:社会科学文献出版社,2013.

曲金良,等.中国海洋文化史长编.青岛:中国海洋大学出版社,2013.

孙东民.钓鱼岛主权归属.北京:人民日报出版社,2013.

汤锦台.闽南海上帝国——闽南人与南海文明的兴起.台北:如果出版事业股份有限公司,2013.

唐纳德·F.拉赫(Donald F. Lach).欧洲形成中的亚洲.周宁总校译.北京:人民出版社,2013.

王赓武.华人与中国——王赓武自选集.上海:世纪出版集团,上海人民出版社,2013.

王晓秋,徐勇.中日文化交流两千年:回顾与展望——北京市中日文化交流史研究会成立30周年国际学术讨论会文集.北京:社会科学文献出版社,2013.

王勇.东亚坐标中的跨国人物研究.北京:中国书籍出版社,2013.

吴天颖.甲午战前钓鱼列屿归属考(增订版).北京:中国民主法制出版社,2013.

席龙飞.中国造船通史.北京:海洋出版社,2013.

修晓波.元代的色目商人.广州:广东省出版集团、广东人民出版社,2013.

徐勇,王晓秋.中日文化交流两千年:回顾与展望.北京:社会科学出版社,2013.

许红霞.珍本宋集五种(日藏宋僧诗文集整理研究).北京:北京大学出版社,2013.

严明.东亚汉诗研究.北京:中国书籍出版社,2013.

余三乐.望远镜与西风东渐.北京:社会科学文献出版社,2013.

余太山,李锦绣编.丝瓷之路——古代中外关系史研究Ⅲ.北京:商务印书馆,2013.

余太山.早期丝绸之路文献研究.北京:商务印书馆,2013.

余艳.钓鱼岛:我们的历史教科书.香港:天地图书有限公司,2013.

张百新.钓鱼岛是中国的.北京:新华出版社,2013.

赵成国.中国海洋文化史长编(宋元卷).青岛:中国海洋大学出版社,2013.

中国海关博物馆广州分馆.粤海关史话.北京:中国海关出版社,2013.

周维强.佛郎机铳在中国.北京:社会科学文献出版社,2013.

周运中.郑和下西洋新考.北京:中国社会科学出版社,2013.

朱建君,修斌.中国海洋文化史长编(魏晋南北朝隋唐卷).青岛:中国海洋大学出版社,2013.

朱政惠,崔丕.北美中国学的历史与现状.上海:上海世纪出版股份有限公司,上海辞书出版社,2013.

二、论　文

[丹麦]尼尔斯·斯廷斯加尔德.17世纪危机与欧亚史的统一.杜涛译.载国家清史编纂委员会编译组.清史译丛(第十一辑).北京:商务印书馆,2013.

[美]艾维四.对中国和日本17世纪"普遍性危机"的几点观察.陈兆肆译.载国家清史编纂委员会编译组.清史译丛(第十一辑).北京:商务印书馆,2013.

[美]艾维四.1530—1650年前后国际白银流通与中国经济.董建中译.载国家清史编纂委员会编译组.清史译丛(第十一辑).北京:商务印书馆,2013.

[美]艾维四.1635—1644年前后白银输入中国的再考察.袁飞译.载国家清史编纂委员会编译组.清史译丛(第十一辑).北京:商务印书馆,2013.

[美]艾维四.东亚存在17世纪"普遍性危机"吗?.赵阳译.载国家清史编纂委员会编译组.清史译丛(第十一辑).北京:商务印书馆,2013.

[美]傅礼初.整体史:早期近代的平行现象与相互联系(1500—1800).董建中译.载国家清史编纂委员会编译组.清史译丛(第十一辑).北京:商务印书馆,2013.

[美]杰弗里·帕克.17世纪全球危机的再思考.董建中译.载国家清史编纂委员会编译组.清史译丛(第十一辑).北京:商务印书馆,2013.

[美]金世杰.17世纪的东方与西方——斯图亚特英国、奥斯曼土耳其和明代中国的政治危机.陈兆肆译.载国家清史编纂委员会编译组.清史译丛(第十一辑).北京:商务印书馆,2013.

[美]迈克尔·马默.确有关联还是事后之明?——东亚视野下的17世纪危机.董建中译.载国家清史编纂委员会编译组.清史译丛(第十一辑).北京:商务印书馆,2013.

[美]万志英.中国17世纪货币危机的神话与现实.王敬雅译.载国家清史编纂委员会编译组编著.清史译丛(第十一辑).北京:商务印书馆,2013.

[美]魏斐德.1530—1650年前后国际白银流通与中国经济.唐博译,董建中译校.载国家清史编纂委员会编译组.清史译丛(第十一辑).北京:商务印书馆,2013.

[美]魏斐德.中国与17世纪危机.唐博译,董建中译校.载国家清史编纂委员会编译组.清史译丛(第十一辑).北京:商务印书馆,2013.

[日]岸本美绪.康熙萧条与清代前期的地方市场.沈欣译.董建中译校.载国家清史编纂委员会编译组.清史译丛(第十一辑).北京:商务印书馆,2013.

[英]阿谢德.17世纪中国的普遍性危机.唐博译.载国家清史编纂委员会编译组.清史译丛(第十一辑).北京:商务印书馆,2013.

艾国培.可喜的传承与发展——泉州水彩艺术浅析.美术大观,2013(8).

安乐博.大航海时代的东南亚海盗.海洋史研究(第五辑).北京:社会科学文献出版社,2013.

安乐博(Robert Antony).海盗、龙夫人、汽船:近代史上南中国海的新型另类.国家航海(第五辑).上海:上海古籍出版社,2013.

白音吉力根.清代瓷器中的西洋画.参花(下),2013(10).

包春磊.海洋出水陶瓷器的科技保护.文物鉴定与鉴赏,2013(7).

包来军.明朝香料朝贡贸易与西欧香料战争贸易比较.兰台世界,2013(1).

蔡鸿生.海舶生活史浅议.海洋史研究(第五辑).北京:社会科学文献出版社,2013.

蔡杰.清代宫廷铜版画探微.兰台世界,2013(1).

曹芳,申明浩.粤商组织演化路径及其动力分析——兼论粤商的传承与发展.广东外语外贸大学学报,2013(1).

曹家齐.宋朝限定沿海发舶港口问题新探.上海交通大学学报(哲学社会科学),2013(3).

曹凛.郑和前两次下西洋的船况勘察.中国船检,2013(1).

曹凛.郑和三下西洋船舶的建造与检验.中国船检,2013(2).

曹凛.郑和四下西洋的船质检查和管理.中国船检,2013(3).

曹凛.郑和五下西洋的船质查验.中国船检,2013(4).

曹凛.郑和"复使旧港"之行.中国船检,2013(6).

曹凛.郑和六下西洋的船质查验.中国船检,2013(5).

曹世霞.宋朝泉州港崛起的原因探究.学理论,2013(12).

曹天成.郎世宁与乾隆帝关系新考.美术观察,2013(11).

查迪玛,武元磊.解读郑和布施锡兰山佛寺碑.济南大学学报(社会科学版),2013(3).

柴彬.英国近代走私贸易问题刍论.历史教学(下半月刊),2013(6).

陈波.南海Ⅰ号墨书问题研究——兼论宋元海上贸易船的人员组织关系.东南文化,2013(3).

陈国栋.红单与红单船——英国剑桥大学所藏粤海关出口关票.海洋史研究(第五辑).北京:社会科学文献出版社,2013.

陈静静.西方体育在近代中国的传播及其影响.体育世界,2013(7).

陈丽华.大德八年出使异域兵部侍郎许静山墓志考.福建文博,2013(3).

陈平平.史实与法理:中国对钓鱼列岛拥有主权毋庸置疑.东南亚之窗,2013(2).

陈世锋.西学东渐下的科学与宗教.自然辩证法,2013(3).

陈硕炫.指南广义中有关钓鱼岛资料考述.太平洋学报,2013(7).

陈思.17世纪中叶荷郑台海军事力量对比评述.台湾研究集刊,2013(4).

陈颂华,邰薛.走近郑和时代的文物精品.东方收藏,2013(7).

陈伟权.高丽王子与宁波茶禅.中国茶叶,2013(6).

陈伟权.宁波海上茶——吴越文化史上的闪光篇章路.文化交流,2013(7).

陈晓岚.从《荷兰东印度公司使节第二及第三次出访(大清)中国记闻》看荷据时期两岸关系.华章,2013(19).

陈亚昌.万斯同《明史》与《明史稿》"郑和传"小考.郑和研究,2013(1).

陈延轩.浅析明朝私人海上贸易与白银货币化之关系.福建省社会主义学院学报,2013(3).

陈依元.五条"海上之路"对宁波区域文化的多元影响.宁波大学浙东文化与海外华人研究院等.多维视野下的浙东文化学术研讨会论文集.2013.

陈喆.东方学传统与传教士汉学——艾约瑟对上古中国宗教的阐释.中山大学学报(社会科学版),2013(1).

陈治政.郑和七下西洋对安全引航的启示.中国水运,2013(6).

陈梓生.略谈刘华墓出土的孔雀蓝釉瓶.福建文博,2013(3).

褚静涛.1951至1972年蒋介石政权的琉球政策.安徽史学,2013(5).

褚静涛.知识精英与收复琉球、钓鱼岛.江海学刊,2013(4).

褚龙飞,石云里.第谷月亮理论在中国的传播.中国科技史杂志,2013(3).

崔华杰.晚清英国传教士赫真信与《孔子家语》译介.齐鲁学刊,2013(2).

戴俊霞.《墨子》的海外流传及其英译.安徽工业大学学报(社会科学版),2013(1).

邓啟刚,朱宏斌.明清时期烟草的本土化改造与适应.农业考古,2013(3).

丁清华.明初行人杨载身世考辩.海交史研究,2013(2).

东南风.论钓鱼岛主权属于中国.东南学术,2013(4).

董少新.明末奉教天文学家邬名著事迹钩沉.海陆交通与世界文明.北京:商务印书馆,2013.

董欣欣,张靖雷.浅析秦代海上交通.湖北函授大学学报,2013(7).

董兴华.从"壬辰倭乱"看明代山东的战略地位.科教导刊,2013(26).

段培华.摩尼教"四寂法身"研究.西域研究,2013(4).

顿贺.中国古代造船航海技术对日本的传播与影响.国家航海(第4辑).上海:上海古籍出版社,2013.

范伊然.我国水下文化遗产安全监控初探——以福建漳州"半洋礁号"遗址监控为例.南方文物,2013(2).

房建昌.近代南海诸岛海图史略——以英国海军海图官局及日本、美国、法国和德国近代测绘南沙群岛为中心(1685—1949 年).海南大学学报(人文社会科学版),2013(4).

冯尔康.雍乾禁教中天主教的传播与信众.安徽史学,2013(1).

冯尔康.雍乾时期天主教徒的宗教情结.安徽史学,2013(4).

冯军.乾隆朝耶稣会士刘松龄述论.丝绸之路,2013(14).

冯学智,王力.钓鱼岛主权属于中国的史地考证.山东农业管理干部学院学报,2013(1).

高炳文.漳州市发现的"番银"考析.福建文博,2013(1).

高洁.汪启淑家藏使琉球录的文献价值.沧桑,2013(2).

高乔子.南海神庙:广州海上丝绸之路的重要载体.广州航海高等专科学校学报,2013(3).

葛金芳,汤文博.南宋海商群体的构成、规模及其民营性质考述.中华文史论丛,2013(4).

葛小丽.入明使节之了庵桂悟与《壬申入明记》.青年与社会,2013(31).

葛晓康.郑和笔迹之研究——与确认郑和德塔有关.郑和研究,2013(1).

龚缨晏,刘恒武.关于古代"海上丝绸之路"的几个问题.韩国岭南大学."东亚海洋文化的理解与整合"国际研讨会论文集,2013.

龚缨晏.全球史视野下的海上丝绸之路.光明日报.2013-10-10(11)("理论·世界史").

顾月婷.宁波港口文化内涵的史学分析.宁波文化研究会等.第七届浙东文化论坛论文集.2013.

郭东慧.清代广彩受西方文化的影响.文物鉴定与鉴赏,2013(4).

郭卫东.19 世纪初叶欧美国家对华贸易反差现象研究.安徽史学,2013(2).

郭湘钰,陈冬梨,吴芷姗.明末广东沿岸的民间海上贸易漫谈——以"南澳一号"的考古发现为研究视角.学理论,2013(17).

郭湘钰,吴芷姗,陈东梨.被掩藏的粤海明珠——谈"南澳一号"水下考古的旅游开发价值.中国科技投资,2013(20).

韩东育.关于日本"古道"之夏商来源说.社会科学战线,2013(9).

韩结根.从现存琉球王国汉文文献看中国文化的影响.复旦学报(社会科学版),2013(3).

韩小梅.传教士的西藏叙事——以葡萄牙传教士安多德为中心.时代文学(上半月),2013(4).

韩昭庆.从甲午战争前欧洲人所绘中国地图看钓鱼岛列岛的历史.复旦学报（社会科学版），2013(1).

郝鹭捷.论山东半岛在中国古代航运史上的地位.广州航海高等专科学校学报，2013(1).

何平立，沈瑞英."郑和模式"：现代海权构建的思考与启示.太平洋学报，2013(4).

何问俊，赵雪.明清之际西洋画在中国的传播及衰落原因探析.天津大学学报（社会科学版），2013(4).

何新华.明清撒哈剌小考.海交史研究，2013(2).

何新华.唐代缅甸献乐研究.东南亚研究，2013(3).

何振纪.清代广产的外销描金漆器.岭南文史，2013(3).

贺云翱，翟忠华，夏根林，冈村秀典，广川守，向井佑介，等.三至六世纪东西文化交流的见证：南朝铜器的科技考古研究.南方文物，2013(1).

侯成国."译名之争"之诠释学视域下的解读.金陵神学志，2013(1).

侯德彤，蔡勤禹.元代胶东半岛海洋事业述论.中国海洋大学学报（社会科学版），2013(3).

侯杨方."古地图"八处失实，郑和发现美洲？.海洋世界，2013(7).

侯毅.论菲律宾在南海诸岛主权问题上的"历史依据".云南师范大学学报（哲学社会科学版），2013(4).

侯震.渤海与日本遣使交聘研究.哈尔滨学院学报，2013(2).

胡昌成."中学西传"的重要使者——利玛窦.宁德师范学院学报（哲学社会科学版），2013(2).

胡惠瑞.宁波港史源文化和发展的现代价值.宁波文化研究会，等.第七届浙东文化论坛论文集.2013.

胡莉蓉.《入唐求法巡礼行记》与《参天台五台山记》对比研究——以五台山为中心.山西农业大学学报（社会科学版），2013(6).

胡梦飞.西方来华使团视野中的清代京杭大运河.濮阳职业技术学院学报，2013(5).

胡毓华.抗倭名将胡宗宪与钓鱼岛.寻根，2013(5).

［日］荒川浩和.论中国的髹饰技法——以《髹饰录》的研究为基础.何振纪译.中国生漆，2013(2).

黄爱平.明清之际"西学中源".光明日报，2013-01-28.

黄佳.詹森派视野中的"利玛窦规矩"——以《耶稣会士的实用伦理学》第二卷为中心.浙江社会科学,2013(9).

黄佳欣.霞浦科仪本《乐山堂神记》再考察.海陆交通与世界文明.北京:商务印书馆,2013.

黄梅红.隋唐时代中日商贸与日本语言文字进化关系.福建工程学院学报,2013(11).

黄尚钦.浅谈琉球在洪武时抗倭斗争中的影响.青春岁月,2013(2).

黄伟宗.珠江文化与海洋文化.岭南文史,2013(2).

黄颖,谢必震.论古代琉球人对钓鱼岛认知的来源.海交史研究,2013(1).

黄韵诗.广佛肇神诞庙会民俗考释——以南海神庙波罗诞、佛山北帝诞及悦城龙母诞为例.西南农业大学学报(社会科学版),2013(4).

姬庆红.中世纪西方对东方认知的历史演变——以基督教长老约翰传说为例.贵州社会科学,2013(3).

吉峰.论中国茶文化传播的方式与渠道.莆田学院学报,2013(3).

纪建勋.我国制造望远镜第一人薄珏及其与西学关系之考辩.史林,2013(1).

纪志刚.汉译《几何原本》的版本整理与翻译研究.上海交通大学学报(哲学社会科学版),2013(3).

江静.日藏宋元禅僧墨迹研究综述.浙江外国语学院学报,2013(3).

江涛.岭南风情与欧洲洛可可风格的完美交融——由广彩瓷的视觉特点解析其文化特征.艺术教育,2013(3).

江滢河.鸦片战争后广州十三行商馆区的西式花园.海交史研究,2013(1).

江滢河.英国的全球战略与澳门——以1816年阿美士德访华为中心.广东社会科学,2013(2).

姜波.从泉州到锡兰山:明代中国与斯里兰卡的交往.学术月刊,2013(7).

姜鹏,罗时进.清嘉庆赵文楷钓鱼岛诗歌写作考述——以赵朴初先生二通书札为中心的讨论.苏州大学学报(哲学社会科学版),2013(4).

蒋艳君.朱舜水对中日文化交流的历史贡献.兰台世界,2013(21).

金成花.从岛名考证钓鱼岛主权.兰台世界,2013(28).

金程宇.东亚汉文化圈中的《日本刀歌》.学术月刊杂志社,等."古代中国与东亚世界"国际学术研讨会论文集.2013.

金永明.批驳日本针对钓鱼岛列岛问题"三个真实"论据之错误性.太平洋学报,2013(7).

金禹彤.朝鲜通信使眼中的日本丧祭礼俗——以《海行总载》中的记录为例.东疆学刊,2013(1).

金禹彤.论朝鲜通信使眼中的日本衣冠服饰礼俗——以《海行总载》记录为例.东北师范大学学报(哲学社会科学版),2013(4).

荆晓燕.清康熙开海后中国对日贸易重心北移原因初探.社会科学辑刊,2013(2).

柯嘉团.明清时期的太平洋丝绸之路.文化交流,2013(8).

柯孟德.比郎世宁更早来到中国的清廷艺术家马国贤.收藏,2013(2).

赖晨.窃取我国茶技的英国"植物猎人".文史精华,2013(12).

雷文顶,李世涛,等.明清时期外来作物的引入对贵州经济发展的影响.经济研究导刊,2013(1).

雷玉虹."尖阁诸岛是日本固有领土"——一个虚构的谎言.世界知识,2013(9).

冷东,肖楚熊.清代中期花旗参的输入及影响.古今农业,2013(3).

黎玉琴.利玛窦离开肇庆原因再探析.肇庆学院学报,2013(7).

李传江.齐鲁蚕桑业的发展与东海丝绸之路的兴盛.载马明达,纪宗安.暨南史学(第八辑).桂林:广西师范大学出版社.2013.

李大伟.公元11—13世纪印度洋贸易体系初探.历史教学,2013(2).

李富森.论英国第一次入侵西藏.武陵学刊,2013(4).

李广志.宁波与日本承和年间遣唐使关系考辨.宁波大学浙东文化与海外华人研究院,等.多维视野下的浙东文化学术研讨会论文集.2013.

李广志.日本东大寺与明州工匠陈和卿、伊行末.天一文苑,2013(3).

李果.清代在华外商的体育活动.兰台世界,2013(27).

李海英.宋代中韩海路文化交流述略.赤峰学院学报(汉文哲学社会科学版),2013(8).

李晗.明代山东籍册封琉球使杜三策研究.北方文学,2013(9).

李冀平.一座闪烁东方海洋文明之光的城市——谈东亚文化之都泉州.政协天地,2013(11).

李金明.明清时期中国文化在琉球的传播——从文化传承看琉球的归属问题.福建论坛(人文社会科学版),2013(5).

李金明.月港开禁与中国古代海上丝绸之路的发展.闽台文化交流,2013(4).

李金明.中菲南海争议的由来与现状.海交史研究,2013(1).

李锦绣.从波斯胡伊娑郝银铤看唐代海外贸易管理.载马明达,纪宗安.暨南史学(第八辑).桂林:广西师范大学出版社,2013.

李静蓉.从云纹看泉州基督教石刻中的道教元素.福建宗教,2013(5).

李静蓉.泉州景教石刻与佛教关系发微.东南学术,2013(1).

李静蓉.元代泉州基督教丧葬艺术的多元融合.福建师范大学学报(哲学社会科学版),2013(1).

李娟.从晁衡入唐为官看唐朝中日两国交往.兰台世界,2013(21).

李宁.历经三朝的洋画家——郎世宁.收藏家,2013(4).

李庆新.嫫氏河仙政权("港口国")及其对外关系——兼谈东南亚历史上的"非经典政权".海洋史研究(第五辑).北京:社会科学文献出版社,2013.

李秋菊.试论中国明清陶瓷与法国洛可可艺术的关系.美术教育研究,2013(1).

李若虹.论六世班禅进京前后与东印度公司的交往.中国藏学,2013(1).

李塔娜.汉代北部湾的交趾.海洋史研究(第五辑).北京:社会科学文献出版社,2013.

李天永,普显宏.云南南华为航海家郑和故里考.郑和研究,2013(1).

李伟芳.中国早期汉英词典的编纂与发行.出版发行研究,2013(3).

李伟芳.论英国专业汉学史上马礼逊的奠基之功.兰台世界.2013(3).

李伟荣.麦丽芝牧师与英语世界第一部《易经》译本:一个历史视角.中华文化与文论,2013(3).

李魏巍."安南通天竺道"在唐代贸易中的地位与作用.河西学院学报,2013(1).

李无未,于冬梅.《清客新话》:日本对马藩尉探问清初"新知"——福建"漂海唐船"日记的意义.厦门大学学报(哲学社会科学版),2013(1).

李晓标.耶稣会士张诚眼中的蒙古地区.内蒙古社会科学(汉文版),2013(4).

李晓燕.明末清初中日文化交流研究——以冲突和战争为途径.湖州师范学院学报,2013(5).

李昕升,丁晓蕾,王思明.航海科技的发展与南瓜在欧亚的传播.山西农业大学学报(社会科学版),2013(3).

李昕升,丁晓蕾,王思明.南瓜名称考释.山东农业大学学报(社会科学版),2013(2).

李昕升,王思明,丁晓蕾.南瓜传入中国时间考.中国社会经济史研究,2013(3).

李昕升,王思明.明清夏季蔬菜品种及其引进管窥——基于《救荒月令》的史料考察.湖南农业大学学报(社会科学版),2013(3).

李昕升,王思明.中国古代夏季蔬菜的品种增加及动因分析.古今农业,2013(3).

李妍.西汉南越王墓出土的珍贵海外文物.东方收藏,2013(7).

李燕.明代朝贡贸易体制下澳门的兴起及其与广州的关系.热带地理,2013(6).

李云泉.清史稿·越南传补正.载马明达,纪宗安.暨南史学(第八辑).桂林:广西师范大学出版社,2013.

李真.清初耶稣会士笔下的东方帝都——以《中国新志》为中心.贵州社会科学,2013(7).

栗建安,羊泽林,李榕青等.漳浦县菜屿列岛沉船遗址出水文物整理简报.福建文博,2013(3).

连心豪.清初漳州月港的海外交通贸易——民间宗教信仰史迹与文献视角.丝绸之路,2013(4).

梁从国.晚清道咸时期西方生物学知识在华传播考察.广西民族大学学报(自然科学版),2013(2).

梁继.中朝交通史研究的力作——评《纽带:明清两代中朝交通考》.鞍山师范学院学报,2013(3).

梁书民.古地图:见证中国地理大发现.太平洋学报,2013(6).

廖大珂.关于中琉关系中钓鱼岛的若干问题.南洋问题研究,2013(1).

廖大珂.日本最早记载钓鱼岛的文献——琉球国图.南洋问题研究,2013(3).

廖大珂.世界的宁波:16—17世纪欧洲地图中的宁波港.世界历史,2013(6).

廖可人.唐代中日体育文化交流.兰台世界,2013(21).

林多.浅析福州市仓山区"琉球墓园".福建文博,2013(1).

林桂军,金燕.早期欧洲转口贸易对金融影响的历史与文献回顾.经济研究导刊,2013(13).

林林.金云铭与郑和下西洋时间考证述论.濮阳职业技术学院学报,2013(2).

林梅村.《郑芝龙航海图》考——牛津大学博德利图书馆藏《雪尔登中国地图》名实辨.文物,2013(9).

林南中."白银王国"铸币在漳州的流通.钱币研究.西安:三秦出版社,2013.

林南中.闽南发现的早期法国货币.东方收藏,2013(6).

林南中.闽南发现的早期英国硬币.收藏,2013(8).

林南中.葡萄牙货币如何来到闽南.收藏,2013(3).

林南中.漳州外贸兴盛的佐证.中国收藏,2013(1).

林清哲.明末清初福建陶瓷文化在东南亚的传播及影响——以漳州窑系为中心.南方文物,2013(3).

林清哲.土与火的艺术——宋元磁灶窑陶瓷精品赏析.东方收藏,2013(11).

林日杖.论明清时期来华传教士对大黄的认识——关于明清来华西人中药观的断面思考.海交史研究,2013(1).

林中泽,林诗维.明清之际在华耶稣会士中文论著中的称义思想.海陆交通与世界文明.北京:商务印书馆,2013.

刘成峰,李丹萍.艾儒略与晚明福建诗人之交往与思想交流.兰台世界,2013(30).

刘恒武.旅日宋人的活跃与浙东石刻艺术的东渐.学术月刊杂志社,等."古代中国与东亚世界"国际学术研讨会论文集.2013.

刘恒武.唐宋明州港区变迁的考察.杭州文史研究会编."历史上的杭州与中国城市史"学术研讨会论文集.2013.

刘净贤.福建仿龙泉青瓷及其外销状况初探.故宫博物院院刊,2013(5).

刘黎丁."南海一号"的打捞与我国水下考古的现状.沧桑,2013(5).

刘礼堂,宋时磊.唐代茶叶及茶文化域外传播考.武汉大学学报(人文科学版),2013(3).

刘丽丽,李丰.英国使团访华期间中英交流的重要人物——福康安.剑南文学(经典教苑),2013(10).

刘锡涛.郑和下"西洋"时间地点考论.东方论坛,2013(3).

刘晓峰.铜镜与日本文化古层.学术月刊杂志社,等."古代中国与东亚世界"国际学术研讨会论文集.2013.

刘星.晚明基督论概貌.重庆交通大学学报(社会科学版),2013(4).

刘幸,王夏凯.明朝山东抗倭情况及东南沿海抗倭活动中的"山东因素".齐齐哈尔师范高等专科学校学报,2013(4).

刘幸.郑和下东洋考.保定学院学报,2013(3).

刘亚轩.意大利米兰昂布罗修图书馆的汉文文献.图书馆理论与实践,2013

(8).

刘延华.清代前期中国对外火器贸易简述.中国社会经济史研究,2013(2).

刘怡辰.胡化、华化与贸易——"黑石号"沉船瓷器上的菱形纹饰探析.中国包装工业,2013(14).

刘义杰."火长"辨正.海交史研究,2013(1).

刘永连."东南丝绸之路"刍议——谈从江浙至广州的丝绸外销干线及其网络.海交史研究,2013(1).

刘咏.江苏妈祖文化遗产和天妃宫郑和航海遗存的原真性保护与价值提升刍议——以宗教势力入主太仓、南京两地天妃宫现象为例.郑和研究,2013(1).

刘勇.荷兰东印度公司中国委员会与中荷茶叶贸易.厦门大学学报(哲学社会科学版),2013(4).

刘勇.中国茶叶与近代荷兰饮茶习俗.历史研究,2013(1).

刘钊.意大利传教士晁德莅文化贡献浅析.兰台世界,2013(18).

刘卓.18世纪中国瓷器上的西洋花卉装饰.收藏,2013(13).

卢冬,李永平."黑石号"沉船文物和"莫塞德斯"沉船文物归属引发的思考.文物世界,2013(2).

卢伟,苏亮.渤海国与日本交往浅析.牡丹江教育学院学报,2013(4).

吕变庭,刘坤新.略论阿拉伯贸易对南宋经济和政治的影响.青海民族研究,2013(2).

吕源.龙脑入华与唐宋社会生活.载马明达,纪宗安.暨南史学(第八辑).桂林:广西师范大学出版社,2013.

罗梦达.清代广彩瓷中的西洋元素.艺术教育,2013(7).

罗三洋.当中国商人主宰地球时《广东十三行史话之三》东海缺少白玉床,龙王来请金陵王.中国民商,2013(3).

罗三洋.当中国商人主宰地球时《广东十三行史话之四》"皇商"的失败与"公行"的兴起.中国民商,2013(4).

罗三洋.当中国商人主宰地球时《广东十三行史话之五》"哥德堡号"的奇幻漂流.中国民商,2013(5).

罗三洋.当中国商人主宰地球时《广东十三行史话之六》一口通商的危与机.中国民商,2013(6).

罗三洋.当中国商人主宰地球时《广东十三行史话之七》美国之父 欧洲之父(上).中国民商,2013(7).

罗三洋.当中国商人主宰地球时《广东十三行史话之八》美国之父　欧洲之父(下).中国民商,2013(8).

罗三洋.当中国商人主宰地球时《广东十三行史话之九》停滞的帝国　糊涂的使臣.中国民商,2013(9).

罗三洋.当中国商人主宰地球时《广东十三行史话之十》当无限公司遭遇有限公司.中国民商,2013(10).

罗三洋.当中国商人主宰地球时《广东十三行史话之十一》"宁为一条狗　不为行商首".中国民商,2013(11).

骆文伟.作为文化线路的"海上丝绸之路:泉州史迹"遗产保护研究.福建省社会主义学院学报,2013(6).

马驰骋.明清时期的海商、海禁与海盗.经济资料译丛,2013(2).

马冬雅.唐代胡乐与阿拉伯帝国音乐中的同源因素.回族研究,2013(4).

马建春.元统一与地方多元社会的构建——基于杭州回回社区石料与碑铭的考察.暨南史学(第八辑).桂林:广西师范大学出版社,2013.

马敏.从文艺复兴到启蒙运动——由"瓷之韵瓷器精品展"看中西技术和文化交流.装饰,2013(4).

马先红.薛俊的日本观.宁波文化研究会,等.第七届浙东文化论坛论文集.2013.

马小鹤.明教"五佛"考——霞浦文书研究.复旦学报(社会科学版),2013(3).

马小鹤.摩尼"想威感波斯"——福建霞浦民间宗教文书阅读笔记.西域研究,2013(1).

马小鹤.摩尼教中的夷数(耶稣)——福建霞浦文书研究.传统中国研究集刊(第十一辑).上海:上海人民出版社,2013.

马晓丹.马戛尔尼使团使华任务失败之再思考.今日中国论坛,2013(7).

马晓宁."礼仪之争"中的权力交锋.濮阳职业技术学院学报,2013(3).

梅谦立.利玛窦佛教观的日本来源及其在中国儒家上的应用.孔子研究,2013(1).

孟宪凤,孙瑜.明初中日封贡体系略论.哈尔滨师范大学社会科学学报,2013(6).

孟原召.中国境内古代沉船的考古发现.中国文化遗产,2013(4).

孟昭锋.明清时期泰山香客的地域分布研究.载马明达,纪宗安.暨南史学(第八辑).桂林:广西师范大学出版社,2013.

苗连贵.郑和下东洋.国学,2013(11).

穆雷,欧阳东峰.从翻译史研究方法透视传教士译者研究.宗教经典汉译研究.北京:社会科学文献出版社,2013.

宁波"海上茶路·甬为茶港"研讨会."海上茶路·甬为茶港"研讨会共识.农业考古,2013(5).

欧阳哲生.欧洲与中国文明对话的新开端——以西人在元大都"汉八里"的经验为中心的考察.北京大学学报(哲学社会科学版),2013(5).

欧阳哲生.来自北极熊的窥探——十七世纪俄罗斯遣使的"北京经验".中国文化,2013(2).

潘吉星.《天工开物》在国外的传播和影响.北京日报,2013-01-28.

潘娜娜.十九世纪西方人眼中的中国女性形象解读.福建师范大学学报(哲学社会科学版),2013(2).

潘擎.清代宫廷铜版画的历史特征与发展.兰台世界,2013(30).

庞博,赵文婧.明清传教士与中西法律文化交流.学理论,2013(11).

彭令.钓鱼岛290年前即属中国管辖的历史证据——漫谈清乾隆元年初刻本黄叔璥台海使槎录.文史知识,2013(3).

彭明瀚.荷兰东印度公司与明清时期景德镇瓷器外销欧洲——贸易全球化视野下的景德镇瓷器文化研究之一.南方文物2013(1).

彭一万.厦门——海上茶叶之路的起点.农业考古,2013(2).

蒲笑微.儒学在朝鲜三国的传播和发展.东方论坛,2013(5).

朴在玉,徐东日.朝鲜通信使眼中的日本器物形象.东疆学刊,2013(2).

普塔克(Roderich Ptak).北部湾:小地中海?.海洋史研究(第五辑).北京:社会科学文献出版社.2013.

戚印平,何先月.再论利玛窦的易服与范礼安的"文化适应政策".浙江大学学报(人文社会科学版),2013(3).

钱江,陈佳荣.牛津藏《明代东西洋航海图》姐妹作——耶鲁藏《清代东南洋航海图》推介.海交史研究,2013(2).

钱明.日本发现监国鲁王与朱舜水敕书真迹的史料价值及现实意义.宁波大学浙东文化与海外华人研究院,等.多维视野下的浙东文化学术研讨会论文集.2013.

秦大树.中国古代陶瓷外销的第一个高峰——9—10世纪陶瓷外销的规模和特点.故宫博物院院刊,2013(5).

邱静.钓鱼岛问题与日本政治中的若干问题.外交评论,2013(3).

裘影萍.烟草传入中国溯源.文史月刊,2013(7).

曲金良.中国海洋文化研究的学术史回顾与思考.中国海洋大学学报(社会科学版),2013(4).

阮璟,方跃武.浅议清代宫廷肖像油画的典型意义.美与时代,2013(8).

芮传明.东方摩尼教的"佛教色彩"论考.载马明达,纪宗安编.暨南史学(第八辑).桂林:广西师范大学出版社,2013.

芮传明.摩尼教"光辉者耶稣"文书译释与角色考辩.传统中国研究集刊(第十一辑).上海:上海人民出版社,2013.

芮传明.摩尼教俗世创生观文书译释.海陆交通与世界文明.北京:商务印书馆,2013.

山内晋次.近年博多港研究的新动向——以中国人居住区的形成为中心.李广志译.浙江海洋文化与经济(第6辑).北京:海洋出版社,2013.

沈艾娣.试论1624—1939年间山西省的天主教人口状况.常利兵译.山西大学学报(哲学社会科学版),2013(3).

沈海涛.关于中日钓鱼岛主权的历史争端与战略思考.日本侵华史研究,2013(1).

石云里.从玩器到科学——欧洲光学玩具在清朝的流传与影响.科学文化评论,2013(2).

松浦章(Matsuura Akira).清初皇帝的海洋思想.国家航海(第五辑).上海:上海古籍出版社,2013.

宋海洋.朱元璋的抗倭斗争与明初中日关系.遵义师范学院学报,2013(4).

宋佳柏.宋代中阿海上贸易繁荣原因探析.黑龙江科技信息,2013(1).

宋黎明.英文版《紫禁城的耶稣会士:利玛窦(1552—1610)》纠误.肇庆学院学报,2013(4).

宋黎明.中国地图:罗明坚和利玛窦.北京行政学院学报,2013(3).

宋宁而,杨丹丹.我国沿海社会变迁与海神国家祭祀礼仪的演变.广东海洋大学学报,2013(2).

苏智良,李云波.开罗会议与钓鱼岛问题探微——纪念开罗宣言发表70周年.历史教学问题,2013(4).

孙炳辉.从历史和法理看菲律宾提起南海争端强制仲裁的非法性与非理性.当代世界,2013(8).

孙海彦,王涛.浓墨重彩——康雍时期外销青花瓷.文物鉴定与鉴赏,2013(11).

孙继亮.海上丝绸之路的发展与明代银本位制度确立关系初探.经济研究参考,2013(34).

孙建红,汤祺,徐永智.琉球群岛范围解析.国际研究参考,2013(4).

孙建伟.禁止"番妇"入关的天朝旧闻.档案春秋,2013(6).

孙建伟.十三行与晚清外贸的荣衰.档案春秋,2013(9).

孙山亦.英国驻华商务监督职能考.载马明达,纪宗安.暨南史学(第八辑).桂林:广西师范大学出版社,2013.

孙尚扬.从《口铎日抄》看明末福建天主教徒的宗教委身.杭州师范大学学报(社会科学版),2013(6).

谈谭.从十七世纪郑氏海商集团的生存困境看 ECFA 的意义.理论月刊,2013(1).

谭家齐.进退两难——从晚明沿岸搁浅船只的遭遇看东亚海洋活动的风险.明史研究(第13辑),2013.

谭杰.《天主实义》之成书过程再考辩.北京行政学院学报,2013(4).

谭树林.马礼逊广州商馆汉语教学活动述论.暨南学报(哲学社会科学版),2013(10).

檀上宽.明朝初期的海禁与朝贡.森正夫,等.明清时代史的基本问题.北京:商务印书馆,2013.

汤开建.明清时期中国东南沿海与澳门的"黑人".海洋史研究(第五辑).北京:社会科学文献出版社,2013.

汤丽莉.从档案文献看登州在中国古代史上的经济地位.山东档案,2013(3).

唐宏杰,陈惠娥."三宝"郑和研究新论.郑和研究,2013(1).

唐烈.略论百济外交政策对朝鲜半岛局势的影响——以 420 年至 475 年为例.赤峰学院学报(汉文哲学社会科学版),2013(7).

滕宇鹏.浅论清代浙江港口对外贸易的变迁——以宁波港、温州港对比为中心.宁波文化研究会,等.第七届浙东文化论坛论文集.2013.

滕宇鹏.温州港贸易的历史变迁.温州职业技术学院学报,2013(4).

田力.新大陆的礼物.光明日报,2013-11-21(11)("理论·世界史").

田若虹.江门海上丝绸之路与商泊贸易.五邑大学学报(社会科学版),2013(5).

佟健华.元中都遗址出土阿拉伯幻方之研究.中国国家博物馆馆刊,2013(3).

童芳.浅议浙江青瓷的对外贸易.经营管理者,2013(15).

童杰.从明日勘合贸易的历史进程看"宁波争贡事件".宁波大学学报(人文科学版),2013(6).

童杰.明嘉靖时期浙东倭乱的成因.宁波大学浙东文化与海外华人研究院等编.多维视野下的浙东文化学术研讨会论文集.2013.

屠凤娥.中阿跨文化非语言传播中环境语探究.回族研究,2013(4).

万礼杰.国际经济文化交流中的中国古陶瓷研究.科技广场,2013(4).

万明.从明清文献看钓鱼岛的归属.人民日报,2013-05-16(11).

万明.海上寻踪:明代清花瓷的崛起与西传.国家航海(第四辑).上海:上海古籍出版社,2013.

万明.明人笔下的钓鱼岛:东海海上疆域形成的历史轨迹.北京联合大学学报(人文社会科学版),2013(2).

汪梅,米朝辉.浙江龙泉青瓷海外流传历史及风格演变研究.中国建筑装饰装修,2013(2).

汪前进.罗明坚编绘中国地图集所依据中文原始资料新探.北京行政学院学报,2013(3).

汪义正.遣唐船航路的探讨.国家航海(第四辑).上海:上海古籍出版社,2013.

汪震.从刘华墓出土蓝釉波斯陶瓶看海上丝绸之路的中外交流.福建文博,2013(1).

王超杰.论耶稣会士与国际法初入中国.丝绸之路,2013(2).

王芳.孟德斯鸠看中国传统法律文化——以《论法的精神》为基准.法学研究,2013(1).

王和平.明清时期西方人视野中的定海.文化交流,2013(5).

王红芳.明清晋商对俄茶叶贸易兴衰的分析与启示.生产力研究,2013(6).

王宏超.中国索隐派与西方易学研究的兴起.云梦学刊,2013(3).

王慧慧."海上丝绸之路漳州申遗点"研究.福建文博,2013(2).

王吉会.特殊历史条件下开启的明末清初科技翻译高潮.中国科技翻译,2013(8).

王继庆,王闯.17世纪张诚日记之尼布楚行程与谈判.学术交流,2013(2).

王结华,许超,张华琴.句章故城若干问题之探讨.东南文化,2013(2).

王静,郭渊.中法西沙争议及西沙气象台的筹设.中国边疆史地研究,2013(4).

王明前.鸦片战争前后中国外贸体制演变研究(1820—1850年).福建论坛(人文社会科学版),2013(10).

王平.文化遗产:泉州回族历史与文化特性的记忆与表达.回族研究,2013(1).

王日根.明清福建与江浙沪的海上商品贸易互动.国家航海,2013(2).

王森.浅谈大提琴与中国传统音乐的结合.吉林省教育学院学报,2013(8).

王苏娜.利玛窦的家庭教育及耶稣会人文主义教育背景.北京行政学院学报,2013(1).

王炜.钓鱼岛问题的历史由来与国际法分析.人民论坛,2013(20).

王晓鹏.国内学术界南海问题研究:回顾与思考.云南师范大学学报(哲学社会科学版),2013(1).

王兴华,许世霖.小议海外农作物的传入及对我国社会生产的影响.吉林蔬菜,2013(7).

王雪艳.17世纪后通过海上丝绸之路西方文化对中国陶瓷艺术的影响.陶瓷学报,2013(1).

王银泉,胡大平.明清入华耶稣会士科学译介活动新论.云南大学学报(社会科学版),2013(4).

王永生.中国古代货币文化对朝鲜的影响——中国古代货币文化对外影响系列研究之一.中国钱币,2013(4).

王永生.中国古代货币文化对琉球的影响——中国古代货币文化对外影响系列研究之二.中国钱币,2013(5).

王玉国.1968—1970年间台湾当局对钓鱼岛主权维护的因应.台湾研究集刊,2013(3).

王元林.泛北"海上丝绸之路"与移民文化.广西师范大学学报(哲学社会科学版),2013(1).

王子今.汉武帝时代的海洋探索与海洋开发.中国高校社会科学,2013(4).

王子今.秦汉时期的海洋开发与早期海洋学.社会科学战线,2013(7).

韦杰夫.18世纪以前中南半岛与马来世界之间的海上航线.海洋史研究(第五辑).北京:社会科学文献出版社,2013.

卫太夷.19世纪的英商飞剪船.航海,2013(2).

魏德新,郑宽涛.再议洪保穆斯林身份.郑和研究,2013(1).

吴钧.从传教士到汉学家——论中学西传的开拓者卫礼贤.西北师大学报(社会科学版),2013(2).

吴琅璇."殊奈"今地考.国家航海(第四辑).上海:上海古籍出版社,2013.

吴莉苇.传教士眼中的中国古代真神——理雅各与利玛窦的异同.中国社会科学报,2013-04-03.

吴梦洋,朱芝兰,马天行.关于华南与东南亚民族考古的几个问题.南方文物,2013(3).

吴妙英.南海神庙具有怀柔远人的功能.广州航海学院学报,2013(6).

吴锡民.合浦大汉古港对外交往论.广西师范学院学报(哲学社会科学版),2013(3).

吴艺娟.简论德化青花瓷的装饰手法及外销问题——以馆藏"泰兴号沉船"青花瓷器为例.四川文物,2013(2).

吴幼雄.泉州伊斯兰教文化遗存及其现代价值.泉州师范学院学报,2013(3).

伍显军.论温州在"海上丝绸之路"史上的重要地位.福建文博,2013(2).

武堂伦,诺拉·库克.19世纪北部湾的中国商船和船员.海洋史研究(第五辑).北京:社会科学文献出版社,2013.

席龙飞.南京静海寺残碑与郑和宝船.国家航海(第五辑).上海:上海古籍出版社,2013.

夏露.李文馥广东、澳门之行与中越文学交流.海洋史研究(第五辑).北京:社会科学文献出版社,2013.

夏敏.千年古港,刺桐传奇.中国远洋航务,2013(11).

向顺华.中国古代外来农作物的引入与推广.生物学通报,2013(6).

萧忠生,萧钦.郑和、王景弘下西洋与明代福州造船业.郑和研究,2013(1).

肖清和.救赎与教化:明清天主教儿童慈善活动探析.暨南学报(哲学社会科学版),2013(9).

肖清和.礼物与明末清初天主教的适应策略.东岳论丛,2013(3).

谢必震.从中琉历史文献看钓鱼岛的主权归属.太平洋学报,2013(7).

辛世彪.海南玉米引进的时间与路线.海南日报.2013-05-27(B12"史话").

修斌,付伟.清琉封贡关系的确立及其影响因素探析.中国海洋大学学报(社会科学版),2013(4).

徐斌.中山传信录中有关钓鱼岛史料考述.海交史研究,2013(1).

徐斌.论福建人航海实践兼及钓鱼岛主权归属.太平洋学报,2013(7).

徐崇温.日本对中国钓鱼岛的侵占窃据与日本政治的右倾化.中国延安干部学院学报,2013(3).

徐强.庄子解读的另一种可能——史华慈对庄子思想的阐述.长沙理工大学学报(社会科学版),2013(4).

徐素琴.清政府"夷务"管理制度中的澳门葡人.广东社会科学,2013(4).

徐晓望,徐思远.论明清闽粤海洋文化与台湾海洋经济的形成.福州大学学报(哲学社会科学版),2013(1).

徐永智.从地图等历史文献看日本对钓鱼岛主权主张的荒谬性.国际研究参考,2013(8).

徐志良,李立新,等.中国历史地图上南海"九段线"的国界意义——兼论"九段线"内岛礁和海域的管辖权利.太平洋学报,2013(2).

徐作生.寻找郑和军士后裔的趣闻.寻根,2013(3).

许光秋.国外海洋史研究状况.海洋史研究(第五辑).北京:社会科学文献出版社,2013.

许家堃.哪里是海上丝绸之路的始发港.沧桑,2013(3).

许明玲.日本茶道中的历史文化因素.云南社会主义学院学报,2013(2).

许平.欧洲人认识中国的拐点.光明日报,2013-03-19.

许苏民.黄宗羲与儒耶哲学对话.北京行政学院学报,2013(4).

许苏民.晚明西学东渐与顾炎武政治哲学之突破.社会科学战线,2013(6).

严锴,吴敏.贸易与宗教同行——以"安菲特里忒"号中国之行为中心.法国研究,2013(3).

阎国栋.遥远的记忆与诱人的传闻——17世纪中期前俄国的中国形象.俄罗斯研究,2013(3).

杨富学,史亚军.摩尼教与宋元东南沿海农民起义——研究述评与展望.宗教学研究,2013(2).

杨富学.回鹘摩尼僧开教福建补说.西域研究,2013(4).

杨古城.宁波海上丝路与浙东大运河的研究.宁波文化研究会,等.第七届浙东文化论坛论文集.2013.

杨国桢.中华海洋文明的时代划分.海洋史研究(第五辑).北京:社会科学文献出版社,2013.

杨静.中国哲学典籍英译史研究:回顾与展望.湖北民族学院学报(哲学社会

科学版),2013(5).

杨巨平.两汉中印关系考——兼论丝路南道的开通.西域研究,2013(4).

杨柳.日本传统礼仪的中国渊源.日本问题研究,2013(1).

杨芹."海上丝绸之路"的由来及其作用.南方日报,2013-12-30(A02).

杨奕望,李明,胡蓉,陈丽云.晚明时代"脑主记忆"说的源流与传播.中国中医急症,2013(4).

杨志娟.回回海商集团与元代海洋政策.烟台大学学报(哲学社会科学版),2013(3).

姚红.杭州径山寺与宋元明之际中日文化交流.宁波大学浙东文化与海外华人研究院,等.多维视野下的浙东文化学术研讨会论文集,2013.

叶隽.晚明学域与观念交易——知识视野中的"汉文西学".中国图书评论,2013(7).

叶农.从《利玛传》到《畸人传》——明清时期耶稣会士利玛窦传记探略.北京行政学院学报,2013(1).

易惠莉.康熙朝漕粮未能实现海运原因探析.国家航海(第五辑).上海:上海古籍出版社,2013.

余春明.中国瓷器纹饰对西方的影响——以山水园林纹饰为中心.收藏,2013(7).

余姗姗.东风西渐:中国瓷器的荣耀.检察风,2013(10).

俞嘉馨.南海归帆——由西沙华光礁Ⅰ号沉船说开.中国文化遗产,2013(4).

喻南舫.改变世界的茶叶.大科技(百科新说),2013(9).

原媛.五代闽国佛教青铜器小考.福建文博,2013(3).

袁晓春,张爱敏.蓬莱四艘古船保护技术解析.中国文物科学研究,2013(1).

臧蕾,中琉封贡使研究概述.中文信息,2013(11).

曾翠."南海Ⅰ号"出水宋代婴戏莲纹碗浅析.大众文艺,2013(16).

曾佳.东方神奇魔玻璃——浅析中国外销瓷历史及其艺术魅力.中外文化交流,2013(9).

曾剑波.丝绸之路长途跋涉的西瓜.北京农业,2013(16).

曾峥,孙宇锋.利玛窦的中西文化交流之理念和价值.江西社会科学,2013(9).

粘良图.霞浦县明教(摩尼教)史迹之我见.海陆交通与世界文明.北京:商务印书馆,2013.

詹嘉.15—18世纪景德镇陶瓷对欧洲饮食文化的影响.江西社会科学,2013(1).

张崇根.也谈两种海道针经的编成年代及索引补遗.国家航海(第4辑).上海:上海古籍出版社,2013.

张椿年.地理大发现后西方海洋霸权大国的兴衰交替.海洋史研究(第五辑).北京:社会科学文献出版社,2013.

张国刚.逝去的童话——早期德国汉学家巴耶尔的中国猜想.中国文化,2013(1).

张嘉星.的欧洲人汉语辞书编纂始于闽南语辞书说.福州大学学报(哲学社会科学版),2013(3).

张洁.黄岩岛模式与中国海洋维权政策的转向.东南亚研究,2013(4).

张兰星.16—17世纪葡据澳门对日生丝贸易探析.载马明达,纪宗安.暨南史学(第八辑).桂林:广西师范大学出版社,2013.

张磊.关于中日对钓鱼岛"有效管辖"主张探微.中国边疆史地研究,2013(4).

张利.唐代中日交流的桥梁——遣唐使.剑南文学,2013(7).

张凌云.青花瓷的远行——景德镇与代尔夫特四百年际遇.装饰,2013(11).

张曼.再探关于遣唐使废止的原因.青年文学家,2013(4).

张苗.古代中国对外贸易优势地位形成的原因.赤峰学院学报(汉文哲学社会科学版),2013(5).

张如安.北宋韦骧《回高丽人使书状》探究.韩国岭南大学."东亚海洋文化的理解与整合"国际研讨会论文集.2013.

张如安.从古代诗歌看宁波港的港口文化.宁波文化研究会,等.第七届浙东文化论坛论文集.2013.

张爽.5—6世纪欧亚大陆的政治联系与丝绸贸易——以呎哒帝国为中心.社会科学战线,2013(4).

张伟疆.海上丝绸之路在南海区域文化中的传播.青年文学家,2013(19).

张西平.基歇尔:汉字西传第一人.北京日报,2013-06-17.

张西平.简论罗明坚和利玛窦对近代汉语术语的贡献——以汉语神学与哲学外来词为中心.贵州社会科学,2013(7).

张西平.利玛窦与中西文化交流.贵州文史丛刊,2013(1).

张西平.明清之际圣经中译溯源研究.海陆交通与世界文明.北京:商务印书馆,2013.

张宪生.近世日本对明代兵书与善书的理解接受问题刍议.东南亚研究,2013(4).

张晓东.唐朝前期的海上力量与东亚地缘政策:以唐新战争前后为中心.国家航海(第4辑).上海:上海古籍出版社,2013.

张晓东.唐代后期的海上力量和东亚地缘博弈.史林,2013(2).

张晓刚,刘钦,万映辰.锁国时期中日韩三国港口城市发展的政治背景微探——以17世纪的广州、长崎和釜山为中心.日本问题研究,2013(4).

张艺凡,朱宏斌.辣椒传入中国的地域文化影响.农业考古,2013(1).

张玉霖.古代福州与日本、朝鲜的佛教文化交流.福建文博,2013(1).

张振玉.海上丝绸之路与福州丝织品贸易.福建文博,2013(1).

张振玉.王审知与福州海上丝绸之路.福建文博,2013(4).

张志刚."宗教概念"的观念史考察——以利玛窦的中西方宗教观为例.宗教与哲学(第二辑).北京:社会科学出版社,2013.

张祖群.利玛窦墓地的历史变迁与中西文化交流意义.浙江工商大学学报,2013(4).

赵灿鹏.宋李公麟《万国职贡图》伪作辨证——宋元时期中外关系史料研究之一.载马明达,纪宗安.暨南史学(第八辑).桂林:广西师范大学出版社,2013.

赵海频.浅论明清外销瓷中的西方设计.美与时代(中),2013(11).

赵克生.明清时期天主教中国教区的"祭孔之争"——一种礼仪视角的考察.社会科学集刊,2013(2).

赵琳.元青花艺术的外来影响新探.博物馆研究,2013(4).

赵敏.论唐朝鼎盛时期的鉴真东渡对日本社会的多元化影响.剑南文学,2013(4).

赵淑萍,邵小红.中茶西渐——西方文化里的茶事.农业考古,2013(5).

赵树国.援朝御倭战争期间宋应昌对中国北部海防建设的贡献.山东青年政治学院学报,2013(4).

赵文红,吴应权.17世纪上半叶的澳门—马尼拉贸易.云南开放大学学报,2013(1).

赵欣.英国人的契丹认知与航海探险.外国问题研究,2013(1).

赵雅丹.明清两朝中国海洋意识与实践的研究.国家航海(第五辑).上海:上海古籍出版社,2013.

赵轶峰.重谈洪武时期的倭患.古代文明,2013(3).

甄蕾,乔大元.郑和下西洋的历史价值与现实意义.中央社会主义学院学报,2013(5).

甄蕾.试论郑和下西洋的历史价值与现实意义——兼驳"中国威胁论"之荒谬与别有用心.三峡论坛(三峡文学·理论版),2013(5).

郑海麟.鞠德源著钓鱼岛正名举正.海交史研究,2013(1).

郑海麟.郑和下西洋与明代对外关系之再认识.太平洋学报,2013(3).

郑南.美洲作物番薯的传入及在黑龙江地区的引种与栽培.楚雄师范学院学报,2013(8).

郑云.龙海海域水下文物遗存初探.漳州师范学院学报(哲学社会科学版),2013(2).

郑云.明代漳州月港对外贸易考略.福建文博,2013(2).

郑自海.浅谈南京清真餐饮文化——由《郑和航海宴》说起.郑和研究,2013(1).

钟浩坚.泗门港海港文化研究.宁波文化研究会,等.第七届浙东文化论坛论文集.2013.

钟悠云.八年中国航海日,郑和精神深入人心.珠江水运,2013(12).

周金琰.妈祖对中国海洋文明的影响.国家航海(第五辑).上海:上海古籍出版社,2013.

周莉萍.茶叶的全球传播.光明日报,2013-08-13.

周冉.德化外销瓷　迷倒欧洲人的"中国白".国家人文历史,2013(6).

周冉.景德镇瓷器海外征战史.中国海关,2013(4).

周文宝.浅析宋元时期泉州港对外贸易的兴盛.青年与社会,2013(16).

周雁翔.中国最早的世界首富:伍秉鉴.金融博览(财富),2013(3).

周以量."元服"考——日本古代礼俗探微.日语知识,2013(1).

周运中.牛津大学藏明末万老高闽商航海图研究.文化杂志(澳门),2013(87).

朱鉴秋."方位不易指南篇"——从编著《渡海方程辑注》谈古代海道针经.海交史研究,2013(2).

朱莉丽.日本遣明使笔下的江南城市生活——以对文人生活的刻画为中心.东岳论丛,2013(7).

朱莉丽.日本室町时代禅僧日记中的中国情报——僧侣、商人与东亚的信息传递.复旦学报(社会科学版),2013(1).

朱希祥,李小玲."东学西渐"现象及相关问题的简析.杭州师范大学学报,2013(3).

竺济法.宁波"海上茶路"启航地的地位毋庸置疑.农业考古,2013(5).

竺济法.宁波"海上茶路"启航地论述——历时1200余年,一直为中国茶叶、茶具出口主要港口,甬为茶港、中国茶港名副其实.中国茶叶,2013(7).

邹芙都,樊森.西方传教士与中国甲骨学国际化.学习与探索,2013(9).

祖俊.18—19世纪中美太平洋航线的发展.黑龙江史志,2013(8).

三、外　文

Claudine Salmon. Chinese Epigraphic Studies in Southeast Asia:An Overview. 海洋史研究(第五辑). 北京:社会科学文献出版社,2013.

Robert Batchelor. The Selden Map and the Making of a Global City,1549—1689. Chicago and London:The University of Chicago Press,2014.

Robert Batchelor. The Selden Map Rediscovered:A Chinese Map of East Asian Shipping Routes,c. 1619. Imago Mundi,2013,65(1).

Stephen Davies. The Construction of the Selden Map:Some Conjectures. Imago Mundi,2013,65(1).

Timothy Brook. Mr. Selden's Map of China:Decoding the Secrets of a Vanished Cartographer. New York:Bloomsbury Press,2013.

［日］村井章介.日本中世の異文化接触.东京:东京大学出版会,2013.

［日］高津孝.くらしがつなぐ寧波と日本.东京:东京大学出版会,2013.

［日］荒野正典,等.地球的世界の成立.东京:吉川弘文馆,2013.

［日］榎本涉.南宋・元代日中渡航僧伝記集成.东京:勉诚出版社,2013.

［日］松浦章.近世中国朝鲜交涉史の研究.京都:思文阁,2013.

［日］羽田正.海から見た歴史.东京:东京大学出版会,2013.

［日］早坂俊廣.文化都市:寧波.东京:东京大学出版会,2013.

(本索引编者周莉萍,宁波大学人文与传媒学院副教授)

后 记

　　宁波是古代海上丝绸之路上的重要始发港。作为展示宁波悠久历史和独特地域文化的综合性博物馆,宁波博物馆不仅收藏着众多展现海上丝绸之路的珍贵文物,其主题展"东方神州——宁波历史陈列"亦以海上丝绸之路作为主要脉络。研究、展示宁波历史文化,海上丝绸之路是其中应有之义。基于此,宁波博物馆异常重视海上丝绸之路的相关学术研究。2011年5月,作为双方战略合作的一个项目,中国社会科学院与宁波市人民政府共同设立了"海上丝绸之路研究中心",并由中国社会科学院历史研究所和宁波博物馆共同建设。这一中心的设立有效地推动了宁波博物馆海上丝绸之路的学术研究。《中国"海上丝绸之路"研究百年回顾》、《20世纪中国"海上丝绸之路"研究集萃》等专业著作相继问世;与蓬莱、扬州等"海上丝绸之路"主要城市共同推出的《跨越海洋——中国"海上丝绸之路"九城市文化遗产精品联展》作为全国首个关于海上丝绸之路的联合展览在全国巡展,并延续至今;联合相关城市将海上丝绸之路申报世界文化遗产,并成功进入申遗预备名单;积极主导、参与国内外海上丝绸之路相关学术活动、学术会议等……

　　2013年,习近平总书记高瞻远瞩,提出了建设"丝绸之路经济带"和"21世纪海上丝绸之路"的战略目标,从而使海上丝绸之路研究进入到一个全新的阶段。为了全面总结学术界对于海上丝绸之路的研究成果,为了及时反映博物馆界(特别是九个海上丝绸之路城市博物馆)关于海上丝绸之路的相关工作,2013年年底,宁波博物馆联合宁波大学龚缨晏教授等相关专家学者组织编纂《中国海上丝绸之路研究年鉴》(2013)。这样的年鉴,在国内还是第一次。在短短的几个月时间内,完成这项全新的工作,难度是很大的。本年鉴的不足之处,敬请同仁批评指正,以共同推动海上丝绸之路的研究工作。

　　是为序。

宁波博物馆

纪云飞

2014年3月

中国「海上丝绸之路」研究年鉴(2013)

图书在版编目(CIP)数据

中国"海上丝绸之路"研究年鉴.2013 / 纪云飞主编.
—杭州：浙江大学出版社,2014.9
ISBN 978-7-308-13749-2

Ⅰ.①中… Ⅱ.①纪… Ⅲ.①海上运输－丝绸之路－
研究－2013－年鉴 Ⅳ.①K203-54

中国版本图书馆 CIP 数据核字(2014)第 198705 号

中国"海上丝绸之路"研究年鉴(2013)

纪云飞　主编

责任编辑	陈丽霞(clixia@163.com)
封面设计	十木米
出版发行	浙江大学出版社
	(杭州市天目山路 148 号　邮政编码 310007)
	(网址:http://www.zjupress.com)
排　　版	浙江时代出版服务有限公司
印　　刷	杭州杭新印务有限公司
开　　本	787mm×1092mm　1/16
印　　张	13.75
字　　数	301 千
版 印 次	2014 年 9 月第 1 版　2014 年 9 月第 1 次印刷
书　　号	ISBN 978-7-308-13749-2
定　　价	38.00 元